ライフスタイルを生かす
マンション・インテリアの基本

LIFESTYLE
MANSION
INTERIOR

大倉 祥子 監修

巻頭実例

広さとライフスタイル別 お手本にしたいマンション・インテリア

1 コレクション派＋トラディショナル・デコ（O邸）50㎡＋1LDK ／6
2 クラフト派＋シンプル・トラディショナル（KA邸）75.2㎡＋3LDK＋リフォーム ／8
3 鑑賞派＋モダン・デコ（H邸）54.45㎡＋1Room＋リフォーム ／12
4 アウトドア派＋モダン・デコ（SA邸）56.26㎡＋1LDK＋S（前庭付き）／16
5 ナチュラル派＋シンプル・モダン（KI邸）60㎡＋1LDK＋リフォーム ／18
6 ホームパーティ派＋トラディショナル・デコ（SY邸）51㎡＋1LDK＋コーポラティブ・ハウス ／20
7 クッキング派＋モダン・デコ（SU邸）91.47㎡＋3LDK＋リフォーム ／24

Part 1

ステップに沿って、インテリアづくりをはじめよう ／27

1 失敗しないインテリア計画の流れ ／28
2 あなたのライフスタイルを生かすインテリアを見つけよう ／34

◆ライフスタイル別マンション選び
①自然
●GENTLE ジェントル：ナチュラル派 38
　●ACTIVE アクティブ：アウトドア派 39
②ヒューマン
●GENTLE ジェントル：鑑賞派 40
　●ACTIVE アクティブ：ホームパーティ派 41
③モノ
●GENTLE ジェントル：コレクション派 42
　●ACTIVE アクティブ：クラフト派 43
④食
●ACTIVE アクティブ：クッキング派 44

▼表 4つのインテリア・テイスト
（シンプル・トラディショナル／シンプル・モダン／トラディショナル・デコ／モダン・デコ）
インテリアのためのマンション・チェックシート あなたの住んでいるマンションをチェック！ ／46
▼表 7ライフスタイルと4テイストの組合せ一覧 ／36
自分を知ることからインテリアは始まる。ライフスタイル徹底チェック！ あなたは何派？ ／33
3 好きなテイストを見つけるチェックシート ／31
4 マンションで気をつけたいインテリア・テクニック ／48
インテリアの色に関する基礎知識 ／52

Part 2 住空間を知って、素敵なインテリアに　67

1 マンションで理想の部屋をつくる6つのステップ／68
2 マンションのインテリアを成功させる6つのテクニック／72
3 日常の行為別にスペースを考えよう／76
●コラム　子ども部屋のインテリア／80

Part 3 家具の工夫で、広々見えるインテリアを　81

1 それぞれの家具に必要な広さと家具選びのポイント／82
2 家具の配置と組合せの基本テクニック／88
3 広さと間取り別・家具の配置テクニック／96
4 マンションで活躍する家具の選び方＆家具カタログ
　・ダイニングテーブル＆チェア／104
　・リビングソファ＆センターテーブル／105
　・AVボード＆シェルフ／108
　・デスク＆チェア／114
　・ベッド＆ついたて／116
　・パーソナルチェア＆サイドテーブル／110
●コラム　家具選びのQ&A／117

Part 4 光のコントロール上手はインテリア上手　121

1 自然光を調節して、照明を上手に組み合わせる／122
2 照明の基本テクニック――照明プランと照明器具／130
3 マンションで活躍する照明器具の選び方＆照明器具カタログ
　・シーリングライト／140
　・ペンダントライト／144
　・スタンドライト／146
◆照明のQ&A／148

↓本書に掲載の写真の見方

[MD8602CM] 42
シェルフ／W1050×D500×H1700／背板のないオープンタイプのシェルフなら、部屋の間仕切りとしても活躍する 42

■……製品名
■……メーカー名（201〜202ページ参照）。デザイナー名が併記される場合もあります。
■……アイテムの品目
■……寸法（φ＝直径／W＝幅／D＝奥行／H＝高さ／SH＝椅子の座面の高さ・単位はmm）
■……解説
■……取扱いショップ・代理店（写真提供）。201〜202ページを参照のうえ、製品や写真についてのお問合せはこちらにお願いします。

Part 5 センスが光る小物選びとディスプレイ 171

◆ ウインドウトリートメントのQ&A ／170

4 ウインドウトリートメントの基本テクニック ／150
5 マンションで活躍するウインドウトリートメントの選び方&ウインドウトリートメント・カタログ ／158
・カーテン&小物 159 ・ローマンシェード 162 ・ロールスクリーン 164 ・横型ブラインド／縦型ブラインド 166 ・その他（プリーツスクリーン、パネルスクリーン、すだれ、カフェカーテン他）168

1 ディスプレイの基本となる7つのポイント ／172
2 気軽にディスプレイを楽しもう ／176
3 機能と装飾を兼ねた小物使いで生活空間に潤いを ／182
4 アイテム別・センスを見せるディスプレイのテクニック ／184
▼表 主なディスプレイ・アイテムの種類と特徴 184
▼表 インテリアに適した主な観葉植物 183
▼インテリアに潤いを与える小さなガーデニング／テラリウムの作り方 188
◆ ディスプレイのQ&A ／200

● 掲載写真に関する問合せ先（写真提供）一覧 ／201

Part 6 マンションとインテリアの用語集 203

1 インテリアに関する基礎知識 ／204
2 インテリアエレメントに関する用語 ／206
3 インテリアのスタイルとデザイナー ／207
4 マンションに関する基礎知識 ／209
▼表 インテリアに使われる主な木の材質 210
▼表 インテリアを構成する素材の特徴と上手な組合せ方 211

執　筆：加藤純、平林豊子、三橋さと子、安田耕一郎（BASSLINE）、高遠遙
撮　影：石川英樹（カバー、巻頭ほか）
本文デザイン、レイアウト：広瀬里香（OCTA 35）、藤本珠乃（sanpo design）
中扉装画：長谷川洋子
イラスト：あらいのりこ、佐々木みえ
図：天見くれあ
編　集：あとりえP・鶴田真秀子
編集協力：安田耕一郎（BASSLINE）、姜明子

巻頭実例

広さとライフスタイル別
お手本にしたいマンション・インテリア

① コレクション派＋トラディショナル・デコ（O邸）50㎡＋1LDK
② クラフト派＋シンプル・トラディショナル（KA邸）75.2㎡＋3LDK＋リフォーム
③ 鑑賞派＋モダン・デコ（H邸）54.45㎡＋1Room＋リフォーム
④ アウトドア派＋モダン・デコ（SA邸）56.26㎡＋1LDK＋S（前庭付き）
⑤ ナチュラル派＋シンプル・モダン（KI邸）60㎡＋1LDK＋リフォーム
⑥ ホームパーティ派＋トラディショナル・デコ（SY邸）51㎡＋1LDK＋コーポラティブ・ハウス
⑦ クッキング派＋モダン・デコ（SU邸）91.47㎡＋3LDK＋リフォーム

Texts by Jun Kato.
Photos by Hideki Ishikawa.

1階　　2階

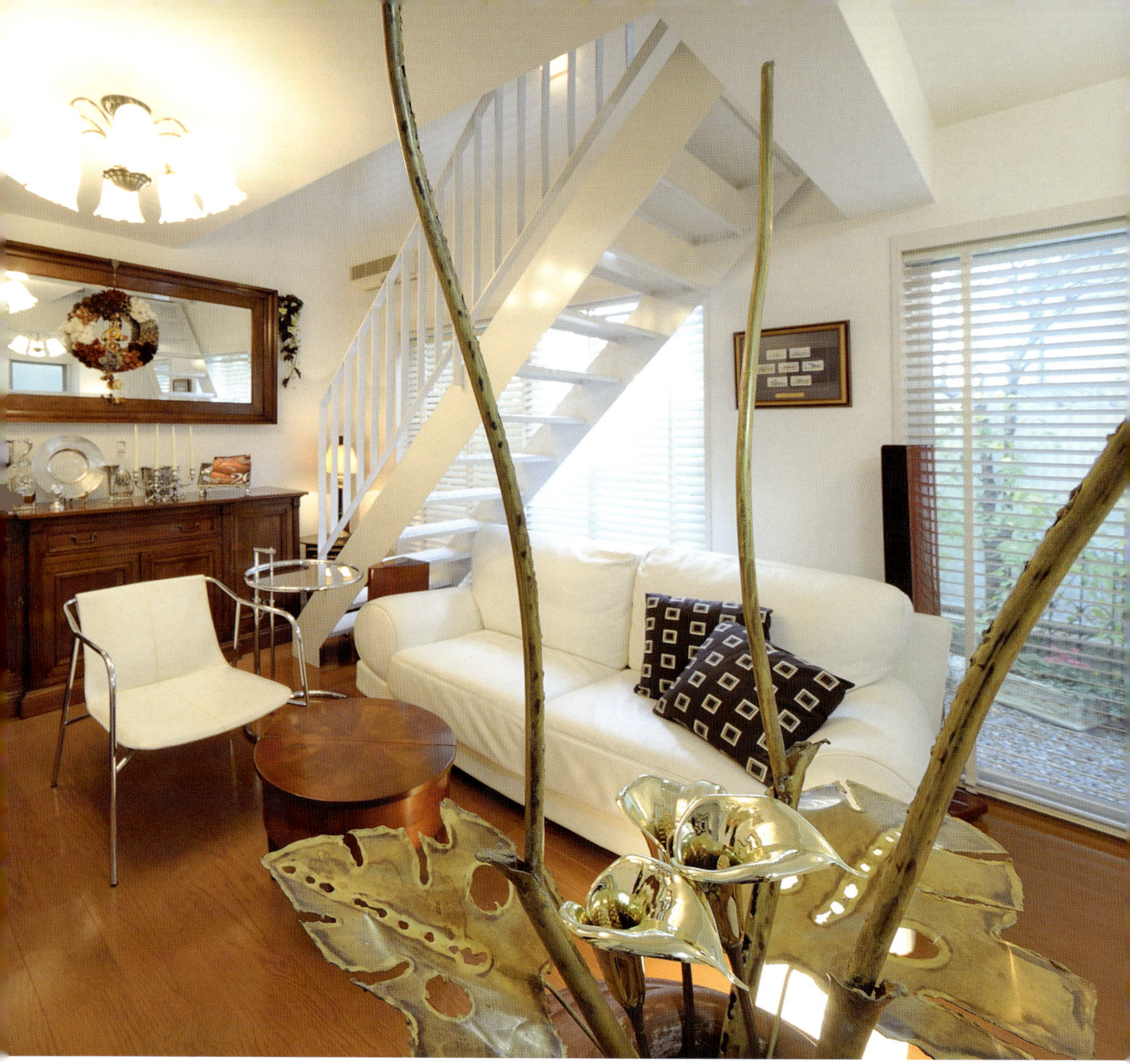

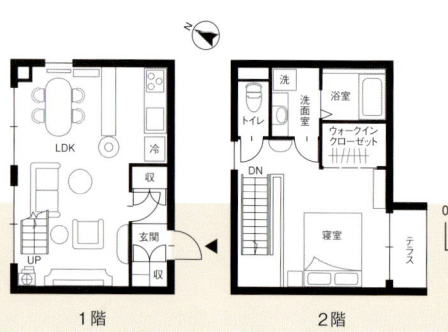

厳選されたデザイナーによる芸術品のような家具や小物とともに暮らす

コレクション派

トラディショナル・デコ

50m²＋1LDK

O邸　東京都世田谷区（男性45歳）

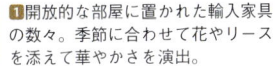

❶開放的な部屋に置かれた輸入家具の数々。季節に合わせて花やリースを添えて華やかさを演出。
❷ダイニングはテーブルクロスを掛け替えてイメージチェンジ。
❸家具類を白と淡い茶で統一し、バランスが難しいTDのインテリアを上手にまとめている。
❹庭には花を植えたクラシックなデザインのプランターや置物。
❺チェスト上の壁には、毎年付け足すのが楽しいリチャードジノリのイヤーズプレート・コレクション。
❻2階に上ったスペースには、ミラーと花台を配置。
❼アビターレで購入したイタリア製ベッドと植物柄のカバーの組合せ。

東京・田園調布の落ち着いた住宅街にあるOさんのマンションはメゾネット形式。上階のプライベートエリアは、クラシックなイメージで統一し、下階ではモダンな家具も上手に組み合わせ、独特の雰囲気をつくり出しています。

ロハスな生活も大切にするOさんは、自然の光と風をふんだんに採り入れるために、白のウッドブラインドにしました。

幼少の頃に洋館で暮らし、重厚感とぬくもりのあるインテリアに親しみをもっていたOさん。イタリアの厳選したデザイナーによる家具や小物を扱うアビターレの家具を中心に徐々にコレクションし、今ではすっかりトラディショナルな雰囲気の部屋になりました。

「チェリー材の家具の色に合わせ、白壁と茶色の家具でインテリアのトーンを整えています。デザイナー家具は、年数が経過しても普遍的な美しさが魅力ですね」

飾ってある小物類も、部屋全体の雰囲気に合わせて厳選されたものばかり。リースなども、海外の自然素材を多く使ったものを六本木GOTOのデザイナー、ハンス・ダーメンさんにオーダー。

大好きな物たちに囲まれ、心からリラックスできる生活を楽しんでいます。

75.2m²＋ 3LDK
KA 邸　神奈川県横浜市（夫 36 歳＋妻 33 歳）

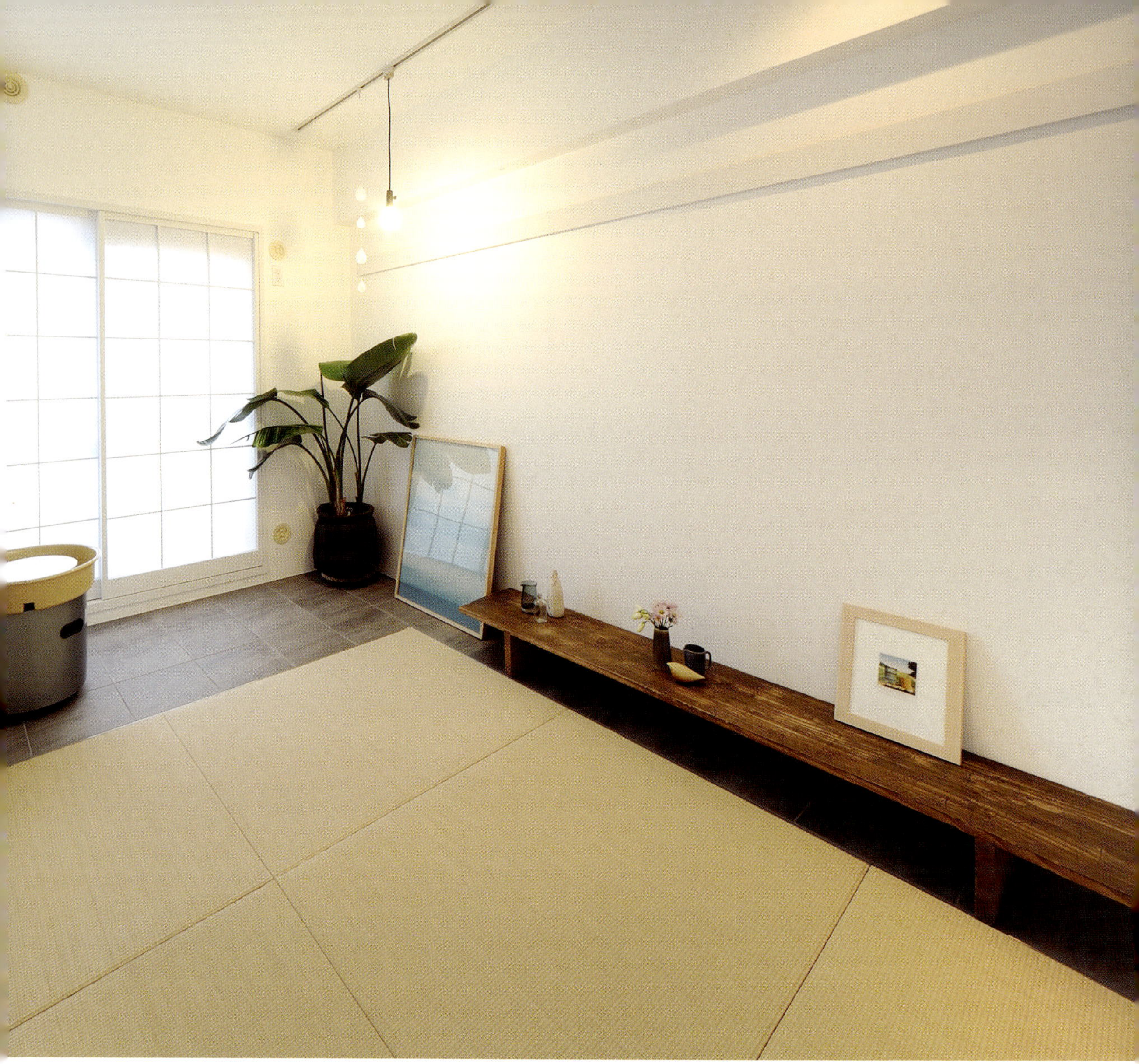

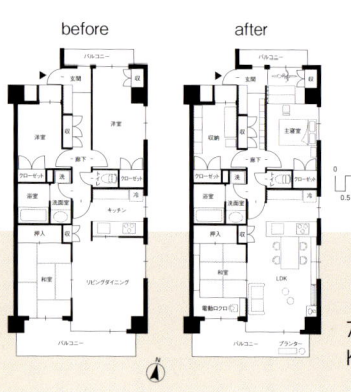

陶芸と写真の趣味を楽しむ素材感を大切にしたどこか懐かしいインテリア

クラフト派

シンプル・トラディショナル

リフォーム

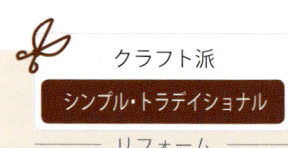

1 白く明るい和室。イグサがもつ質感を大切にした本畳を用い、部屋全体には上品でやわらかい雰囲気が生まれている。奥の土間のようなタイル仕上げの床には、電動ロクロが置かれている。ここは、夫人の趣味である陶芸のためのスペース。壁際に置かれた低い台は、古道具店で購入した和裁用の「裁ち板」。小物のディスプレイ台として使っている。
2 障子、天袋や襖の戸を白く塗装した和室とリビングダイニング、キッチンはオープンなつくり。キッチンカウンターとシンクは白い人造大理石で家具のよう。陶器作品は食卓でも活躍。
3 約4.5畳の収納部屋。衣類ハンガーや本棚などの収納に加えて、作業台と陶芸用の電気釜が据えられている。小振りな作品はここで焼いて仕上げる。

　海が近く、便利な横浜。情緒ある建物が多く、この街が大好きなKAさん夫妻は「自分たちらしく住まうこと」をテーマに、リノベーションしました。室内に入り、風通しのよい環境。どの部屋にいてもやわらかい光が入り、室内に置かれたオリーブやウンベラータなどの植物。和室とリビングは間仕切らず開放的にし、壁を白い塗装で統一して明るくまとめています。素材は手触りのよさにこだわり、ムクのフローリングや本畳などを選んでいます。

　夫人は、陶芸を趣味とするクラフト派。電動ロクロが和室のコーナーに置かれ、電気窯も収納部屋に設置。食器やランプシェードなども自作し、日々の暮らしで活用しています。

　旅行をするとアンティークショップや蚤の市に顔を出すという骨董好きの二人。アジアやヨーロッパ、そして日本で手に入れたお気に入りの小物や家具が並びます。風合いが生きた、シンプルで味わいのある古いものが夫妻の好み。夫の趣味である写真の用具も、部屋の一角にディスプレイ。夫が撮影現像した写真も、入れ替えながら飾られます。二人の趣味とクラフトを融合させた、どこか懐かしくシンプルなインテリアです。

4 日光が充分入り風通しのよい室内は、窓際に置いたオリーブやウンベラータなどの植物に最適な環境。キッチンからバルコニーの緑へと視線が通る。
5 玄関からリビングへの廊下は、ギャラリー仕立て。写真集などをディスプレイ。ライティングレールに自作のペンダントライトを付けて光を当てている。
6 フローリングは床暖房に対応したムクのアッシュオリーブ。木肌に赤みを帯びた部分と白い部分とが混じった幅広タイプで、家具が引き立つ明るいトーン。小学校の図工室の椅子は、サイドテーブルにもサイドスツールにも。
7 鳥かごを使って製作したオリジナルの照明器具。

8 玄関から土間のような仕上げが続き、奥は自転車やブーツなどを置く収納スペースに。奥のスペースは寝室へと続いている。手前右手の廊下はリビングへ続く。折りたたみ式のスツールはパリの蚤の市で夫人がひと目惚れし、購入したもの。
9 バルコニーにも緑がたくさん。トネリコのほか、ローズマリー、バジル、ミントなどのハーブを育てて普段の料理にも。
10 緑の模様の入った、さわやかなベッドカバーは寝室全体を明るくする。カーテンは素材感のある布のフラットカーテン。
11 寝室と土間との間は収納ラックを使った書斎コーナーでゆるやかに間仕切り。北側の土間から寝室、通路と回遊でき、光や風が通る。

取材協力：リピタ

どこにいても映像と音が楽しめる
極上のシアターハウス

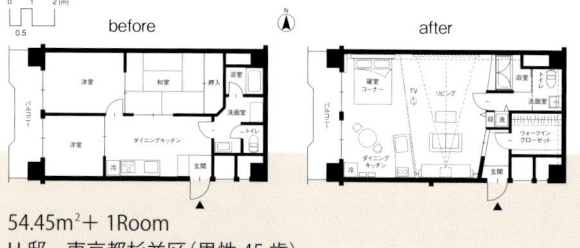

54.45m² + 1Room
H邸　東京都杉並区（男性45歳）

鑑賞派
モダン・デコ
リフォーム

1 濃紺に塗られた天井が続くワンルーム空間。海をイメージしたというインテリアには、青色が効果的に使われている。キッチンカウンター下の緑色の間接照明も、深海のようなイメージを増幅させ、バーのような雰囲気。大迫力の120インチスクリーンに映し出される映像の鑑賞には、ソファが特等席。
2 3 1本引きのカーテンで寝室・ダイニング・キッチンとオーディオリビングを仕切ることができる。映画などを集中して鑑賞したいときには、カーテンをすべて引けば贅沢なプライベート鑑賞室に。
4 コンピュータを置いた奥のダイニングテーブルからも、スクリーンや床置きのテレビを見ることができる。

マンションを購入し、既製の間取りに住んでいたHさんは、あるとき自分好みのインテリアにすることを決意。かねてからミニシアターがほしいと思っていたHさんはデザイナーと相談し、細かく分かれていた部屋をワンルームに改修して、趣味の映像を満喫できる「オーディオリビング」を実現しました。

「独立した豪華なオーディオルームをつくっても、暮らしにくいのでは意味がない。気持ちよく食べること、入浴することと同じように映画や音楽を鑑賞したいのです」。一見すると非日常的なインテリアですが、実は、暮らしやすさを第一に考えたもの。

紺色の天井、濃い色のフローリングに囲まれた空間は、イメージした水中の世界観にぴったり。120インチの大スクリーンに投影される映像は、魚が泳ぐ水槽のようにも見えてきます。家具は壁の白色に合わせて、スッキリと広々とした雰囲気。機器類が無機質で硬質な印象になりやすいオーディオルームですが、海のイメージや適切な色と素材の選択でモダン・デコのインテリアにうまくまとめています。仲間たちと映画やスポーツ中継を存分に楽しむことのできる部屋です。

5 部屋の奥から入口の方向を見る。左手前がベッドスペース、右手前がダイニング、その奥がキッチン、そしてオーディオリビング。すべてがつながっていながら、コーナーごとに用途を明確に分けている。ダイニングに置かれたパントンチェアをはじめ、家具類のほとんどを白で統一。濃い色のカリンのフローリングや濃紺の天井とバランスをとっている。

6 両開き窓を開け放てばリビングにつながり映像が楽しめる、開放的な浴室。洗面所やトイレとの間仕切りもガラスで一体感のあるつくり。ポイントに使った濃紺とアクアブルーのタイルの組合せが、白い水まわり空間をおしゃれに演出。

7 玄関は丸みを帯びたフレームをまたいで室内に入るデザインで、宇宙船の出入口のよう。「仕事のオンとプライベートのオフを切り替えたい」という要望で、別世界への入口のような雰囲気にしつらえた。右手の扉は4畳ほどのウォークインクローゼットへの入口。ワンルーム空間でスッキリと暮らすために、本や服などをゆったり収められる収納量を確保した。

8 AVラックには、それぞれこだわりの機器が置かれている。上段から、プロジェクター／ベータビデオのデッキ、デジタルVHS、CATVチューナー、ハードディスクレコーダー／MDプレイヤー、DVDプレイヤー、DVD-R用レコーダー／LDプレイヤー、マルチAVアンプ2台／スーパーウーハー。棚には充分な奥行きがあり、壁とのすき間にも余裕があるので、上下左右に配線が通せる。
9 天井に付けられた白い無指向性スピーカーが4つ+木の吊り下げスピーカー3本にサブウーハーを加えて、7.1チャンネルの構成。ソファの位置でベストなサラウンド効果が得られる。デザイナーを通し、音響専門の会社と相談しながら機器類を選んだという。

取材協力：blue studio

憧れのアメリカン60'sに囲まれ
アウトドア・ライフを存分に楽しむ

アウトドア派
モダン・デコ

1階　2階　ロフト

56.26m² + 前庭付き 1LDK+S
SA邸　千葉県長生郡（夫30歳＋妻29歳）

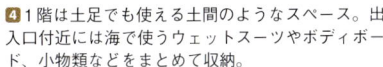

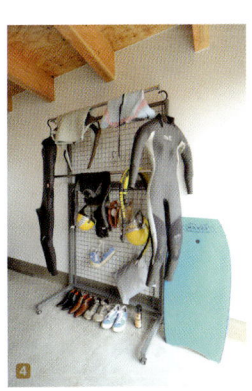

1 2階はロフト付きで天井の高い大空間。家具は背の低い60年代のアメリカン・テイストでそろえ、ゆったりとした空間に。
2 ロフトの壁際には無印良品のポリプロピレンケースを重ね、シンプルなデザインでまとめた収納スペースに。
3 裏口から直接入ることのできる水まわり。サーフィン用具を洗うシャワーと広い洗い場。

4 1階は土足でも使える土間のようなスペース。出入口付近には海で使うウェットスーツやボディボード、小物類などをまとめて収納。
5 1階には、吹抜けを利用してロングボードを収納。愛車ハーレーダビッドソンと自転車の置き場でもある。
6 ロフトから見たリビング。アメリカン・テイストの小物、テーブルやソファでうまくまとめている。AV機器の置き場はコカコーラの保冷ボックス。
7 リビングからロフト側を見る。2階の奥がキッチン。背の高い物を置きたくないので、キッチンカウンターと同じ高さの業務用の冷蔵庫を設置している。

東京駅から特急電車で約1時間。千葉の外房・九十九里海岸にほど近い場所に、SAさん宅はあります。テラスハウス形式で、1階が前庭と土間のようなスペース、水まわり、2階がリビングダイニングとキッチン、一部ロフトという構成。明るく風通しのよい空間は、アウトドア感覚を満喫できるものです。

学生時代からサーフィンを楽しんでいるSAさん。週末には車で数分の海岸に出かけます。帰宅するとシャワーを浴び、ウェットスーツの塩出しやボードの汚れを落とす、アウトドア・ライフに便利なつくり。1階ではサーフィン用具の手入れのほかバイクのメンテナンスも思う存分に楽しめます。

一昔前のアメリカン・テイストが好みのSAさん。コカコーラの保冷庫などはフリーマーケットで手に入れたもの。家具は「背が低くてリラックスできる」ので、米軍放出品を沖縄に買い出しに行くなどしてそろえました。

前庭でのバーベキューや、夫人の趣味であるギターやジャンベという打楽器も、休日にのびのびと楽しめます。趣味の暮らしも現れた二人の様子がインテリアにも現れた、元気な住まいです。

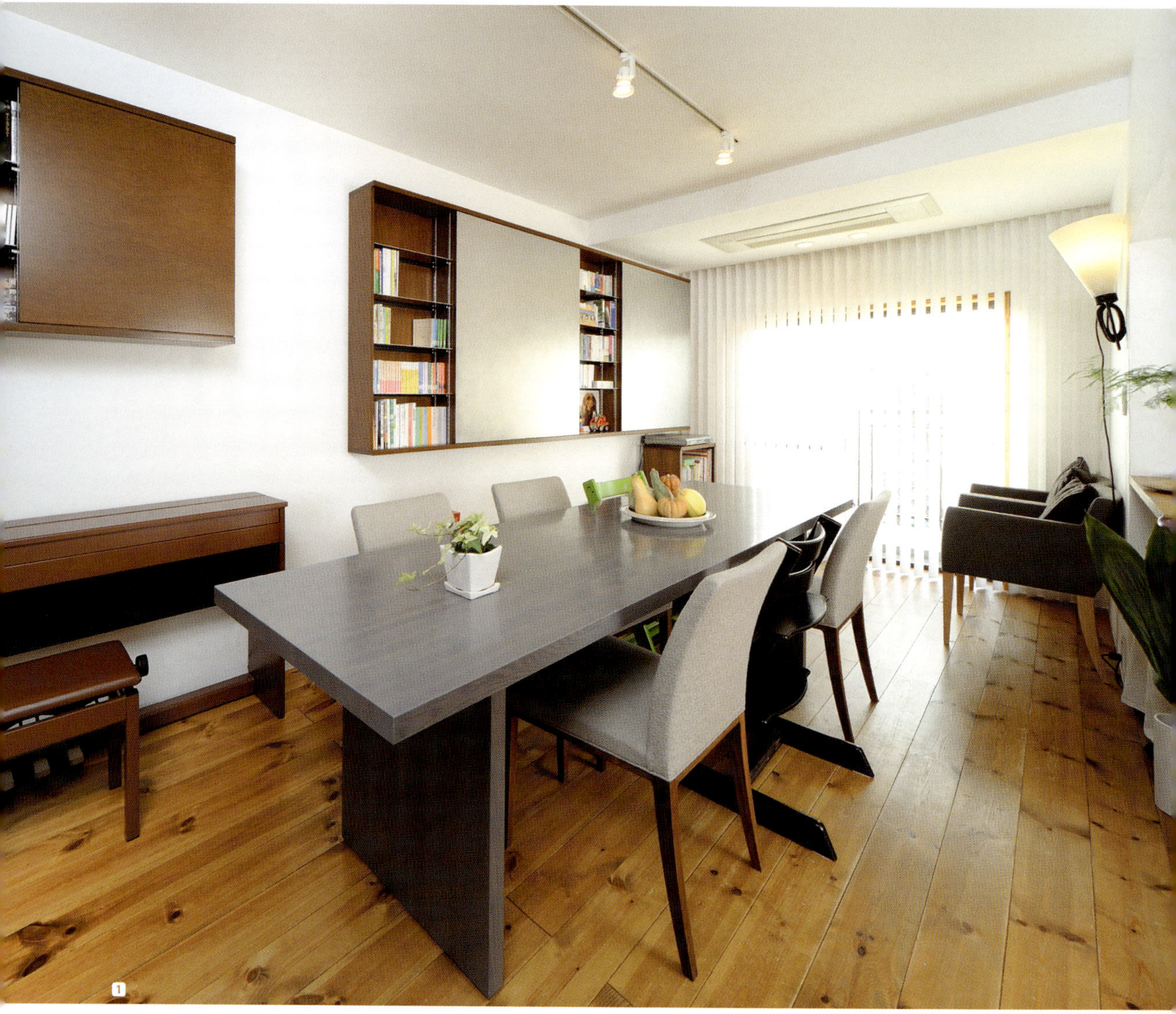

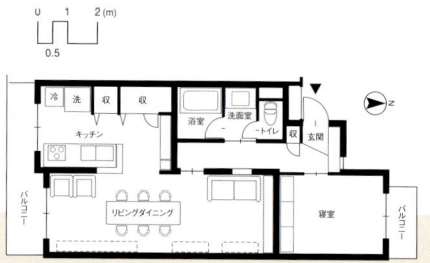

60m² ＋ 1LDK
KI邸　神奈川県横浜市（夫35歳＋妻35歳＋息子5歳＋娘2歳）

吟味されたシンプルな
デザインの調度品や
自然素材にこだわった住まい

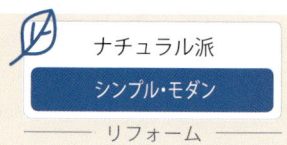

❶壁面の棚は着色ラワン合板にステンレス板の引き戸を組み合わせたもの。窓にはハンターダグラス社の縦ブラインド「セレネット・バーチカルズ」。
❷リビングからの見返し。リビング壁面の棚の下は、子どものための玩具やピアノの定位置。
❸❹ソファベッドはTIME & STYLEで購入した、イタリアのcampeggi（カンページ）社製。手前に座面を引き出すタイプで、来客時に使える。
❺洗面所と浴室は、床が玄昌石、壁が大理石。肌に触れるところは特に天然素材を使いたいというこだわり。
❻廊下も、漆喰（しっくい）やミルクペイントで白く塗った壁が続く。

横浜市の高台にある低層のマンション。緑の濃い豊かな環境が気に入り、KIさんはこの住戸を購入しリフォームしました。建築の設計者であるKIさんがこだわったのは、できるだけ自然素材を使うこと。フローリングにはムクの北欧パイン材に自然塗料をかけ、壁には吸湿性のある漆喰を塗りました。「自然素材は長く使っていて飽きませんし、子どもの成長に望ましい」。素足で走りまわる子どもたちを見ると、その言葉に頷けます。

キッチンのカウンターテーブルや洗面カウンター、下駄箱、そして幅は細めの75cm・長さ2.5mの大きなダイニングテーブルなどはタモ材で製作。塗装で色を調整し、インテリアを木の色とモノトーンのグラデーションで、うまくまとめています。

最近製作したというのは、リビングダイニングの壁面の棚。空間に圧迫感が出ないように奥行きを抑えていますが、この中にはテレビも収納することができ、見ないときには扉で隠すことも。

自然素材を用いながら、直線的でシャープなデザインの家具類を製作・選択し、トーンを統一。その結果、さわやかでモダンなインテリアとなっています。

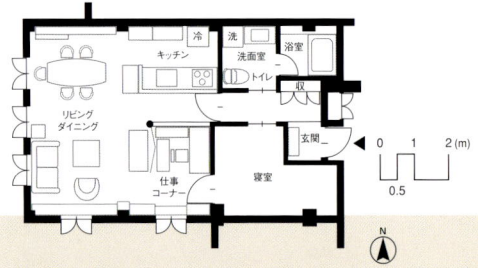

51m² + 1LDK ＋コーポラティブ・ハウス
SY邸　東京都文京区（女性45歳）

和洋を取り混ぜた
こだわりのしつらえの中で
仲間と集う楽しみ

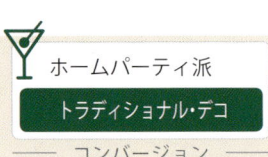

ホームパーティ派
トラディショナル・デコ
──── コンバージョン ────

1 ダイニングからリビングを見る。もとは学生寮の食堂だった3.5mの天井高の空間。漆喰壁に連続するアーチ窓が印象的。装飾性の高い選りすぐりの家具や小物が絶妙のバランスで並ぶ。
2 大きなエゴの木が建物を守るように立つ。外の庭は、委託管理でSYさんが手入れをしている。
3 玄関アプローチの床に張られているタイルは、建設当初の約80年前のドイツ製のもの。傘立ては、建物内に残されていたものを譲り受けた。
4 大きな空間の広がりを生かしたいと、寝室以外をワンルームでまとめた。仕事スペースは丸柱とついたてで、緩やかに仕切っている。ついたては古道具の店で見つけた日本製のもの。

東京都心の文教地区。古くからの街並みに残る、緑豊かな一角にSYさんは住んでいます。歴史的な価値のある学生寮を改修し、コーポラティブ式分譲の集合住宅として再生した建物です。

文筆家のSYさんが一日の大半を過ごすのは縦長のアーチ窓が連続する部屋。漆喰壁と木の腰壁が張られた洋風の室内には、クラシックな調度品がやはり似合います。これらは古道具店で購入したり、友人から譲られた物が多く、和洋の区別なく集めてきたもの。

また、旅先で購入した世界各国の工芸品のような小物が並びます。装飾性の高い家具や小物類はバランスをとりにくいものですが、SYさんの卓越したセンスのもとに、独特の調和が生まれています。「手作り感があって、時間の経ったものは自分の感覚につくりときて落ち着く」とか。古くなり傷んだ家具や小物は自分で補修したりペイントしたり。遊び感覚でインテリアづくりを楽しんでいます。

友人、仕事仲間の集まるパーティが季節に合わせてよく催されます。歴史を感じさせる建物や物を生かす、心づくしのもてなしのしつらえに、来訪者の関心と話題は尽きることがありません。

5

5 ダイニングテーブルとダイニングチェアは、オーダーして製作。テーブルの中央に掛けられたテーブルランナーは、和装の帯をリサイクルしたもの。季節や集うメンバーに応じてセッティングを変えるのが楽しい。小物をディスプレイした壁際の棚は、もともとは食堂の配膳カウンターだった。水栽培の容器を花活けとして使っている。フロアスタンドのシェードは、バナナ繊維の紙。コーナーに置かれた茶箪笥には、お茶やお酒を飲むための器が収められている。

6 漆喰（しっくい）壁にあしらわれた焦げ茶の長押によって、インテリアに一体感が出ている。また、腰壁のおかげで空間の重心が下がり、部屋全体に落ち着きが生まれている。貝殻のシェードのフロアランプは、天井の照明器具とも合うトラディショナルな雰囲気のもの。ダイニングとリビングに敷いた布は、トルコで買ってきたキリム。

7 ダイニングのコーナーに置かれた茶箪笥と、グリーンの根元には水盤。水盤は水が少しずつわき出す仕掛けで、静かな水音が心地よい。グリーンを照らす上向きの照明も仕込まれている。
8 書斎スペース。寝室との間の扉は、もともと食堂の出入口にあった観音開きの扉を転用したもの。
9 テレビに掛けたカバーは着物をリメイクしたもの。刺繍の柄が楽しい。
10 集まりに合わせて植物の葉を敷いたりして、しつらえを変えている。
11 リビングのコーナーにも、世界各国の調度品がミックス。花を載せているカゴは、ミャンマーのアンティーク品。中国の箪笥の上にはインドネシアの果物入れ。そして、ビビッドな色をしたイタリアからの輸入椅子。クッションはテーブルナプキンを貼り合わせた手作り。

before　after

91.47m² ＋ 3LDK
SU邸　東京都調布市（夫32歳＋妻32歳＋息子6歳＋娘1歳）

広々ワンルーム空間は
こだわりのキッチンが
家族をつなげるステージ

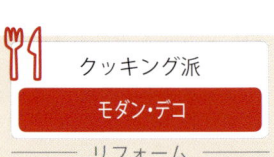

クッキング派

モダン・デコ

リフォーム

1 ダイニングテーブルは、イームズデザインのセグメンテッドベーステーブル。ルイスポールセンPHシリーズのペンダントライトや、赤白のポップな色合いのカフェカーテンとの組合せで、遊び心いっぱいのミッドセンチュリーの雰囲気にまとまっている。
2 ダイニングテーブル横の壁は、グラデーションをかけて塗られたもの。上部には間接照明が仕込まれ、家のランドマークのような存在となっている。
3 キッチンカウンターは、清掃のしやすいステンレスに人造大理石を組み合わせたオリジナル。人造大理石は、お菓子作りで生地をこねるときに熱が奪われにくいため。リンナイのステンレス製4口ガスコンロ、ミーレの食器洗浄乾燥機がぴったりと収められている。

「自分たちの居場所の中心となるキッチンを使いやすいようにしつらえて、料理をふるまいたい」と考えたのは、夫がレストランのコック、夫人がお菓子を作るパティシエという料理人夫婦。普通のキッチンでは物足りず、中古物件を購入し大規模なリフォームをしました。

ペニンシュラ型のキッチンカウンターは広々、全長3.2m。白の人造大理石とステンレスで統一された、スタイリッシュで機能的なキッチンです。鍋や調理道具がたくさんあるため、カウンター下に用途や大きさに応じて分類して収納。壁側にも大容量収納の棚を設けています。キャスター付きの作業台も活躍。お菓子作りのときはカウンター下から引き出し、ボウルなどを置いて使います。

壁から斜めに付いたキッチンカウンターは、キッチンからワンルーム空間を見渡すため。子どもたちやゲストの様子がよく伝わってきます。イームズなどのデザイナーによる家具やポップな色合いの小物を、白と濃いナチュラル色の中に上手に置くことで、ミッドセンチュリーの雰囲気にまとめています。そして腕により腕をかけた色とりどりの料理が、この家のアクセントです。

取材協力：blue studio

4 リビング奥は家族共用のワークスペース。夫婦の料理本がずらりと並ぶ。向かい側には将来、子ども部屋となる個室が2室。青いハンモックチェアがリビングのポイントに。
5 キッチンからダイニング、リビング、ワークスペースまで一体となったワンルーム空間。床は濃い色をしたローズウッドのフローリングで、ミッドセンチュリーの雰囲気づくりに一役買っている。
6 玄関から右手が浴室などの水まわり、左手がキッチンやダイニング。床の土間仕上げはキッチンまで続く。
7 ボウルやお菓子の型、皿を集めるのが趣味の夫人のため、ダイニング横には引き出し式の大容量の食器入れを造り付けている。

Part 1

ステップに沿って、
インテリアづくりをはじめよう

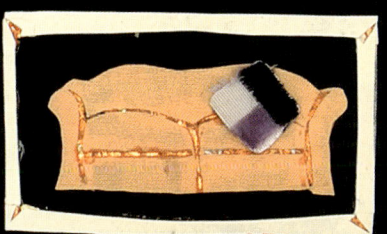

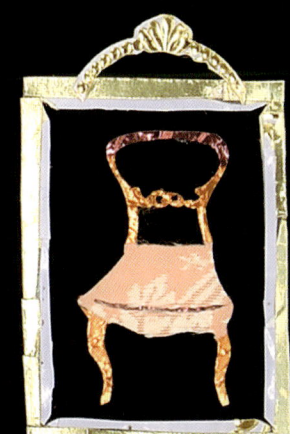

ライフスタイルに合ったインテリアづくりを考えよう

失敗しない
インテリア計画の流れ

閉塞感が出やすいマンションでは、インテリアが暮らしを彩るポイント。バランスよい美しさ、好みの色・形・質感……心地よいインテリアをつくるもとになるのは、そこで過ごすあなた自身です。

● インテリアが変えるマンションの暮らし

住まいのインテリアは、生活の中で一番身近にデザインを楽しめるところ。おいしい料理を楽しむのと同じように、日々センスよい家具や配色を見て、素敵な空間にいることを感じ、心豊かに暮らせるのが、上手なインテリアです。

間取り、家のデザイン、空間構成、屋外とのつながりなど、あらゆることが自由になる一戸建ての家と違って、マンションのような既成の集合住宅で暮らす場合、自分に合った心地よさを演出できるのは、インテリアだけ。マンションで質の高い暮らしを実現するには、それほどインテリアの役割が大きいのです。そこで、本書では

特にマンションのインテリアづくりに焦点を当てて、インテリアづくりを紹介します。

近年、さまざまな様式や流行のブランド、デザイナー家具やファブリック、人気ショップなど、インテリアに関する情報は氾濫しています。もちろん、長年評価を得てきたアイテムはどれも、一定の信頼に応えてくれますが、人それぞれ体型が違うように、暮らし方や心地よさは、人によって千差万別。既成のカタチをそのまま受け入れるだけでは、自分らしいインテリアは実現できません。

● インテリアは
ライフスタイル次第

本書では、お仕着せのスタイルを選ぶ方法ではなく、住み手のラ

イフスタイルをもとに、インテリアを楽しむ方法を提案します。どんなにセンスよくコーディネートされた部屋でも、暮らしにくければ居心地が悪くなります。逆に、あなたのライフスタイルと好みに合っていれば、インテリアの魅力は倍増し、そこで過ごすのが楽しくなるはず。まず、その場所で過ごす人の感性とライフスタイルを知り、次にそれに合うコーディネートを考える。それが、インテリアを成功させるための第一歩です。

Part1 ● ステップに沿って、インテリアづくりをはじめよう

1 自分と家族のことを知ろう

● その場所で過ごすのは誰?

まず、住み手である自分と家族について考えましょう。性格、好み、趣味、日常の生活パターンなど、意外と気づいていないことが多いものです。

「インテリア計画を立てる」という目標をもって、お互いについて話し合うことで、過ごしやすい場所、好みなど、この機会に1人1人について把握しましょう。

● どこが、どう使われている?

また、各部屋で誰がどう過ごしているか、共用スペースの使い方、不都合を感じている点など、生活に関わることは何でも具体的に整理しておくこと。意外な局面でインテリアを決める鍵になります。

● インテリアづくりのベース

家族の要望やそれぞれの部屋に必要なことを洗い出した結果が、インテリアづくりを始めるうえでのベースになります。問題の解決に必要な選択肢を検討しましょう。たとえば「リビングが暗い」場合、ウインドウトリートメントや照明を変える、家具の配置を変える、壁の色を変える、部屋を移動する、など選択肢はさまざまです。

一方、家族の意向が対立した場合、誰か1人の方針に譲ることも、インテリアを成功させるための大切なポイント。折衷案は一見、よさそうに思えますが、統一感や個性のないインテリアになってしまうことが多いのです。

2 住んでいるマンションの空間を分析しよう

● インテリアを盛りつける「器」である「空間」を把握

次に、インテリアを演出する住空間をよく知っておくことが大切。間取り、それぞれの部屋の広さ、天井の高さ、壁や天井の色、窓の位置や大きさ、配管やコンセントの位置など、マンションの建物と室内空間について具体的に把握しましょう(Part2参照)。新しい家具の検討にも、部屋の

用途の変更にも、すべての基本となるのが寸法です。また、衣類や家具など、持ち込むモノの量と大きさも把握しておきましょう。

マンションでは改装できる部分は限られます。特に、賃貸の場合はほとんど手を加えられませんから、引っ越さない限りその空間と上手につきあうしかないのです。しかし、嘆くことはありません。空間をきちんと把握すれば、それ

29 失敗しないインテリア計画の流れ

にふさわしいインテリアを実現できるのです。

●「変更できないもの」と「変更できるもの」

次は、マンションで特に重要な「変更できないもの」と「変更できるもの」を整理しましょう。

たとえば、天井の色は「変更できない」もので、それに合うインテリアを考えなければなりません。また、「リビングが8畳」で変更できないなら大型のシステム・ソファはおすすめできません。たとえばよい

ものでも狭い空間に不釣合いな大型家具を置いたら、そのよさを引き出せないからです。けれど部屋のスケールに合った居心地のよいパーソナルチェアを置くことはできます。このように「変更できないもの」に合わせてコーディネートする方法を考えましょう。

逆に「変更できるもの」は、好みを生かせる部分。部屋の使い方や色、家具などを大胆に変更し、今までのイメージを一新できます。自由に発想して楽しみましょう。ただし、他の部屋とのトータルなバランスを忘れずに。

3 自分の好きなテイストを知ろう

● インテリアの味つけはあなた好みのテイストで

ライフスタイルや住空間をもとにインテリアをうまくまとめるうえで、インテリアの方向性を決める物差しになるのが、「テイスト」です。

テイストは、コーディネートのしやすさを考えて、大きく4つに分類されます（31ページ図参照）。家具や照明器具、ファブリックなどを同じテイストでそろえていけば、まとまりのあるインテリアが実現します。

ところで、自分の好みは知っているようで意外に整理されていないもの。ここではあなたの好みのテイストを見つけましょう。

豊かで華やかな美しさをもつ「デコ」まで、装飾性の度合いを表す物差しが横軸。そして、伝統的なものや古いものに愛着をもつ「トラディショナル」から、20世紀以降の自由で奔放な新しいデザインを好む「モダン」まで、歴史的な時間の物差しを縦軸に設定。この組合せによって、「シンプル・トラディショナル」「シンプル・モダン」「トラディショナル・デコ」「モダン・デコ」の4つのテイストに大きく分かれます。どのくらいシンプルさにこだわるか、どのくらい古いものが好きかといった割合によって、テイストの位置が動くことになります（詳しくは45ページ表1参照）。

●テイスト・グラフで分ける4つのテイスト

まず、余計なものをそぎ落とした美しさをもつ「シンプル」から、

●あなたの好みのテイストの範囲はどのあたり？

それでは、実際にあなたの好きなテイストを調べてみましょう。

Part1 ● ステップに沿って、インテリアづくりをはじめよう

下のチェックシートの結果を頼りに中央のグラフにマーキングしたところが、あなたの好みのテイストです。さらに詳しく知りたい場合は、インテリアの雑誌や本、カタログなどから自分の好みの空間、家具、照明器具、雑貨などの写真を各10枚くらい選んで、グラフの該当するところに置いてみましょう。写真の分布が「あなたの好きなテイスト」の範囲。意外な一面を発見するかもしれません。

広範囲に分布する人は、好みが幅広く、さまざまなテイストを楽しめるタイプ。ただし、ビギナーの場合、「1つの部屋ごとに1つのテイストでまとめる」ことが失敗しないポイントです。

また、トラディショナル・デコでまとめる場合は、必ず方向性をそろえてバランスをとること。たとえばロココ様式とバリ風など、まったく方向性の違うものを組み合わせると失敗しやすいので注意。ビギナーは、バリ風ならバリ風として、様式をそろえるほうが無難です。

好きなテイストを見つけるチェックシート　☑の数の多いところが、あなたの好みのテイスト。

簡素・自然
- □ 古民具が好き
- □ カーペットより畳派だ
- □ お茶室のような部屋にいると落ち着く
- □ 自然素材の素朴な布や家具が好き
- □ 自然そのままの風合いが好き

豊潤・華やぎ
- □ お姫様・王様のような暮らしに憧れる
- □ 部屋にたくさん花を飾りたい
- □ ゴージャスなデザインが好き
- □ 花柄やフリルの付いた洋服が好き
- □ 重厚感のある雰囲気や装飾が好き

トラディショナル

シンプル・トラディショナル（ST）　　トラディショナル・デコ（TD）

シンプル　　　　　　　　　　　　　　　　　　　　　　　デコ

シンプル・モダン（SM）　　モダン・デコ（MD）

モダン

シャープ・都会的
- □ 片づいていないと落ち着かない
- □ 白やモノトーンが好き
- □ 花柄のプリントは嫌い
- □ デザイナーにこだわる
- □ 生活感のない部屋が好き

図1 テイスト・グラフ
このグラフはインテリアの方向性を決めるのに役立つテイストの物差し。家具やファブリックなどのインテリアエレメントを同じあたりのテイストで選べば、失敗しない。ただし、デコのテイストの場合は、バランスよく組み合わせるのに上級センスが必要。

自由・刺激的
- □ 鮮やかな色のコーディネートが好き
- □ 金属のピカピカした感じが好き
- □ アニマルプリントのグッズを持っている
- □ ミスマッチな組合せが上手
- □ 遊び心のあるデザインが好き

4 「好きなこと」と「できること」にはギャップがある

●理想のインテリアと現実の自分

理想のインテリアが実現したあと、上手に使いこなせるか、美しく維持できるかが、インテリアの成功と失敗の分かれ目。好みのインテリアの維持に必要な作業が、自分の「できること」の範囲内であれば、そこで、インテリアは生きてきますし、そこで心地よく過ごせます。そこで、あらかじめギャップを知り、できる範囲で対策を考えておくことをすすめます。

●理想と現実のギャップを埋めるには?

たとえば、物の少ないすっきりした空間が好きだけど、掃除が苦手という人がいるかもしれません。その場合は、自分が片づけやすい収納システムをつくるか、物が多少出ていても気にならないようなテイストのインテリアに妥協するか、など考えてみましょう。

このように、自分の性格やライフスタイルを冷静に分析して、無理なく上手にギャップを埋められる方法を見つけることがインテリアを成功させる秘訣です。

5 インテリアに完成はない

●モノはじっくり選ぶ

そこに暮らす人のライフスタイルや個性は、インテリアと密接に関係しています。そして、家具や照明器具などは、インテリアを具体的に実現するための大切なアイテム。一度にそろえずに、長期計画を立てるのがおすすめです。

よく吟味して、ほんとうに自分に合うものを選べば、長く使えます。逆に、使いにくくて取り替えることになれば、たとえ安く買っても、結局、ムダな出費です。

●変化に応じて微調整を

状況の変化に応じてインテリアを微調整していけば、格段に暮らしやすくなるので、可変性をもたせて考えておくのも知恵。一方、家族の変化をきっかけにリフォームなどで一新するのも楽しみです。

インテリアづくりを楽しむことは、暮らしを楽しむことにつながっているのです。

自分を知ることからインテリアは始まる。
ライフスタイル徹底チェック！　あなたは何派？

ここではあなたのライフスタイルを考えましょう。
すでに自分ではっきりとわかっている人は確認程度に。
☑が、4つ以上あるところが、自分のライフスタイルだと考えてよいでしょう。
☑が、3つあるところは、その傾向が強いので、インテリアを考えるうえで検討してみてください。
複数の派に当てはまる人は、豊かなライフスタイルをもっている人。それぞれのポイントを取り入れて、豊かなインテリアを実現しましょう。

ナチュラル派
- ☐ 植物や花に囲まれていることや自然の風景が好き。
- ☐ 季節はずれの食材はあまり食べたくない。
- ☐ 自然素材の感触や風合いが大好き。
- ☐ 窓から自然の景色が見えるところに住みたい。
- ☐ バルコニーの家庭菜園が何よりの楽しみ。

鑑賞派
- ☐ いつか本格的なオーディオルームを持つのが夢。
- ☐ 休日、家で映画やスポーツ観戦を楽しむことも多い。
- ☐ 絵画を鑑賞したり、音楽を聴くのが好き。
- ☐ 好きなアーティストやスポーツ選手にこだわる。
- ☐ いろいろなことを見聞きして感動することが大好き。

コレクション派
- ☐ こだわるアイテムがあり、気に入ったものがあると手に入れたくなる。
- ☐ 気に入ったものとの出合いに運命を感じる。
- ☐ 大好きなコレクションをみんなに見せたい。
- ☐ たくさんの大切なものに囲まれたインテリアだとリラックスできる。
- ☐ 気に入ったものは必ず買ってしまう。

クッキング派
- ☐ 食材の食感や味の調和を考えるのが好き。
- ☐ 料理をすることはストレス解消になる。
- ☐ おいしいものを作って食べるのが何よりの幸せ。
- ☐ レストランで食べるより、自分で料理して食べるほうがおいしい。
- ☐ おいしい料理を作って喜んでもらいたい。

アウトドア派
- ☐ 屋外で遊ぶ計画に誘われると、なるべく参加するほうだ。
- ☐ 休日は、山や海岸など、自然の中で過ごすことが多い。
- ☐ 休日の天気予報のチェックが習慣だ。
- ☐ こだわりのスポーツ用品やキャンプ用品などをたくさん持っている。
- ☐ シーズンごとに、アウトドア用品のメンテナンスは欠かさない。

ホームパーティ派
- ☐ 友人を自宅に招いて、もてなす計画を立てるのが好き。
- ☐ 気の合う仲間と過ごす時間が大切。
- ☐ 多くの人と話ができて刺激を受ける生活が好き。
- ☐ 友人や仲間を家に招き合い、家族ぐるみのつき合いになることが多い。
- ☐ クリスマスはたいてい自宅に友人が集まってパーティ。

クラフト派
- ☐ 素材を見ると、創作意欲がわいてくる。
- ☐ 次に作るものを考えると休日が待ち遠しい。
- ☐ 多少不恰好でも、自分の作ったものが好き。
- ☐ 簡単に作れるものなら、買わずに作りたい。
- ☐ いろいろな手作りにチャレンジしたい。

Part1 ● ステップに沿って、インテリアづくりをはじめよう

ライフスタイルとデザインのコラボが、素敵なインテリアを実現

あなたのライフスタイルを生かすインテリアを見つけよう

誰もが自由で、個性的なライフスタイルを楽しむ現代。あなただけの暮らしのエッセンスを取り込んで、すてきなインテリアをつくりましょう。

1 ライフスタイルと4テイストの組合せでMYスタイルを見つける

● 誰でも「自然」「ヒューマン」「モノ」「食」のどれかを大切に暮らしている

家族構成や関係性、仕事の種類、休日の過ごし方、趣味や嗜好などが、人によってさまざまな現代。多様で複合的なライフスタイルが生まれています。そして住み手のライフスタイルの違いによって、暮らしやすい住まいのインテリアは当然、変わります。でも、どうやって、インテリアにライフスタイルを反映させるのでしょうか。

インテリアに大きく影響するという点からみて、本書では、誰の暮らしにも関係する「自然」「ヒューマン」「モノ」「食」という4つのKEYWORDを選んで、バラエティ豊かな現代のライフスタイルを、大まかに分類しました。あなたが暮らしの中で関心をもっていることも、この中に、きっと

Part1 ● ステップに沿ってインテリアづくりをはじめよう

含まれています。

● 「積極タイプ」と「消極タイプ」

さらに各KEYWORDとの関わり方によって、自然体で受け止めたい「Gentleジェントル」型と積極的に関わりたい「Activeアクティブ」型という2つのタイプに分かれています。「自然」でいえば、日常生活にそのまま「自然」を取り込みたいジェントル型が「ナチュラル派」。山や自然の中にも出かけ、自然と関わる暮らしを積極的に実践したいアクティブ型が「アウトドア派」。関心は同じでもライフスタイルはまったく異なります。

このようにして、ナチュラル派、アウトドア派、鑑賞派、ホームパーティ派、コレクション派、クラフト派、クッキング派の合計7つのライフスタイルに分類しました。

各ライフスタイルごとに求められるものをもとに、必要に応じて組み合わせながら、インテリアづくりを提案していきます。（38〜45ページ参照）

2 あなたは何派のどのテイスト？

● マイスタイルの確認

あなたのライフスタイルは、何テリアを考えていきます。

複数に関心がある人は、豊かなライフスタイルの人。該当するすべてを「自分のライフスタイルの一部」ととらえて、本書を読み進めてください。場所によっては、各ライフスタイルに応じたインテリアづくりを始めましょう。

まずは、36〜37ページの表で、28に分けたパターンごとに、インテリアづくりの注意点と提案を挙げましたので、参考にしてください。それでは、それぞれのライフスタイルに沿って、これから、インテリアづくりを考えていきます。派に近いでしょうか？ここでは、「自分のライフスタイル」を確認しましょう。選んだライフスタイルに沿って、これから、イン

どれかを優先させたり、複数のライフスタイルを組み合わせて実現できるインテリアを考えることも大切です。

「自分が何派に当たるか、はっきりわからない」人は、33ページのチェックシートで確認を。

● 28の分類でインテリアを考えよう

そして、実際のインテリアづくりでは、ライフスタイルをもとに、30〜31ページで選んだ、好きなテイストに沿ってまとめていきましょう。

7つのライフスタイルと4つのテイストの組合せによって、28のパターンが決まります。あなたはどこに当てはまるでしょうか？本書はこれに沿ってインテリアづくりを進めますので、自分に該当する部分を参考にしてください。

35 あなたのライフスタイルを生かすインテリアを見つけよう

表1 7ライフスタイルと4テイストの組合せ一覧

	ヒューマン(人間)				自然		Keywords
	Active	Gentle			Active	Gentle	ライフスタイル
	ホームパーティ派	鑑賞派			アウトドア派	ナチュラル派	
テイスト		絵画・彫刻などのアート作品鑑賞	音楽鑑賞スポーツ観戦	映画鑑賞			
ST シンプル・トラディショナル（シンプル）	▼昔ながらの素材や形を生かした演出。竹の皮の皿、竹筒のコップなどと合うような、家具や小物を選ぶ	▼伝統的な配置を重視する ▼床の間などをイメージして1つのテーマに沿って飾る		▼近代的な機械類はなるべく隠す	▼昔ながらの造形を大切に家具、小物を選ぶ ▼道具の置場とメンテナンススペースの確保	▼伝統的な手法に基づく簡素な造形 ▼自然の素材や色をそのまま使う ▼伝統的な暮らしに基づくしつらえ ▼窓まわりのモダンな印象を変える工夫	
SM シンプル・モダン（シンプル）	▼色と素材をそろえてシンプルなデザインの食器や小物、家具を集める ▼食器の色を白に統一すると失敗しない ①多数で集まれる空間を用意する ②L.D.Kを一体として、バルコニーやテラスも一緒に使えるインテリアを考える ③大きなテーブルに多めの椅子を用意（よく集まる人数に合わせて椅子の数をそろえる） ④ビュッフェスタイルや座卓で床に座るスタイルなら何人でも可能なので、相応のスペースをとるのがおすすめ ⑤食器等の選択や収納もテイストに合わせて工夫	▼絵画・彫刻は数を厳選して飾る ▼飾る場所と収納場所を分ける ▼美術館の展示をイメージして飾るとうまくいく	▼関連機器やグッズのディスプレイ方法に気をつけ、ゆったり鑑賞できる家具をテイストに合わせて選ぶ ▼オーディオ・TVの器具類は隠すか、素材・色・形をそろえて、すっきりさせる	▼窓の上や廊下など、廊下や壁面をディスプレイスペースとして使うデッドスペースになりそうなところも活用	①周囲の環境を重視してマンションを選ぶ ②準備空間を設けるインテリアを考え、アウトドア気分を味わえるスペースを持つ ③アウトドアを感じさせる家具のデザイン、折りたたみ式のイスなど外でも使える家具 ▼洗練された形の機能的な家具や小物を取り入れる	▼自然素材の色や形をそろえる ▼テキスタイルは無地や単色や織柄 ▼家具や小物に自然の形態を取り入れる ▼形態を単純化してよりシャープに見せる	
TD トラディショナル・デコ（デコ）	▼様式美を意識したインテリア ▼テキスタイル使いを工夫 ▼カントリー風ならベンチを活用	▼伝統的な飾り棚でのディスプレイ ▼シンメトリーに配置すると落ち着きが出る ▼飾りながら収納したり、展示作品を生かす工夫		▼近代的な機械類はなるべく隠す ▼伝統的な音楽や道具類はディスプレイする	▼伝統的様式的なアイテムと飾り方にこだわる ▼トロフィー等も美しくディスプレイ ▼道具の置場とメンテナンススペースの確保	▼布に自然をモチーフとした柄 ▼家具や小物に自然の形態を取り入れる ▼伝統的な手法に自然の形態を大切に装飾する ▼窓まわりのモダンな印象を変える工夫	
MD モダン・デコ（デコ）	▼カラフルで自由なデザインの家具。プラスティックの食器や風船によるポップで効果的な飾り付けで一時的な演出の工夫	▼さまざまな色や形のものを自由に組み合わせて配置し、個性的に演出する	▼機器類は素材・色・形を自由に組み合わせて斬新に飾りながら収納 ▼オーディオ・TVが中心のインテリア		▼車など近代的または機械的なデザイン・素材の家具や道具を取り入れる ▼道具の置場とメンテナンススペースの確保（見せる・飾る）自由な表現が可能	▼自然の造形の美しさを取り入れたインテリア ▼ナチュラル感のあるデザインの小物を飾る ▼自然の多彩な色や柄を自由に組み合わせる	デコ

36

Part1 ● ステップに沿って、インテリアづくりをはじめよう

食	モノ		モノ
Active	*Active*		*Gentle*
クッキング派	クラフト派		コレクション派
	作業スペースを兼用（汚れない）洋裁・編物・パッチワーク 等	専用作業スペースが必要（汚れる）陶芸、ステンシル 等	

共通（シンプル系）

- 食：隠せない小物や家具は自然素材にこだわる／調理道具はシンプルな使いまわしのきくもので、数を厳選／ものを少なくし、簡素で機能的なインテリアに
- クラフト（兼用）：自然の素材感のある作業テーブルがおすすめ／作品は数を厳選して飾る、または隠す／道具や材料、途中の作品をすぐに片づけられる収納場所が必要
- クラフト（専用）：家具はシンプルで作業性を重視／材料や道具はなるべく隠す／作品専用のディスプレイスペースをつくり、数を厳選して飾る／手元灯など作業しやすい照明を確保、器具はテイストに合わせる
- コレクション：ものの収納場所と飾る場所を別々に確保。飾る場合は数を厳選して飾る／シンプルに伝統的な様式で飾る／床の間のように季節感を取り入れて飾る／倉などの伝統的な収納方法の活用

機能的・モダン系

- 食：①活動の中心となるキッチン・ダイニングを使いやすいインテリアに／②食材や食器、調理器具、貯蔵食品等の収納場所に工夫／③家具、小物、選べる器具や電化製品はなるべくテイストに合わせる／④手元灯など、作業のしやすい照明を確保。器具はテイストに合わせる／⑤キッチンは火を使う場所なので、不燃の材料を使うこと
- クラフト（兼用）：①使いやすい作業スペースと材料や道具・作品置き場の確保（ストックスペース、収納スペース）／②部屋の一部に作業用コーナーをつくり、家具は部屋のテイストにそろえて演出する／③家具や物入れ、制作途中の一時置きのカゴなどを選ぶときは部屋のテイストに合わせる／④手元灯など作業しやすい照明を確保、器具はテイストに合わせる／⑤作品がインテリア・テイストに合わないときは飾らない
- クラフト（専用）：①使いやすい専用の作業スペースをつくり、生活と分けたほうが暮らしやすい／②作業スペースは作業効率を優先したインテリアに（ストックスペース、収納を設ける）／③手元灯など作業しやすい照明を確保、器具はテイストに合わせる
- コレクション：①ものが多い場合は、別に倉庫の確保も考えて／②収納付きテーブルなどを活用

カントリー系

- 食：形や色にこだわり、シャープで機能美を追求したインテリアにし、家具や小物もそろえる／調味料や貯蔵食品は様式的に飾る工夫／しまえないものはスタッキング式など、機能性、デザイン性ともにすぐれたものでそろえる
- クラフト（兼用）：スチールパイプの折りたたみテーブル、収納できる作業テーブル、移動できるクリップ式の照明器具などがおすすめ
- クラフト（専用）：色・形・素材をそろえた家具。金属もおすすめ
- コレクション：工房の一角にディスプレイスペースをつくる。インテリアのテイストに合わせて、気に入った作品を飾る。センスよく飾れば、材料や道具を飾ってもよい

様式系（クラシック・ロココ等）

- 食：様式的に飾るインテリア／調味料や貯蔵食品はテイストに合った容器に入れて様式的に飾る工夫／フレンチカントリー風、バリ風など、方向性を統一すること／食器棚等も伝統的なデザインを
- クラフト（兼用）：カントリー調などなら家具の兼用も。テイストに合った作業テーブル、テーブルスタンドもおすすめ
- クラフト（専用）：カントリー調は演出しやすい／作業に関わらない部分でテイストを演出
- コレクション：様式的なディスプレイ方法と家具を採用／ロココ調、バリ風など、インテリアと方向性を合わせた飾り棚を選ぶ

ポップ・個性系

- 食：家具・食器・器具・電化製品等、デザインや色にこだわって選ぶ／調味料や貯蔵食品はテイストに合った容器に入れて個性的に飾る工夫／床の演出もおすすめ／ポップで楽しいインテリアに
- クラフト（兼用）：収納を兼ねたオブジェのような作業台などテイストに合う家具を選ぶ／角度の変わるオブジェのようなフロアスタンドなら手元灯にも兼用できる
- クラフト（専用）：作品は自由に飾る／金属やプラスチックなど、新しい素材によるポップな演出がおすすめ
- コレクション：ものの収納場所と飾る場所を兼用できるように工夫する（飾る収納）／個性的で自由な方法と場所でディスプレイを楽しむ

ライフスタイル別マンション選び

Key Word

自然

自然を身近に暮らしたい人のマンション選び

ST	シンプル・トラディショナル
SM	シンプル・モダン
TD	トラディショナル・デコ
MD	モダン・デコ

GENTLE ▶▶▶ ナチュラル派

ナチュラル派とは、自然との深い関わりをもちながら暮らすことが好きな人。自然を敬愛し、五感を通して自然の変化や豊かさとつきあう楽しさを知っています。マンション選びの段階から、自然とのつながりを考えましょう。

たとえば、公園や丘、川、海等の自然を身近に感じられる場所、窓から緑が近くに見える低層階、家庭菜園ができる庭や広いバルコニーが付いたもの、など。

インテリアでは、素足でも心地よい木質系のフローリング、木の素材感を大切にした家具、風を入れやすい形状で自然素材のウインドウトリートメントなど、自然の素材感が楽しめるものを上手に取り入れましょう。

ST
素朴で木の風合いの生きた家具と自然の素材感をもつファブリックの組合せ。[64]

TD
自然の色彩を大切にした装飾性が魅力。花や植物など緑を上手に取り入れて。[6]

SM
ムク材の家具など、シャープなデザインの中に自然の素材感を楽しみたい。／巻頭KI邸

MD
木の素材感のある家具に好みの色を楽しく組み合わせたい。[20]

38

Part **1** ● ステップに沿って、インテリアづくりをはじめよう

TD
木調の落ち着いた室内に開放感を取り込むテラスが魅力。6

SM
愛用のロードバイクを壁に飾って、風を切る気分を味わう。／高崎市O邸

ST
開放的な部屋なら、素朴な家具などで、日常にアウトドア感を演出しては。64

MD
オートバイや道具の置き場、メンテ用にも、大きな土間スペースは便利。／巻頭SA邸

季節の変化を味わい、自然を身近に感じられる暮らしを好む人

ACTIVE ▼▼▼

アウトドア派

積極的に自然との関わりをもつ暮らしを求める人がアウトドア派。人間も自然の一部という視点を大切にし、野生の動植物を身近に感じながら、自然の中で身体を動かすのが大好きです。海や山へ出かけたり、スキーやマウンテンバイクなど、自然の中で楽しむスポーツに夢中になる人も。

マンション選びでは、用具の置き場所と搬出入、メンテナンスを考えて。廊下や共用スペースが広い、道路からアクセスしやすい階、専用倉庫や大きな土間などアウトドア用品の収納＆メンテナンス場所がある、メンテナンスに便利で屋外感覚で食事もできる広いバルコニー、窓から自然景観を楽しめる、などがおすすめのポイント。インテリアは、日々アウトドア気分を味わえる工夫を取り入れて。

39 ライフスタイル別マンション選び

シャープなテイストのシェルフに大画面ディスプレイも収めて、室内がすっきり。64

AV機器類を部屋中で楽しむ本格AVインテリア。スピーカーも装飾に見える。／巻頭H邸

インテリア・テイストを機器類の無機質感で損なわないように、使うときだけ降ろすスクリーン。

部屋全体を間接照明で照らし、美術品に光を当てて鑑賞するのがおすすめ。64

ライフスタイル別マンション選び

Key Word

ヒューマン

GENTLE ▶▶▶▶ **鑑賞派**

人や人の考え方に触れる暮らしのためのマンション選び

人と直接触れ合うのではなく、映画・音楽・アートの鑑賞やスポーツ観戦など、作品や活動を通して、人間の内面を感じ取り、心の交流を深めたいのが鑑賞派。鑑賞する対象によって必要なものは違いますが、住まいに鑑賞スペースを確保したい点では共通。マンション選びでは、遮音性の高いものを選ぶことがポイント。映画・音楽鑑賞等、音を出す場合は、事務所等との複合マンションなら近隣をあまり気にせず安心。遮光性、防音性の高いウインドウトリートメントでいつも窓を閉じているなら、外の景色や日当たりを気にせずに部屋を選んでもOK。家具は鑑賞する対象と合う物を。

40

Part1 ● ステップに沿って、インテリアづくりをはじめよう

人間に関心があり、人やその考えと深く関わり、
自分自身が豊かになる暮らしを好む人

ACTIVE

ホームパーティ派

積極的に人間と関わる暮らしをしたいホームパーティ派。友人や職場の仲間と集う機会をひんぱんにもち、住まいも人が集まる場所に。多人数が集まることが多いなら、交通のアクセスのよい場所で、広いLDKがあるかワンルームで、騒いでも周囲が気にならない遮音性の高いマンションを選ぶのがポイント。広いバルコニー（ルーフバルコニー）もおすすめ。

インテリアは、大勢の人が過ごしやすいように、フレキシブルに広いスペースをとれる工夫を。スタッキングできるイスや大きくできるテーブルなど、多目的に使い回しのできる家具を選びましょう。

食器等の収納スペースも確保して。

TD 料理やテーブルコーディネートと一緒に布や小物で演出するのも楽しい。／巻頭SY邸

SM 白とモダン・デザインの家具ですっきりそろえた洒落たパーティ空間。／[OL211299N/OT022118] 5

MD モダン・デコのインテリアは、床座アリ、テーブルアリの自由なパーティにぴったり。56

ST シンプルな家具でそろえて和のイメージを演出。床座は、多人数の対応に便利。64

ライフスタイル別マンション選び

Key Word

モノ

モノと関わりたい人のマンション選び

GENTLE ▶▶▶▶

コレクション派

お気に入りのモノ、こだわりのモノを集めることを通して、モノと深く関わりたいのがコレクション派。美術品やジュエリーから、人形、旅のコレクションまで、アイテムはさまざまです。

マンション選びは、直射日光や風通しがポイント。日焼けを気にせずにすむ北側で、湿度を調節できる風通しのよい部屋をコレクション室に。

コレクションの分だけ、持ち物が多くなるので、モノを管理する方法とモノを上手にディスプレイする方法を見つけることが、インテリアの成功を左右するポイントです。専用の収納＆ディスプレイスペースを確保する工夫を。

コレクションの置き場所や収納場所を充分確保すれば室内はすっきり。15

アート作品は、入れ替えて展示。作品に合うシンプルなインテリア。19

家具コレクションに囲まれる暮らし。木の色のバランスが大切。／巻頭O邸 TD

常にコレクションを身近に置きたいなら、飾りながら収納できるディスプレイを。64

MD

42

Part1 ● ステップに沿って、インテリアづくりをはじめよう

自分だけのこだわりの「モノ」と深く関わる暮らしを好む人

手軽なクラフトなら、リビングの一角に作業コーナーと展示スペースを。／[DP-35831E/DSL-1322XW] 24

MD 作業スペースがゆったりとれるとうれしい。照明も楽しく。64

TD 手芸くらいなら、ライティング・ビューローに道具と材料を収めることも。65

ST 和の作法をアレンジして、古い和裁の裁ち台にクラフト作品をディスプレイ。／巻頭KA邸

ACTIVE ▶▶▶ クラフト派

モノを制作することを通して、積極的にモノと関わりたいのがクラフト派。もともと手先が器用でクリエイティブな感性の持ち主が多いようです。

木工や陶芸等、大きな道具と広い場所が必要な場合は、材料や作品の搬出入、音や臭い等を考えて、搬出入しやすい低層階、作業用の土間空間がある、遮音性が高い、通風がよいマンションを選ぶこと。

インテリアは、材料や作品の展示・収納場所を確保して、作業スペースを中心に考えましょう。汚れやすい陶芸、木工などは、水場の近くに汚れてもいい作業スペースがあると便利。まわりを汚さずにすむクラフトなら、リビングなどに作業コーナーをつくったり、兼用の家具を検討しても。作品のテイストに合わせた家具、ウインドウトリートメント、照明器具を。

ライフスタイル別マンションえらび

料理にこだわる人のマンション選び

Key Word

食

豊かに味わう食を大切に、
料理することを楽しむ暮らしを好む人

おいしい食事を楽しめる、好みのダイニングテーブル＆チェアの選択が大切。 16 TD

ソファと上下するテーブルで省スペースにLDをゆったり。36 SM

ごちゃごちゃしやすいキッチン。ダイニングの演出も大切。36 ST

ダイニングやバルコニーとのつながりが便利なキッチン。／巻頭SU邸 MD

ACTIVE ▶▶▶ クッキング派

食べることに最も関心があり、積極的に食と関わる暮らしがしたいのがクッキング派。料理を作って食べることが大好きな人たちです。同時に、健康への関心の高い人が多いのも特徴。日頃から栄養バランスやカロリー、食の安全などにも心を配っています。

マンション選びは、キッチンやキッチン収納が広いか、狭ければモノの管理を工夫すること。

リフォームしやすいことと、新鮮で多様な食材がすぐ手に入ることがポイント。近くによい店や市場がない場合は、冷蔵庫・冷凍庫等の食品貯蔵設備を充実させて。

インテリアは、過ごす時間の長いキッチンを、使いやすく居心地のよい空間にする工夫を。ごちゃごちゃしやすいので上手な収納とモノの管理を工夫すること。

44

表2 4つのインテリア・テイスト

時代性 \ 装飾性	特徴	シンプル	デコ
特徴		余計なものをそぎ落とした美しさ。置く物をできるだけ少なくし、素材や色や形態の種類を絞って使う簡素ですっきりとした空間。部屋に置く物を増やさないという精神的な抑制が必要。マンションのつくりは基本的にシンプル。	装飾、色数など、何かを付け加えたうえで、バランスをとった美しさ。多彩な形や素材のものたちがバランスよくまとまった豊かな空間。自然の形を模倣した装飾やパターンなど、人の手によってつくり出された装飾によるデザイン。
トラディショナル	自然素材や昔ながらの素材を使い、伝統や古さを感じさせる構成が特徴。自然の形態をそのまま使ったり、写実的に模倣したり、様式的なパターンや形、土着・民俗性や伝統性が強く表れた形など、いずれも職人技の生きたデザインが特徴。自然の色彩をそのまま使うので同系色でまとめるなどコントラストを抑えた色の組合せが多い。自然素材の質感に加え、ハンドメイドだからこそ生まれる風合い、古さや伝統を感じさせる質感がある。	**シンプル・トラディショナル（ST）** 「簡素・自然」 古いものや素材など伝統的で民俗的なデザインを取り入れながら、すっきりとまとめた空間。自然の素材と形そのものを生かす。 和風(茶室など) ZEN(禅)スタイル シェーカー・デザイン シンプルな李朝風 ボヘミアンスタイル 北欧トラディショナル 飾り気のないカントリースタイル 飾り気のない各国の庶民派の民俗スタイル、ほか	**トラディショナル・デコ（TD）** 「豊潤・華やぎ」 伝統的な様式や装飾を取り入れ、バランスよくまとまった豊かな空間。装飾性が高い。民俗ごとの文化の違いにより方向性は違うので方向性の同じものでそろえてバランスをとることが大切。1つの様式でそろえるとうまくいく。 フレンチロココ　　　アール・デコ ヴィクトリアン　　　インド風 ジョージアン　　　　イスラム風 チューダー　　　　　中国風 アメリカンカントリー　和風(民芸調) フレンチカントリー　　バリリゾート風 イングリッシュカントリー　東南アジア風 南欧風(スパニッシュ)　スイス民家風 コロニアル(スペイン)　その他の装飾的な コロニアル(イギリス)　カントリースタイル アール・ヌーボー　　ほか
モダン	1900年代以降に登場した機能美を追求したユニセックスでグローバルなデザインが特徴。デザイナーによるデザイン性の高いインテリア要素の組合せ。プラスチックやスチールなど新しい素材も採用し、シャープな直線や大胆な曲線を使った表現。ルールのない自由で鮮明な色使いと、抽象的なモチーフやパターンなど、自由で新しい形態を使ったデザイン。マンションはこの時期に発展したので、モダンのものが多い。	**シンプル・モダン（SM）** 「シャープ・都会的」 幾何学的な形や直線的なデザインを多用し、生活感をなくして、装飾を極力排除した空間。モノトーンなど無彩色をベースに、使う色数を少なく絞る。あいまいな色は使わない。一般的にマンションのつくりはこのテイスト。 北欧モダン イタリアモダン インターナショナル・スタイル(国際建築様式)：ミース、コルビュジエなど バウハウス・デザイン デスティル・スタイル：リートフェルト、モンドリアンなど ハイテク・デザイン、ほか	**モダン・デコ（MD）** 「自由・刺激的」 幾何学的な形や多彩な色、装飾などを取り入れた刺激的でファッショナブルな空間。メインになる色と素材を決めるとうまくいく。好きな現代作家やデザイナーの作品の色や素材の組合せ、構成を参考に。研ぎ澄まされたセンスと組合せ感覚が必要。 ミッドセンチュリー アメリカンフィフティーズ ポップ系 ヨーロピアンデコ クラブ風 ポストモダニズム サイケデリック アヴァンギャルド ジャンク、ほか

インテリアのためのマンション・チェックシート
あなたの住んでいるマンションをチェック！

ひとくちにマンションといってもタイプはさまざま。
ここでは、以下のチェックシートで、あなたの住んでいるマンションに該当する点をチェックしましょう。
その結果をもとに、それぞれのマンションの特徴を生かしたインテリアづくりを考えたいもの。
☑が入った項目については、「解説とアドバイス」を参考に、
注意しながら進めるとうまくいきます。

● マンションの所有関係
- ☐ 賃貸マンション
- ☐ 分譲マンション
- ☐ 分譲マンションの賃貸

● 間取り
- ☐ メゾネット
- ☐ ワンルーム（水まわり以外）
- ☐ LDK以外が4.5畳未満の個室に分かれている
- ☐ 和室がある
- ☐ それ以外

● 広さ
- ☐ 天井の高さが2.4m未満
- ☐ 部屋の中に柱型が出ている
- ☐ 天井面に梁型が出ている
- ☐ 収納スペースが足りない
- ☐ バルコニーが小さい

● 周囲の環境
- ☐ 窓の外に公園・河川・木々の緑などは見えず、近くにビルなどが見える
- ☐ 交通量の多い道路・線路などに面している
- ☐ 夜間、ネオンや外灯が明るい
- ☐ 高層階などで風が強い
- ☐ 外からの視線が気になる

● 明るさ
- ☐ 大きな窓は南側にない
- ☐ 大きな窓が1つしかない
- ☐ 窓のない部屋がある
- ☐ 照明の取付け口が部屋に1つしかない
- ☐ 昼間でも室内が暗い

チェックシートの解説とアドバイス
あなたのマンションのインテリアは、ここを押さえて！

● マンションの所有関係
本書の随所でそれぞれのタイプの特徴や注意点に触れていますので、参照してください。

● 間取り
本書の随所でそれぞれの間取りの特徴や注意点に触れていますので、参照してください。

◇メゾネットの場合は、
①2層に分かれるため、広いスペースとしては使えない　②階段にスペースがとられるため、1階の空間が使いにくいことがある　③上下の視線がさえぎられるため、上下で壁紙を変えるなど、上下のインテリアの雰囲気を変えやすい。ただし、吹き抜けで窓や壁などがつながっているところは、上階を下階のテイストにそろえる　④上下につながる吹き抜けがあれば、のびやかな空間になるのがメリット　⑤上階を寝室、下階をLDKというように、私的な空間と来客を迎え入れる空間とに上下で用途を分けて、それに合わせたインテリアを整える　⑥上下階の音が響きやすいので、2人以上で生活する場合は注意が必要
など、上下の使い分けがポイント。

46

Part1 ● ステップに沿って、インテリアづくりをはじめよう

◇水まわり以外がワンルームの場合は、
①壁や天井がつながっているので、1つのテイストでそろえるとまとまりやすい ②パーティションやついたて、家具などで必要な広さごとに自由に仕切れるので、スペースを有効に活用しやすい ③パーティションなどで仕切った部分ごとに、家具やウインドウトリートメントなどでテイストを変えて楽しめる
など、スペースの取合いの工夫が大切。

◇LDK以外が小さな個室に分かれている場合は、
①1部屋を収納スペースに充てると、他の部屋が広々と使える ②部屋ごとにインテリア・テイストを変えることができる ③寝室にする場合、ベッドを入れると一杯になってしまうので、布団やソファベッドを使うことも検討したい
など、小さな個室の使い方がポイント。

◇和室がある場合は、
和室として使う場合は、和のインテリアを積極的に楽しみたい。
LDKの一部として使う場合は、建具（ふすま）を開けて、床にはウッドカーペットやラグなどを敷いて、壁にタペストリーなどを掛けて和の造作を隠し、インテリアのテイストをLDKと合わせると一体感が出る。
洋室として長年使いたい場合や和室がいらない場合は、リフォームで洋室に変更しては。

◇それ以外の場合は、
LDKも個室も広いなど間取りとしては比較的自由度が高いはず。
もっと自由な使い方を楽しみたい場合は、ワンルームにする、和室をつくるなど、好みやライフスタイルに合わせたリフォームを検討しましょう。

● 広さ

☑が4つ以上なら、実際の面積に比べて使えるスペースの少ないマンション。
インテリアで広々と見せ、スペースを有効利用する工夫が必要です。

◇天井が低い場合は、
①シーリングライトは薄型のものを選ぶ ②ウインドウトリートメントを窓だけではなく、天井から床まで掛ける ③低めの家具を選んで、床に近い位置で生活する ④低めのフロアスタンドを使って、低い位置での空間の広がりを演出
など、視覚・心理的に広さを演出しましょう。

◇柱型・梁型が出ている場合は、
その寸法を考慮し、家具などがその内側に収まるように配置しましょう。窓の上の梁型は、インテリアのテイストに合った布のバランスなどで隠すと、空間が広く見えます。

◇収納スペースが少ない場合は、
1つの小部屋を収納スペースとして使うのも、他の部屋のインテリアを存分に楽しむための工夫。ワンルームなら、壁の一面を天井までの収納スペースに使うとすっきりします。

◇バルコニーが小さい場合は、
視覚的に室内が狭くなるので、鏡などを使って広々見えるインテリアの演出を。

それでも狭いと思う場合は、生活に比べてスペースが足りないということ。トランクルームを借りたり、住替えを検討してみては。

● 周囲の環境

☑が4つ以上なら、日常、ウインドウトリートメントを開けて過ごせない環境にあるマンション。

◇窓からの眺望が悪い場合は、
室内に植物などをふんだんに取り込んで、リラックスできるインテリアにする工夫が大切です。自然光を採り込み、外からの視線を調節できるミラーレースのカーテン、縦・横型ブラインドなどで、工夫して。

◇騒音が気になる場合は、
二重カーテンなどの遮音性の高いウインドウトリートメントを選んだり、リフォームでインナーウインドウ（内付け用の窓）を付けるなど検討。

◇夜間の明るさが気になる場合は、
横型アルミブラインドと遮光カーテンを組み合わせるなど、遮光性能の高いウインドウトリートメントを選びましょう。

◇風が強い場合は、
窓を開けたときにロールスクリーンやブラインド類は、風で音をたてるので、布のカーテンがおすすめ。

どうしても気になる場合は、住替えを検討してみては。

● 明るさ

☑が4つ以上なら、室内が暗くなりやすいマンション。
照明計画や色の工夫で、インテリアを明るく演出しましょう。

①高さの違うスタンドを組み合わせて、室内を明るく立体的に演出 ②天井にレール型の照明器具を付けて、照明の数を増やす ③間接照明で壁や天井を照らして、部屋全体の明るさを増す工夫 ④光を充分に採り入れるウインドウトリートメントの選択

家具や書物などの日焼けを心配しなくてよいのはメリット。でも、どうしても暗さが気になる場合は、リフォームで窓のある部屋を広くしたり、照明器具を増やしたり、住替えも検討してみては。

マンション・インテリアのルールとコツを知ろう

マンションで気をつけたい インテリア・テクニック

マンション・インテリアで成功するには、マンションの特徴を理解しておくことが大前提。マンションの長所は存分に活用し、短所は工夫を凝らすことでカバーしましょう。

1

マンションに住む○と×

● マンションに住むメリットは？

マンションと戸建とでは、おのずとその長所・短所が異なってきます。

▼▼▼▼ **家具の配置がしやすく部屋ごとに違うイメージを楽しめる**
マンションはその構造上、戸建よりも壁が多いため、家具の配置がしやすいのがメリットです。個室が多い間取りなら、部屋ごとにイメージを変えたり、テーマを変えたりできるのも楽しみのひとつ。

▼▼▼▼ **壁面が多いので装飾しやすい**
戸建は日差しがまんべんなく行き渡るように窓が多いですが、マンションでは隣戸との兼ね合いもあり、窓は少なめ。壁面に日焼けさせたくないものを飾るスペースをつくりやすいといった利点があります。また、窓の数が少ない分、1つ1つのウインドウトリートメントに多めに予算をかけることができます。

▼▼▼▼ **冷暖房の効率がよい**
冷暖房の効率がよく、光熱費が抑えられるのもマンションのうれしい利点です。

48

Part1 ● ステップに沿って、インテリアづくりをはじめよう

● マンションに住むデメリットとは？

マンションに住むことのデメリットも知っておきましょう。

▶▶▶ 共有部分は手を入れられない

マンションは集合住宅であるため、共有部分や外観に関して自由に物を置いたり手を加えたりできません。たとえば共有の廊下には花を飾れませんし、美観を保つために洗濯物をバルコニーの手すりよりも上に出してはいけないと定めているところもあります。

▶▶▶ 隣人へのマナーが大切

深夜の入浴や足音などの騒音は当然気を配らなければなりません。騒音問題については転居を考えなければならないほど深刻になることもあるので、入居前にしっかりと防音性をチェックしておくことが肝心です。

▶▶▶ 害虫を共有してしまう

集合住宅では害虫なども共有してしまいますから、部屋をあまり汚くするのも考えもの。同時に、

● マンション選びで気をつけたいこと

これは自分の努力だけでは防げませんから、これまでにネズミやゴキブリ、シロアリなどの被害がないかどうか尋ねておいても損はありません。借りるときにも、害虫などが出たときの対処法について確認しておきましょう。

▶▶▶ 不具合が出たら管理会社へ

管理会社や管理組合があるため、ガス管や水道管など、何か不具合が出たときには自分で勝手に処理をせず、会社や組合を通すことが必要です。

▶▶▶ ペットの飼育は規約次第

ペットを飼いたい人は、物件がペット可かどうかの確認を。

できれば建築士の資格をもって図面をチェックしても、といった魅力も。ただし、窓の断熱性能や防音、床や天井などの防音については、新しい建物のほうが安心なものが多いです。

▶▶▶ 耐震や建物のケアをチェック

耐震構造がしっかりしているかどうか、建物のケアがきちんとされているかどうかは、入居を決める際の大きなポイントのひとつ。まずは内外観をよく観察しましょう。リフォームやメンテナンスが行き届いていれば、建物自体から日常生活の面まできちんとケアされている可能性が高いはず。入退去の回転が速すぎる場合は住み心地に問題があることが多いので、リサーチしましょう。

▶▶▶ デザイナーズ・マンションは自分と合っているかチェック

デザイン性の高い物件を希望する場合は、個性的なものが多いので、そのデザインや間取りが自分のライフスタイルにほんとうに合っているか、必ず確認しましょう。

▶▶▶ 築年数をチェック

古い物件が一概に悪いとも言えません。耐震診断をしていれば丈夫だし、広々とした間取りや共用部分、ロケーションのよさ、歴史あるデザインの空間を体験でき

入居前の入念なチェックが後悔をせずにすむ秘訣。

2 マンションで楽しむインテリアのルール

ひとくちにマンションといっても、分譲か賃貸かによってインテリアの自由度は大きく変わってきます。分譲であれば壁紙の張替えや電気の配線工事なども気兼ねなくできますが、賃貸なら「現状復帰」を考えての工夫が必要になってきます。

● 分譲マンションならリフォーム前提で考えよう

マンションはもともと万人向けのスタンダードなつくりになっているため、リフォームなしに満足できる空間にするのは至難の業でもあります。そしてそれこそが、分譲マンションならではの大きな特権でもあります。

長く住むなら、デザイン、機能ともに自分たちのライフスタイルに合うように、リフォームを視野に入れたインテリアづくりがおすすめ。

ただし、マンションや工事の内容によって、構造上難しいものあるので必ず専門家に相談して。

天井にビルトインエアコンを設置した例。インテリアの邪魔にならないため、人気のあるリフォームのひとつ。64

▼▼▼▼ リフォームできる部分、できない部分

● 専有部分はリフォームOK

マンションには専有部分と共用部分、専用部分があり、通常、室内の専有部分に関しては自由にリフォームが可能。ただし、コンクリートでできている柱、梁、構造壁などの建物を支える躯体部分には手を入れられません。

● 専用部分はリフォーム不可

専用部分とは、ベランダや専用庭など、共有部分の中でもその住戸の住人が専用で使用するところを指します。ここについては、残念ながら勝手にリフォームすることはできません。ちなみに、玄関ドアの外側は共有部分なので変更は不可ですが、内側は専有部分なので、色を塗り替えたりシートを張ったりできます。

▼▼▼▼ リフォームのいろいろ

- 間仕切りを取りはずして広々としたLDや個室にする
- 天井を高くする
  天井の仕上げがしてある場合、天井の仕上げ材を撤去し、構造の躯体をむき出しにすることで天井を高くすることができます。断熱・防音性能は落ちるので注意。
- 和室を洋室にする
- 防音を兼ねて、隣戸に接する寝室の壁に造り付けのクローゼットを作る
- 防音対策として天井に吸音材を入れる
- 壁紙を張り替える
- 床暖房を入れる
- エアコンをビルトインタイプにして目立たなくする
- 水まわりを移動する
  工事が大変なうえ、排水の位置がずれると床を上げなければならないなど、注意が必要です。
- 床材を張り替える
  トイレを温水洗浄便座に替えるものから、手軽にイメージを変えるもの、プライバシーを保護するもの、利便性や好みのスタイルを追求するものまで、さまざまです。以下はリフォームの例

空間自体がダイナミックに変わるものから、手軽にイメージを変えるもの、プライバシーを保護するもの、利便性や好みのスタイルを追求するものまで、さまざまです。

フローリング張りにする場合は、下階への防音用にパッキン材を入れるなどの配慮を。

50

Part1 ● ステップに沿って、インテリアづくりをはじめよう

賃貸マンションは現状復帰を考えて工夫を

賃貸マンションの場合は、退居時に「現状復帰」することが要求されるため、部屋を傷めずにインテリアを楽しむ工夫が必要になってきます。以下で1つずつ具体的にみていきましょう。また、賃貸でもリフォームができるマンションもあるので、必ず確認を。

壁のイメージを変えたい

壁全体に大きな布を垂らしてイメージを変えるのも1つの方法です。オーナーの許可が出れば、壁を塗り替えたり壁紙を張り替えたりすることもできますが、その場合、現状復帰にかかる費用については敷金から引いてもらうとよいでしょう。

床を変えたい

ラグを敷けば、床のイメージは簡単に変えられます。季節に応じてイメージを変えられるのもうれしいところ。フローリングにしたいなら、フローリングカーペットを敷くとよいでしょう。床材のグ

レードアップに関しては、管理会社や家主が工費を折半してくれることもあるので、まずは可能かどうか確かめてみましょう。

ラグとクッションをお揃いに。クッションの1色にラグを合わせると、別のイメージに。[51]

ラグの色をベースカラーに合わせた例。ラグの色でイメージチェンジが気軽に楽しめる。[36]

照明の配線を変えたい

賃貸マンションでは配線変更は難しいので、延長コードを使う、照明器具の位置を自由にスライドさせることができるレール型の照明器具を使うといった対処を。コンセントが不要な電池式の照明器具はポイント使いにおすすめです。

コンセント不要の照明器具なら、場所を選ばずにディスプレイコーナーができる。

壁に釘を打ちたい

基本的に、生活に必要なレベルのピンや釘を挿すのはOKです。ピンは斜めに挿したほうが重さに耐えられます。絵なら額を軽いものにするなどの工夫を。専用の溶剤できれいにはがすことができる樹脂のフックを利用するのもおすすめです。

扉の色や柄を変えたい

たとえばシステムキッチンの扉の色が気に入らない、デザインが古い、そんな悩みには、カッティング・シートを張って解決するのも方法です。シートによっては可燃性のものもあるので、キッチンまわりに使うときは注意しましょう。

照明の位置を自由にスライドできる取付簡易型ライティングダクトシステムの照明器具。[1]

もうカラーコーディネートで失敗しない！
インテリアの色に関する基礎知識

インテリアのカラーコーディネートも、ファッションと同じでルールがあります。色の組合せ、部屋の目的に合わせた色の使い方など、基本を押さえて理想の空間を実現しましょう。

2 カラーコーディネートに関する基礎知識

● 色相環で色と色の関係を知る

インテリアの印象を大きく左右するカラーコーディネート。ここで失敗すると、洗練されたインテリア空間にはなりません。まずは色の特性を知って、好みのスタイルを実現していきましょう。

色は、白、黒、グレーといった色味のない「無彩色」と、それ以外の「有彩色」とに分けられます。有彩色にはハッキリとした色からくすんだ色、淡い色、濃い色とさまざまな色がありますが、どの色も、赤・黄・青の3原色を混ぜ合わせたもの。この3色の中間色を加え、黒や白、グレーが混ざらない最もピュアな「純色」を近い色順に環状に並べたものが、色相環です。「色相」とは、赤、黄、青などの色味のことを指します。色相環では向かい合う色が補色

（反対色）となり、2つ隣ぐらいまでが類似色相、補色を中心に左右2つを加えた5色ぐらいまでが反対色相となります。この色相環を参考にすると、色の組合せの効果がわかりやすく、カラーコーディネートがまとまりやすくなります。

図3 明度と彩度とトーンによる色相環
（出典：日本色彩株式会社）
基本となる色のトーン。表の左外側に縦に並んでいるのは黒、灰色、白の無彩色。彩度がないのでこう呼ばれる。すべての色の中で明度が最も高いのが白、最も低いのが黒。円の中の形容詞はそれぞれのトーンが与えるイメージを表している。

52

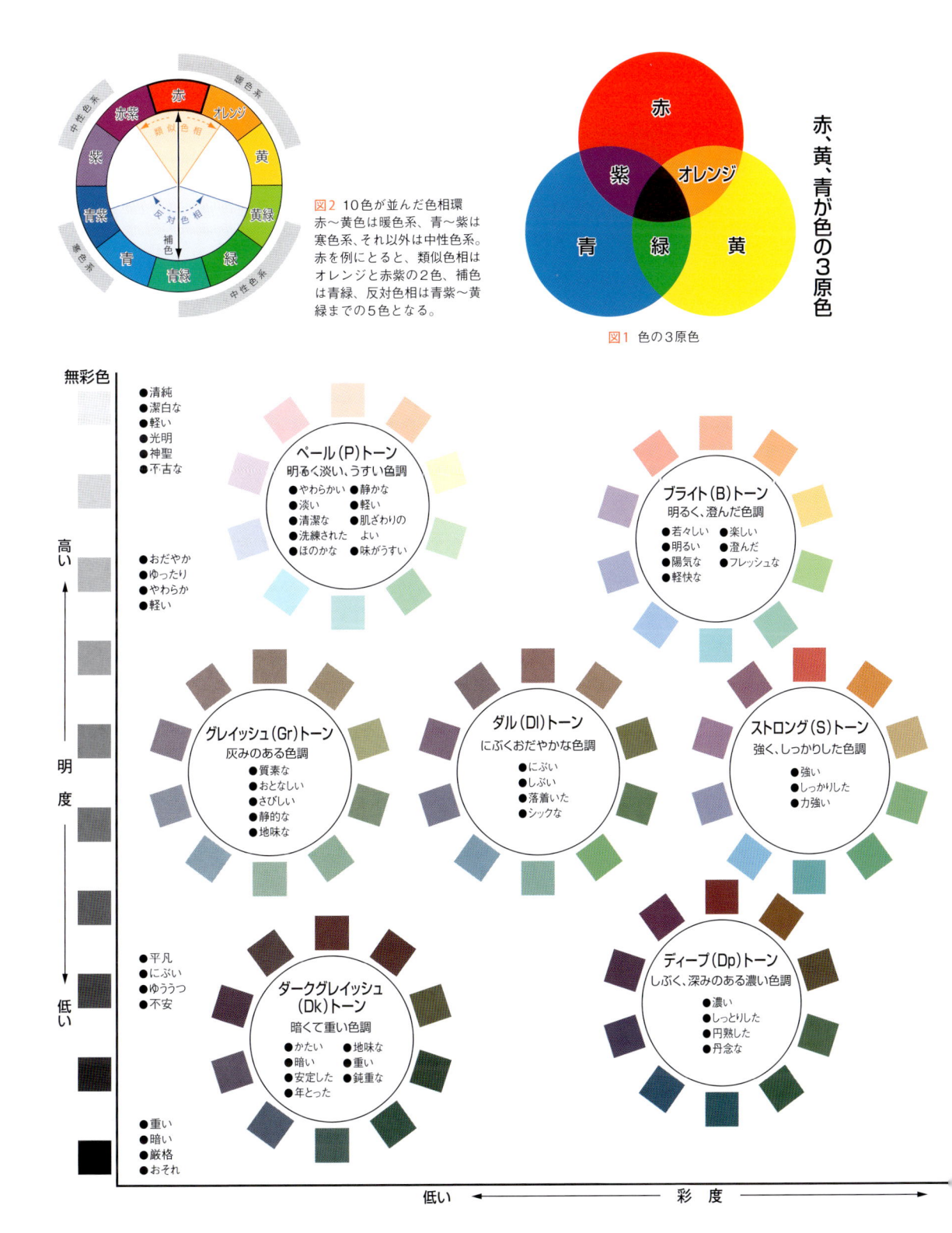

Part1 ● ステップに沿って、インテリアづくりをはじめよう

図2 10色が並んだ色相環
赤〜黄色は暖色系、青〜紫は寒色系、それ以外は中性色系。赤を例にとると、類似色相はオレンジと赤紫の2色、補色は青緑、反対色相は青紫〜黄緑までの5色となる。

赤、黄、青が色の3原色

図1 色の3原色

無彩色

● 清純
● 潔白な
● 軽い
● 光明
● 神聖
● 不古な

ペール(P)トーン
明るく淡い、うすい色調
● やわらかい　● 静かな
● 淡い　● 軽い
● 清潔な　● 肌ざわりの
● 洗練された　　よい
● ほのかな　● 味がうすい

ブライト(B)トーン
明るく、澄んだ色調
● 若々しい　● 楽しい
● 明るい　● 澄んだ
● 陽気な　● フレッシュな
● 軽快な

高い
↑
明度
↓
低い

● おだやか
● ゆったり
● やわらか
● 軽い

グレイッシュ(Gr)トーン
灰みのある色調
● 質素な
● おとなしい
● さびしい
● 静的な
● 地味な

ダル(Dl)トーン
にぶくおだやかな色調
● にぶい
● しぶい
● 落着いた
● シックな

ストロング(S)トーン
強く、しっかりした色調
● 強い
● しっかりした
● 力強い

● 平凡
● にぶい
● ゆううつ
● 不安

ダークグレイッシュ(Dk)トーン
暗くて重い色調
● かたい　● 地味な
● 暗い　● 重い
● 安定した　● 鈍重な
● 年とった

ディープ(Dp)トーン
しぶく、深みのある濃い色調
● 濃い
● しっとりした
● 円熟した
● 丹念な

● 重い
● 暗い
● 厳格
● おそれ

低い ← 彩度 →

53 インテリアの色に関する基礎知識

明度と彩度を組み合わせたものがトーン

同じ青でも、藍、ペールブルー、群青など、明るさや鮮やかさによって色に違いが出てきます。その違いを左右するのが、明度と彩度。明度とは色の明るさのことで、白に近いほど明度が高く、黒に近いほど明度は低くなります。彩度とは色の鮮やかさ、冴え方を表すもので、彩度が高い色はくっきりと派手に見え、彩度が低い色はくすんで地味な印象を与えます。

この明度と彩度を組み合わせた色の調子のことを、トーンといいます。同じ色でも、ビビッドトーンと言われる純色とダークトーンと呼ばれる落ち着いた色とでは、受ける印象がまったく異なってきます。インテリアでは、このトーンの違いが空間の印象を左右するポイントとなります。

図4 明度と彩度
同じ色でも、明度、彩度が違えば印象はまるで違うものに。何色を選ぶか、だけでなく、どんなトーンを選ぶか、が重要。

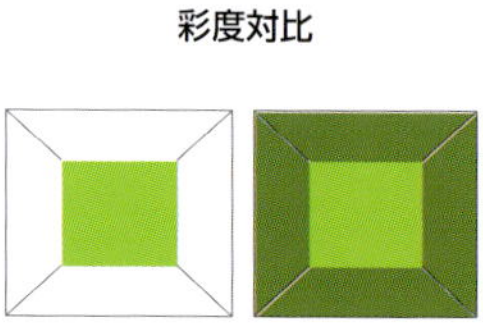

図6 彩度対比
同じ色でも、彩度の高い色が隣にあると実際よりもにごって見え、彩度の低い色の隣になると実際よりも鮮やかに見える。

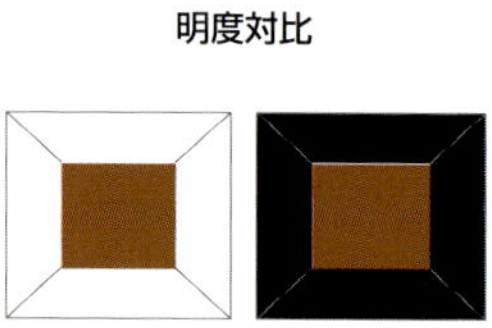

図5 明度対比
同じ色でも、明度の高い色の隣にあると実際よりも暗く見え、明度が低い色の隣になると実際よりも明るく見える。

ベージュ、ブラウンなど、色相の違う茶系の組合せでまとめたコーディネート。遊びはないが、品よく落ち着いた大人の空間となっている。7

色相＆トーンの組合せのルールを知ろう

色相とトーンの組合せによって、インテリアのカラーコーディネートが決まります。主な組合せのパターンには、次の5つがあります。

● **類似色相の組合せ**

緑と黄緑色、赤とオレンジなどの類似色相の組合せは、無難で失敗が少なく、初心者向けです。部屋の中で同じぐらいの色配分で使うと、どちらが主役かわからず、メリハリに欠けておもしろみがなくなることも。薄いほうの色を多くして濃いほうの色をクッションや椅子に使うなど、使用面積に差をつけると変化が出ます。

Part1 ● ステップに沿って、インテリアづくりをはじめよう

● 反対色相（補色）の組合せ

たとえば黄色と青紫、オレンジと青など、色相環で反対側にある色相を組み合わせると、鮮やかなコントラストが生まれます。個性的なムードを演出できますが、明度や彩度が高い色同士だと、刺激が強すぎて落ち着かないことも。同分量で使うと個性がケンカしやすいので、どちらかを挿し色に決めて分量を少なくしたり、トーンを統一するとまとまりやすくなります。

反対色相であるピンクとグリーンの組合せ。個性的で楽しげな雰囲気にまとまっている。71

Photo : Tsuyoshi Saito（BANK）
Styling : Miyoko Okao
Model : Hana（TYCOON）

● 同じ色相で異なるトーンの組合せ

ビビッドトーンの青とペールトーンの青など、同系色同士の組合せは、合わせやすく失敗の少ないオーソドックスなパターン。2色以上を組み合わせても色数が多い印象にならないため、散漫にならず、すっきりとまとめることができます。その場合、明度・彩度の高い色をアクセントカラーにするとメリハリが生まれます。

深みのあるブラウンと、明るいトーンのベージュの組合せ。明るいトーンを取り入れることで、重くなりすぎず、空間にほどよいカジュアルさや明るさがプラスされている。56

● 異なる色相で同じトーンの組合せ

ビビッドトーンは刺激的で元気なイメージ、ペールトーンは淡くてフェミニン、ダークトーンなら落ち着きがあるなど、トーンにはそれぞれのイメージがあります。トーンが同じであればイメージに統一感が出るため、まとまりやすくなります。色をたくさん使いたい人におすすめのパターンです。逆に色数が多くてトーンもばらばらだと、かなりセンスよくまとめない限りはごちゃごちゃして散漫な印象になるので気をつけましょう。

異なる色相も、トーンをそろえればきれいにまとまる。テキスタイルのオレンジとグリーンのトーンをそろえ、さわやかなイメージに。64

● トーンも色相も異なる組合せ

ダークトーンの緑にストロングトーンの赤など、色相もトーンもばらばらの組合せは、新鮮で個性的な印象をつくります。ただし、コーディネートにはかなりのセンスが必要。失敗するとお互いの個性を殺し合うことにもなるので、色の配分や組合せは充分に吟味したいもの。ちょっと冒険したい人におすすめの、上級者向けコーディネートです。少ない色数で変化を出したい場合にも効果的。

ダークトーンの渋いブラウンをベースに、つやのあるチョコレートブラウン、明るいベージュなどを配し、アクセントにビビッドなグリーンはじめ柄の違うクッションをプラス。トーンも色相も違うものをまとめるときは、自然素材で統一したり、「エスニック」などとテーマを決めてチョイスするとうまくなじむ。30

Part1 ● ステップに沿って、インテリアづくりをはじめよう

色や色の組合せの効果を知って各部屋の目的に合わせたカラーコーディネートを

色や色の組合せには、暖かく感じるもの、冷たく感じるもの、緊張感のあるもの、落ち着くものなど、それぞれの性格があります。

色や色の組合せのもつ性質を利用して、各部屋の目的に合わせたカラーコーディネートに役立てましょう。

● 緊張感のある空間

色、その組合せは、緊張感を演出します。たとえば鮮やかなピュアブルー、クリーム色ではなく冷たさのあるピュアホワイトなどは、ビビッドなトーンやピュアな

キリリとした印象や清潔感を生みます。仕事部屋や勉強部屋など、ある程度緊張感が必要な部屋に活用したいカラーです。黒や紺といったダークな色も適度な緊張感を生むので、書斎などにおすすめ。

適度な緊張感を生むビビッドな赤と黒の組合せ。都会風のシャープなイメージを演出できる。少しあらたまった応接室や書斎などのインテリアにも。[18]

● リラックス感のある空間

どんな色で人がリラックスするかは好みによりさまざまですが、一般的には自然界の色に近いアースカラーや、彩度の低い中間色同士の組合せなどがあげられます。

くつろげる色なので、リビングや寝室などにおすすめです。濃い色を多面積に使うと逆に圧迫感が出てリラックスできなくなるので気をつけましょう。

アースカラーの代表ともいえるブラウン系のウッド素材はリラックスしたい空間にぴったり。ナチュラルカラーの生成りやグリーンが寛ぎ効果を高めている。[20]

● 重厚感のある空間

明度の低い、黒・グレーが混じった色やその組合せは、重くて落ち着いた印象を与えます。書斎コーナーなど、重厚な雰囲気にしたい場所に使うとよいでしょう。暗い色を天井に使うと洞窟のような落ち着きが出るので、寝室などと細長さが目立ちません。

天井にはあえて暗い色を使っても。床に暗い色を使うと落ち着きは出ますが、狭い部屋だと狭くて暗い部屋という印象を与えることもあります。

ちなみに細長い部屋では間口の狭いほうの壁2面を暗い色にすると細長さが目立ちません。

シャンデリアやマントルピース、鏡などのロマンチックな要素も、黒をメインカラーに使うことでシックで重厚な雰囲気に。
16

● 軽やかなイメージの空間

明度が高くて明るい色の組合せは、軽やかな空間をつくります。たとえば春をイメージするようなパステルカラーや白が代表的。明るいムードにしたいダイニングや

リビングなどにおすすめ。

白、淡いベージュ、茶のように、床、壁、天井の順に軽い色を使うと、実際よりも天井が高く感じられ、部屋に開放感が出ます。

白やベージュをメインにして軽やかな空間に。天井に光を当てることで、部屋がより広く見え、開放感がアップ。間仕切りのガラスも開放感を高めるのに一役買っている。／[DPN-35604/DST-35606/DST-35607] ペンダント＆テーブルスタンド 24

Part1 ● ステップに沿って、インテリアづくりをはじめよう

● 暖かみのある空間

赤やオレンジ、黄色など、暖色系の色を組み合わせると暖かみのある空間を演出できます。ただし、濃い色が多いと暑苦しい印象になるので注意。色によって心理的な体感温度も変わるので、冬に暖色系を使うと効果的です。寒い部屋や北向きの部屋にも向いています。照明はオレンジがかった色味のランプを使うと引き立ちます。けれど、暖色は膨張色かつ進出色でもあるので、部屋は多少狭く感じられます。

落ち着いたローズ・ピンクのロールスクリーンと明るいレンガ色のベッドカバーがメインカラーの役割を果たす。暖色系の組合せが、くつろぎ感と暖かみのある寝室を演出。19

● クールなイメージの空間

青や青紫などの寒色系の組合せで、クールな印象を演出します。青には鎮静効果があるといわれるため、寝室などに好まれることも。その場合、鮮やかな青では頭が冴えてしまうので、淡い青を選びましょう。寒色の部屋は暖色の部屋に比べて、心理的な体感温度が約2〜3度低いといわれているので、寒色は涼しさを演出したい部屋にも最適。集中力を高めたい勉強部屋や書斎なら、照明にも青白い色味のランプを使うとさらに効果的。寒色は後退色かつ収縮色なので、部屋を広く見せる効果もあります。

ソファやラグ、ウインドウトリートメント、壁色まで、すべてブルー系で統一。白い照明器具が引き締め、クールで涼やかなイメージの空間に。1

59 インテリアの色に関する基礎知識

2 インテリアの色の決め方

住空間のカラーは、ベースカラー、メインカラー、アクセントカラーの3つで構成されています。その配分のルールを知っておきましょう。

1 ベースカラー

インテリアのベースとなる、床や天井、壁の色を指します。全体に占める面積は70％程度と、部屋の中で一番広い部分。最も広く感じられる色、他の色との組合せが自由で飽きがこないのは白です。気軽に変更できない部分なので、リフォームの場合にも特別な意図がない限りは淡い色やナチュラルカラーなど、多くの人が心地よく感じる色、部屋が狭く見えない色を選び、簡単に取り替えられるウインドウトリートメントやラグなどで好みの色を楽しむのがおすすめ。

2 メインカラー

カーテンなどのウインドウトリートメントや、ソファなどの大きな家具の色がメインカラー。インテリアの雰囲気を決める主役の色で、面積は全体の20〜30％程度です。

色を決めるときには、窓から入る光の量や照明の色も考慮すること。窓からの光量が多ければ少々暗い色を使っても落ち着きますが、窓が小さくて暗い部屋の場合は閉塞感が出てしまうため、明るい色の組合せがおすすめです。

そしてコーディネートで大切なのは、全体の「統一感」。色だけでなく、家具やカーテンの素材、デザインなどのイメージを統一することもお忘れなく。

3 アクセントカラー

クッションやランプシェード、絵画など、小物類の色を指します。分量は全体の5％程度ですが、インテリア全体にメリハリを与え、アクセントをつける重要な役割です。

● 各カラーを決めるポイント

基本となるベースカラーの中で一番変化をつけやすいのは、床です。カーペット、ラグの色や素材で雰囲気を変えられます。天井や床が淡い色の場合、床を濃い目の同系色にすると落ち着いた雰囲気になります。床も含めてすべて淡い色で統一すると、明るく開放的な雰囲気に。

ベースカラーを決められたら、壁や天井は白やアイボリー、明るいベージュ、床は同系色の茶でまとめるのが無難です。好きな色を使いたいときは、薄めのソフトなトーンを選んで。

メインカラーには、部屋の目的に合う色の中で一番好きな色を選びましょう。インテリア全体のスパイスとして使うアクセントカラーは、メインカラーとのバランスを見て選びましょう。たとえばメインカラーがベージュや茶色などの落ち着いた色の場合、ビビッドな色のクッションを置くことで空間が引き締まります。

インテリア全体のスパイスとして使うアクセントカラーは、メインカラーとのバランスを見て選びましょう。家具が茶色でカーテンは緑など、色数が増えやすいですが、色味のある色は3種類までに抑えるか、トーンを統一するとすっきりまとまります。

アクセントカラーは一番費用がかからずに遊べる部分。気分や季節に合わせていろいろな色に挑戦しましょう。

ベースカラーが白と茶、メインカラーがベージュとモスグリーン、植物の色がアクセントカラー。64

Part1 ● ステップに沿ってインテリアづくりをはじめよう

図7 インテリアの色構成の例

- 天井：ベースカラー1
- 照明フレーム：アクセントカラー1
- カーテンレール：アクセントカラー1
- カーテン：メインカラー2
- 壁：ベースカラー1
- サッシ：ベースカラー2
- グリーン：アクセントカラー2
- ドア：メインカラー1
- 植木鉢：アクセントカラー1
- 額：メインカラー1
- TV：ベースカラー2
- 絵の色の一部・黒：アクセントカラー1
- クッション1：アクセントカラー1
- クッション2：アクセントカラー2
- ランプシェード：アクセントカラー1
- AVボード：メインカラー1
- 床：ベースカラー2
- テーブル：メインカラー1
- センターラグ：メインカラー3
- センターラグの模様：アクセントカラー1
- ソファ：メインカラー2
- サイドテーブル：メインカラー1

● 色の使い方で部屋の広さが変わる

面積の広いベースカラーやメインカラーにどんな色を使うかによって、部屋が狭く見えたり逆に広く見えたりします。広く見えるのは、天井や壁を白や淡い色にし、メインカラーに寒色を使った場合。

狭く見えるのは、ベースカラーやメインカラーに濃い目の暖色を使った場合です。狭い部屋を広く見せたい場合には淡い寒色をメインカラーに。逆に広い空間を寒々しく見せたくない、ぬくもりのある空間にしたいときには暖色をメインカラーにすると効果的。

ベースカラーとメインカラーを白にして、白（明るい色）の面積を広くすると、部屋を広く見せる演出ができる。33

ベースカラーとメインカラーを白にして、さらに床も白や淡い色にすると、大きな家具を置いていても部屋が広々と見える。絵も寒色系にして統一感を出した例。36

● 好きな色を生かすテクニック

自分の好きな色を取り入れたほうが、心地よい空間になることは間違いありません。でも、好みの色を好き勝手に使うだけではまとまりのない空間になってしまいます。好きな色の特徴やほかの色との合わせ方のコツを掴んで、洗練されたインテリアづくりを。

■ 赤 *RED*

赤には体温を上げて血行を促進し、気持ちを活発にする作用があるので、人がたくさん集まる、にぎやかに過ごしたいところや子どもインテリアに使っても品よくまとまります。鮮やかな赤を多目に使いたいときは、補色となる緑をグリーンや小物などでプラスしてバランスをとりましょう。

鮮やかな赤はポイント的に使うとセンスのよいアクセントに。深みのある赤やダークな赤なら、メインカラーに使っても品よくまとまります。ただし、派手な赤を多面積に使うと、落ち着かずにイライラしたり、暑苦しく感じたりすることも。

赤は、人の集まるリビングや、食欲を増したいダイニングなどにもおすすめ。勉強したり、眠ったりする部屋にはアクセントカラーとして上手に取り入れて。／[OC006948L/OT022193] 5

■ ピンク *PINK*

ロマンチックで、穏やかさや愛を喚起するピンク。女性ホルモンの分泌を促し、若返りの効果があるといわれています。気持ちを高揚させるようなビビッドなピンクを使いたい場合は、アクセントカラーとして少量にとどめるか、補色を組み合わせてバランスをとるとうまくまとまります。ドレッシーなダークピンク、クールな印象の青みがかったピンク、上品に見えるベージュピンクなど、彩度の低い色や淡い色はメインカラーとして使っても大丈夫です。

ドレッシーなピンクなら、気分を刺激しすぎることなく、落ち着いた中にも華やぎのある空間を演出できる。16

■青 BLUE

知的でさわやか、クールで落ち着いた雰囲気を醸し出す青。寒色の代表色で、鎮静効果や集中力を高める効果があるため、寝室や書斎、仕事部屋、ストレスが強い人の部屋に向いています。また、キッチンに使うと料理に集中できる効果が。ただし、寝室に使う場合は、淡い青を選ぶなどして、寒々しい雰囲気にならないように気をつけましょう。

後退色なので、メインカラーに使えば空間を広く見せることができます。ごく薄い水色なら、ベースカラーとして壁の色に使ってもいいでしょう。トイレやバスルームのベースカラーに軽やかでさわやかなトーンのブルーを使うと、圧迫感が軽減され、リラックス効果も得られます。

写真のように窓が大きく開放感のある部屋だと、さまざまな青を組み合わせて、落ち着いたリラックス感を演出できる。窓が小さく陽が差さない部屋に強い青を使うと寂しい印象になるので注意。16

■紫 PURPLE

古くから高貴な色とされてきた紫には、精神を高揚させたり、自尊心を高めたりする色味の違いや、トーン、濃淡によって与える印象は異なります。眠りを妨げない落ち着いたトーンの紫なら、寝室のメインカラーにしてもよいでしょう。ビビッドな紫は個性が強いので、アクセントカラーに使うのがおすすめです。多目に使いたいなら、補色の黄色でバランスを。

味がかった紫なのか、青味がかった紫なのかといった色味の違いや、トーン、濃淡によって与える印象は異なります。隠れ家のような部屋や音楽鑑賞の部屋、ヨガ、瞑想、占いなどをする場所にぴったり。上手に使えば、おしゃれで洗練された雰囲気になります。

荘厳さや格調、気品、優雅、個性といった性質がありますが、赤

紫は、上手に使うとドラマチックな演出ができるカラー。ただし、ビビッドな紫を多用すると刺激的になりすぎて落ち着かない雰囲気になることもあるので気をつけて。18

Part1 ● ステップに沿ってインテリアづくりをはじめよう

緑 GREEN

森や自然を連想させる緑は、リラックスできるやすらぎの色。寝室などの緊張をほぐしたい部屋や、みんなで集まって和やかに過ごしたい場所におすすめです。緑は寒色でも暖色でもない中間色で、バランスや調和、誠実、堅実といったイメージがあります。

それだけに、単調な使い方をするとおもしろみに欠けることも。緑をメインカラーに使うなら、他の色味のあるアートを飾ったり、花瓶を赤やピンクにしたりと、意識してコントラストをつけるとうまくいきます。

黒やグレーなどの無彩色も含めてほとんどの色と調和するので、ベースカラーとしてよく使われます。テーブル、ソファ、カーペットなど、メインカラーを茶で統一することも多いでしょう。青系の茶と赤系の茶を混在させず、茶のトーンを統一するときれいにまとまります。

ベースカラーに緑を選び、ビビッドな黄緑色をメインカラーにしてモダンでドラマチックな雰囲気に。ありきたりでない緑の使い方の好例。[51]

茶 BROWN

土や木を連想する茶は、すべての色相の中で最も落ち着いた色。赤味のある茶のアクセントには、赤、オレンジ、黄色などの暖色系がよく合います。それだけだと物足りないときには、たとえばオレンジの反対色の青などをアクセントとして少量プラスするといいでしょう。茶にゴールドを合わせると、ナチュラルリッチなムードを演出できます。

やさしい色なのに茶色だけだとインテリアは暗くなりがちなので、白と対比的に組み合わせるのが定番。でも、ちょっと冒険して、ファブリック、家具、ウッドブラインド、床の木の色と、自然木のナチュラルカラーを合わせて、茶色のグラデーションとしてコーディネートすれば、新鮮でレトロモダンな演出に。[20]

黄 YELLOW

明るく元気で太陽を連想させるカラー、黄色。開放的な印象にしたい部屋や、陽が差さない部屋、暗くなりやすい水まわりなどのメインカラーに最適です。食欲増進作用もあるので、ダイニングに使ってみては。知性を刺激する効果もあるので勉強部屋や読書コーナーなどにもおすすめです。寝室に使うときは淡いクリーム色にすれば壁全体に使っても圧迫感がなく、明るくくつろげる空間を演出できます。

黄色は幸福感を与える伸びやかな色ですが、膨張色なので鮮やかなトーンの黄色を多用すると暑苦しくなり、圧迫感が出るので注意しましょう。

明るいパステルイエローならカーテンや壁紙に使っても強くなりすぎず、太陽を感じさせる明るい雰囲気に。黄色は南仏風のインテリアが好きな人などにもおすすめ。17

オレンジ ORANGE

その名の通り、健康的で、食欲を増進させる陽気なビタミンカラーを増進させる陽気なビタミンカラー。活気、喜び、創造性などを促す色です。ダイニングやキッチン、娯楽ルームに最適なのはもちろん、太陽があまり差さない部屋に使えば、不足している明るさを補ってくれます。

赤の激しさと活力、黄色の明るさと知性を備えたオレンジは、社交的な色でもあります。親しみやすさと開放感があるので、人が集まる場所に使うのもおすすめ。逆に寝室や書斎には刺激が強すぎるので、多用しないほうが無難でしょう。

壁や家具のトーンと合わせて、アクセントカラーとしてシックなオレンジをチョイス。寝室でも、オレンジの色味と分量を抑えれば落ち着いたイメージを演出できる。64

Part1 ステップに沿って、インテリアづくりをはじめよう

■黒　BLACK

黒はどんな色とも合いますが、どの色と組み合わせるかで大きくイメージが変わります。光を吸い込む暗い色なので、AV鑑賞ルームなどの特殊な環境でない限りは、ベースカラーに使わないほうが無難。メインカラーに使う場合、白と組み合わせてモノトーンにすると無機質で冷たい感じになりやすいのですが、家具やカーテンの材質を自然素材にする、曲線的なフォルムを取り入れるなどすると多少やわらかな印象ではなく無色なので、どんな色にもにできます。ビビッドな色と組み合わせると鮮やかなコントラストでその色を引き立て、モダンで刺激的なイメージに。やわらかな色と組み合わせるとシックな印象、濃い色と組み合わせると重厚な雰囲気になります。

黒は強くて重い色なので、重厚感や高級感の演出向き。暖かみよりもシャープさやモダンさ、落ち着いたイメージ。19

□白　WHITE

光、清潔さ、優雅さをイメージい、くつろげない部屋になることも。厳密にいえば色ではなく無色なので、どんな色にも上手に取り入れましょう。どの色と組み合わせるかで雰囲気は大きく変わります。さらにメインカラーにも使えば、エレガントな雰囲気や清潔感などを演出できますが、下手に使いすぎると殺風景でよそよそしい印象のものに。

また、白は黒同様緊張色なので、くつろぎ感を出したい場合には家具のデザインや素材をやわらかい印象のものに。させる軽快な白。アクセントカラーに有彩色を上手に取り入れましょう。どの色と組み合わせるかで雰囲気は大きく変わります。また、家具や絵画、装飾品などを引き立てるベースカラーとして最適です。

グレーは中立的な色なので、どんな色とも相性がよく、ベースカラーに使えば都会的なイメージに。組み合わせた色が主張しすぎるのを抑え、安定感やまとまりを与えてくれる。19

さまざまな質感のものを白で統一した例。清潔感や透明感が演出できる。19

66

Part 2

住空間を知って、素敵なインテリアに

「こんな部屋に住みたい！」——憧れのイメージを実現するには

マンションで理想の部屋をつくる6つのステップ

インテリアで失敗しないためには、イメージづくりを含めた事前の準備が大切。ここで紹介する6つのステップを踏めば、自然と「理想のインテリアづくり」を実現できます。

1 自分の好みを知るイメージブックづくり

インテリアを変えて雰囲気を一新したいけれど、どこから手をつけてよいのかわからない。そろそろ買い替えたい家具があるけれど、次はどんなものにすればよいのかわからない……。こんな悩みをもつ人は案外多いのでは。

そんなときには、理想のインテリアを実現するための「イメージブック」を作ってみましょう。用意するのは、1冊のノート。できればちょっと大きめのA4サイズで方眼紙などが便利です。

あとはこのノートに、雑誌やカタログで見て気に入ったインテリアコーディネートや家具、照明器具などの写真の切り抜きをどんどん貼っていくだけ。とにかく自分のアンテナに引っかかったものを、ランダムにスクラップしていきます。家具ショップの情報や価格など、インテリア計画に関わる情報は何でもこの1冊にまとめておくと便利です。

家具ショップやショールーム、モデルルーム、ホテルなどは、プロがコーディネートしたインテリアのよいお手本。参考にしない手はありません。おしゃれなカフェのちょっとした空間の使い方なども参考になるので、普段デジカメを持ち歩いて気に入った場所や物の写真を撮るのもおすすめです。

こうして集めた写真を見て、そ

ナチュラル派で、シンプル・モダンのテイストが好きな人が作ったイメージブックの例。好みの家具や小物をどんどんスクラップすることで、視覚的に好みや傾向が把握できる。

68

Part2 ● 住空間を知って、素敵なインテリアに

の傾向がひと目でわかるようなら、それが自分の好きなテイストだと思ってインテリア計画を進めます。テイストがバラバラの場合は、31ページに掲載しているグラフと45ページの写真をどこに入るか、1つ1つの写真をチェックしていきます。具体的には38〜44ページの写真を参考にしながら選んでください。チェックした中で一番多いのが、自分の好きなテイストです。多少広範囲に広がってもかまいませんが、実際に家具やファブリックを買う場合には、エスニックならエスニック、イタリア風ならイタリア風と、テイストの方向性も絞り込んだほうが失敗しません。

まずは、なるべくたくさんの具体的な例を実際に見て、情報を集めましょう。それによって、「こんな部屋にしたい」「あんな家具がほしい」など、自分の好みのイメージも具体的になってくるはずです。

コレクション派でトラディショナル・デコのテイストのうち、エスニックなスタイルが好きな人が作ったイメージブックの例。たとえ好みがはっきりしていたとしても、イメージブックを作ることで全体の色バランスやメリハリなどを客観的に見ることができる。

2 各部屋のサイズを測る

家具をうまく配置するためには、各部屋のサイズを知っておかなければ、書き込んでいきます。間取り図が大前提です。同じ6畳や8畳でも、規格通りの寸法であることは少なく、部屋によって違うことがほとんど。自分で測っておくことが大切です。

契約したときに不動産業者からもらった家の間取り図を活用して、そこに測った寸法をどんどん書き込んでいきます。間取り図が大きめの方眼紙に簡単な間取り図と見取り図（パース）を描きましょう。測る場所は図1〜3を参考に。「実際に家具を置いてみたら入らなかった」なんてことにならないよう、間取り図に合わせて縮尺した家具の切り抜きを作り、配置のシミュレーションをしておくと安心です。

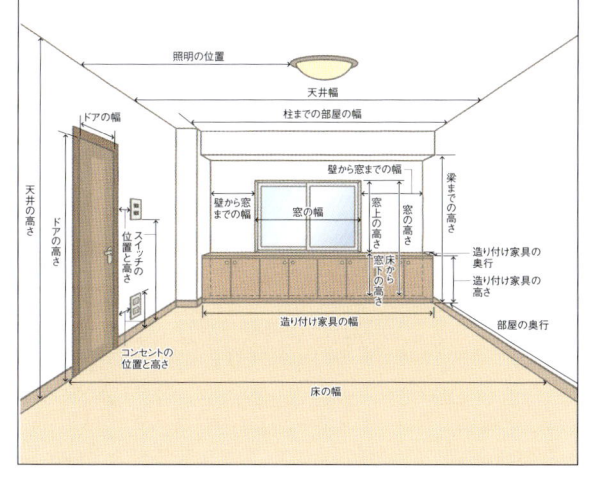

図1　家具のない部屋の寸法を測る

● 部屋の周囲の寸法

家具の配置で最も基本となる部分です。部屋のすみにある柱や梁の出っ張りなど、凸凹した部分もきちんと測っておきましょう。

● 天井の高さ

床から天井までの高さを測ります。標準は約2.4m。梁の下がりもチェック。

● ドアの位置と高さ

天井が高くてもドアの高さが低いと室内に家具を入れられないこともあります。ドア幅と高さを測り、開閉に必要なスペースを確認しましょう。壁からドアまでの距離も家具の配置に必要な情報です。

● 窓の位置とサイズ

家具の配置は窓のサイズや位置に大きく左右されます。窓の高さや幅だけでなく、両側のコーナーから窓までの長さも忘れずに。1階なら、大きな家具はドアからではなく窓を取り外して搬入できる場合もあるので、測っておくと便利です。

● 照明・コンセントなどの位置

意外と忘れがちですが、照明器具の取付け位置や、コンセント、スイッチの位置も家具の配置に影響します。コンセントとスイッチは、床からの高さと壁からの距離を測っておきましょう。スイッチの前には家具を置かないようにし、コンセントもなるべく隠さないようにしたいところですが、家具で隠れてしまう場合や、必要には場所にコンセントがない場合には延長コードが必要です。

照明器具の取付け位置やコンセント、スイッチの位置が気に入らない場合、分譲なら配線レイアウトを変更することが可能です。

● テレビ・通信回線の位置

テレビや通信回線のプラグは決まった位置にしかないので、そこを中心にテレビ、電話、パソコンなどを配置すると配線はすっきりします。ただし、分譲なら配線レイアウトを変更できます。テレビ、電話のプラグは普段抜き差しすることがないので、家具の後ろに隠れても大丈夫です。

3 持っている家具のサイズを測る

今持っている家具のサイズをメジャーで測っておきましょう。測るのは、幅、奥行き、高さの3つ。測った寸法は、家具の種類、数、色、素材、使いたい部屋などとともに表にしてノートに書き込みます。表には、これから購入したいものも加えておきましょう。

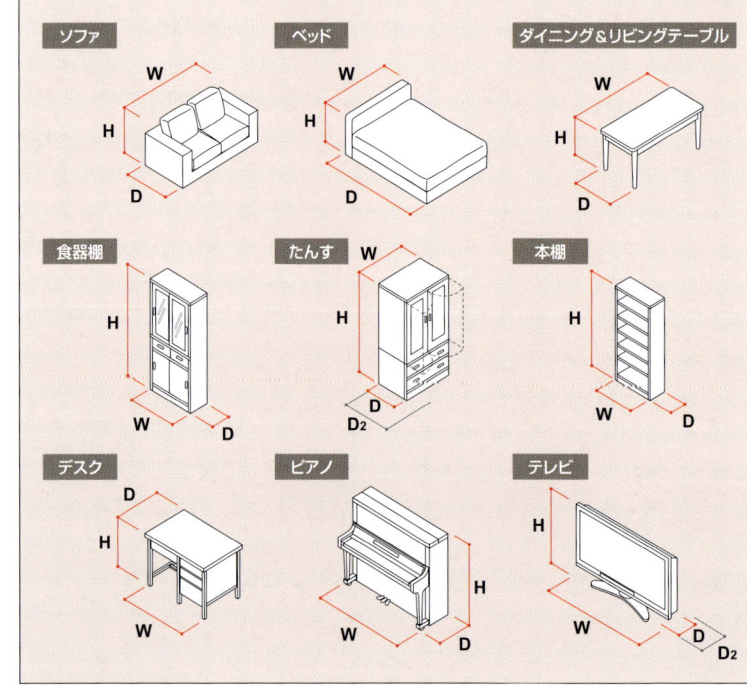

図2 家具の測り方1

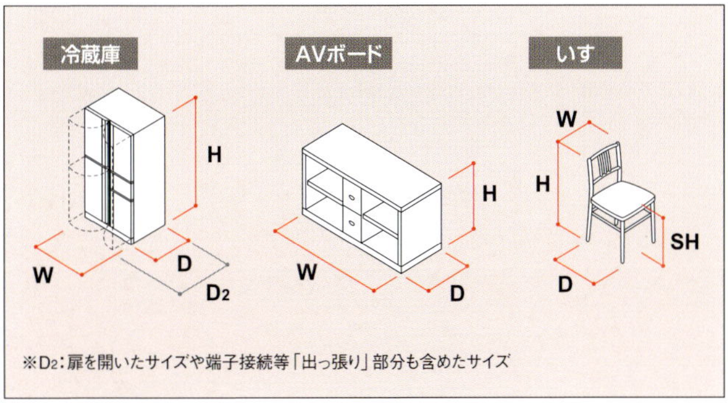

Part2 ● 住空間を知って、素敵なインテリアに

4 家具の配置と購入したい家具の大きさを決める

ステップ2、3で測ったサイズをもとに、家具・家電の配置を決めます。家具の配置・家電の配置決定は小さいものよりも、一度置いたらなかなか動かせない大きな家具や、配線のからむものを先に検討するとスムーズです。

そして、新たにほしい家具・家電のリストを見ながら、どこに配置したいか、その場合どのぐらいのサイズなら収まるのかを割り出していきます。たとえば、新しいソファがほしい場合。幅2mのスペースに置きたいなら、横幅は思い切った改修も許可してくれる

図3 家具の測り方2

※D₂：扉を開いたサイズや端子接続等「出っ張り」部分も含めたサイズ

種類	数	サイズ(cm)／W×D×H	色	素材	使いたい部屋	その他備考等
リビングボード	1	160×45×140	メタリックグレー		リビング	
ダイニングテーブル	1	135×80×70	ホワイト		ダイニング	
ダイニングチェア	4	40×40×80	ホワイト		ダイニング	シート高さ
シェルフ	1	120×40×140	シルバー		キッチン	
コタツ	1					
衣装ケース	3	42×75×33				
テレビ	1	70×40×60	グレー		リビング	
冷蔵庫	1	60×65×170	ホワイト		キッチン	

図4 家具・家電リストの例

2m以内になりますし、その横に幅30cmのサイドテーブルも置きたいのであれば、ソファのサイズは170cm以内に収めなければなりません。玄関のドアの大きさやマンションのエレベータの大きさ、廊下の幅や天井高など、搬入経路の確認も必須です。こうして割り出した最大サイズを、リストの「寸法」の欄に記入しておき、家具ショップに行くときはメジャーとともに必ず持参しましょう。

5 マンションの性能や設備をチェック

マンションの設備や性能によって、必要な家具や置ける家具が変わります。以下についてチェックしておきましょう。

・造り付けの家具はあるか
・防音性はどの程度あるか
・暖房設備はあるか
・上下両隣との壁や床、天井の構造
・遮熱ガラスや二重サッシは入っているか
・コンロはガスかIHクッキングヒーターか
・オール電化か
・ミストサウナや浴室乾燥機はあるか
・照明器具は付いているか
・食器洗浄乾燥機があるか
・収納の容量
・洗濯物干しの位置と広さ
・ADSL、光ファイバー、ケーブルテレビなどの通信関係

6 手を入れられる範囲を確認

賃貸マンションの場合、改修は無理とあきらめる前に、どこをどの程度まで改修できるのか、必ず確認を。マンションによっては、分譲マンションなら、リフォームを前提として考えることをおすすめします。

71 マンションで理想の部屋をつくる6つのステップ

素敵なマンション・インテリアをスマートに実現

マンションのインテリアを成功させる6つのテクニック

限られた空間を広く見せるには？一部屋を2つの目的で使うにはどうすればいい？知っておくと大きく差が出るインテリアのコツをお教えします。

1 広く見せる工夫

限られた空間を広く見せるには、さまざまな方法があります。具体的にみていきましょう。

● 色の効果を利用する

ビビッドな色や濃い暖色を使うと実際よりも部屋が狭く見えてしまいますが、淡い色や寒色を使うと、実際よりも広く見せることができます。

また、面積の大きいカーテンもベースカラーの一部と捉え、同じ色で統一するのも効果的。濃い色は背の低い家具などに使うこと。逆に背の高い家具には強い色、濃い色を使わないようにしましょう。

● 間仕切りを外す

ふすまやドア、仕切り壁を外して一間続きにすると、広々として開放的な空間になります。

● 低い家具で仕切る

一部屋をリビングと書斎で兼用するようなときは、背の低い家具で区切るようにすると、視線をさえぎらないので狭く感じません。

暗くなりやすい部屋のコーナーや奥まった場所に光を当てると、その空間を広く見せる効果がある。壁や天井と同じ色のフロアランプなら効果倍増。／[snow] 10 Design: Louise Campbell／フロアスタンド 10

ダイニングとリビングの間仕切りをなくし、開放的な抜け感のある空間を実現。 8

72

Part2 ● 住空間を知って、素敵なインテリアに

● 家具の配置で広く見せる

背の高い家具は壁の両端に置くようにし、照明の当たる壁の中央部には低い家具を置くようにするイメージに。

と広く見えます。また、家具を部屋の片側に集中させ、家具を置かない壁をつくると広々としたイメージに。

36 両側を高い家具、中央を背の低い家具でまとめると、圧迫感が出ず、部屋が広く見える。

64 AV機器や収納家具、デスクコーナーまで、すべてを部屋の片側に集めたことですっきり広く見える。

2 趣味の空間をつくる

小さくても趣味のコーナーがあると、空間が生き生きとしてきます。部屋の一角に手芸コーナーをつくる、窓辺でハーブを育てる、絵を描くスペースとディスプレイスペースをつくる、生け花やオブジェにスポットを当てるなど、何でもかまいません。趣味や好みに合わせて、ちょっと心華やぐ、あるいは心安らぐスペースをつくってみましょう。

リビングの一角に、組合せ式の家具でつくった2人分の趣味のコーナーの例。33

③ 多目的に使える家具選び

家具は大きくて高いので、そうそう買い替えのきくものではありません。小さめで重ねられるものや、どんな場所にでも使えるようなものを選んでおくと、使いまわしができ、転居のときにも楽です。たとえばキューブ状で好きな形に並べたり重ねたりできる収納BOXや、サイドテーブルにしたり重ねて収納したり、その上に天板を渡してデスクを作ったりもできるスツール型のスタッキング・チェアなど、2つ以上のメリットがあるものを選びましょう。

また、全体を通して色やデザインの方向性を合わせることが大切。好みのテイストをはっきりさせ、妥協せずにきちんとテイストをそろえることが成功につながります。

④ ディスプレイコーナーをつくる

ちょっとしたディスプレイコーナーをつくると、生活空間に潤いが生まれます。たとえばクリスマスにはドアにリースを飾る、雛祭りには玄関に小さな雛飾りや桃の花を飾る、秋にはテーブルにどんぐりや落ち葉を飾るなど、季節感のあるディスプレイを取り入れてみましょう。

キッチンに植物を置いたり、カーテンレールの上に板を渡して斜めにピンや釘を打って留めて、ちょっとしたスペースでつくったりディスプレイコーナーをつくったりと、ちょっとしたスペースで構いません。「飾る」意識をもつことで、インテリアのすみずみまで気を使うようになり、掃除が楽しくなります。

[Low Table Set]
48 / Design: Frank O.Gehry／サイドテーブル／W630・510・390 × D430 × H510・450・390／積み重ねてチェストにもなるテーブルセット。41
Photographer : Norio Kidera

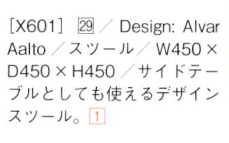

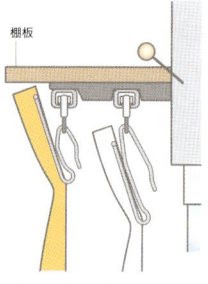

[X601] 29 ／ Design: Alvar Aalto／スツール／W450 × D450 × H450／サイドテーブルとしても使えるデザインスツール。1

図1（右）ディスプレイコーナーの例。
図2（左）ピンを斜めに挿すのがポイント。

部屋の一角に、インテリアのテイストに合わせてちょっとしたディスプレイ・コーナーをつくると生活に潤いが。小物はキュリオ（ガラス張りの棚）に飾るとすっきり。33

5 間仕切りの工夫、共用できる空間づくり

部屋を区切って2つの目的に使いたいときには、屏風やパーティションを置くと便利です。キッチンとダイニングは、キッチンカウンターやキャビネットで仕切るとよいでしょう。

ワンルームで寝室とリビングを兼ねるような場合は、プライベート空間である寝室スペースのプライバシーが確保できるよう、視線を遮る高さの家具やロールスクリーンなどで仕切るのがおすすめです。

ベッドとリビングスペースをロールスクリーンで仕切った例。壁に近い色をチョイスしたことで圧迫感なく仕切ることに成功している。[20]

6 壁の有効利用

マンションには壁面がたくさんあるので、これを上手に利用しましょう。たとえばプロジェクターを使って見たいときだけ壁に映し出すようにすれば、テレビを置くスペースは不要です。

また、壁の広い面積を見せるようにディスプレイすれば、広々とした印象になります。中央に小さな絵を掛けるなど、美術館のような演出もおすすめ。

広い壁面に、まるで絵のような飾り棚を設置。美術館のような表情が演出でき、空間にリズムが生まれている。[65]

壁面にプロジェクターを使えば、空間が広く使え、見た目にもスマート。[19]

日常の行為別にスペースを考えよう

家具を無駄なく使いやすく配置するコツ

食事をしたり、くつろいだり、眠ったり——日常の各シーンに必要な家具の基本的な配置パターンを知って、限られた空間を無駄なく上手に使いましょう。

食べる、くつろぐ、仕事や勉強をする、寝る……私たちは住まいでいろいろな過ごし方をします。目的に合わせた家具の基本配置を知っておきましょう。

まずは、人が通る場合に必要となるスペース。左の図1のように、1人が横向きに通るときは45cm、正面を向いて通るときは60cm、正面を向いて2人がすれ違う場合は110〜120cmの幅が必要です。このサイズをもとに、家具の配置やスペースづくりを考えます。

正面を向いて2人がすれ違う 110〜120
正面を向いて通る 60
横向きに通る 45

図1 人が移動するのに必要な横幅は、大きく3通りに分けられます。45cmは最低必要なサイズと覚えておきましょう。(単位：cm)

[POTHOS ダイニングテーブル&ダイニングチェア] 33／（テーブル）W900×D900×H730（チェア）W393×D486×H807／コンパクトな暮らしに合うテーブル&チェアのセット。33

❶ 食べる

食事をする際の主な動作に必要な寸法を知っておきましょう。椅子を引いて腰かけるのに幅75cm、腰かけている人の後ろを通るのに60〜90cmの幅が必要です（図2参照）。

図3、4は2人用、4人用それぞれのダイニングテーブルの標準的なサイズです。テーブルを置くと、腰かけるために椅子を引くスペースが必要になることを忘れずに。どうしてもスペースがとれないときは、キャスター付きの椅子を使う手もあります。椅子を引く側では75cm、座らないほうは60cmあれば大丈夫。人が座らない側は

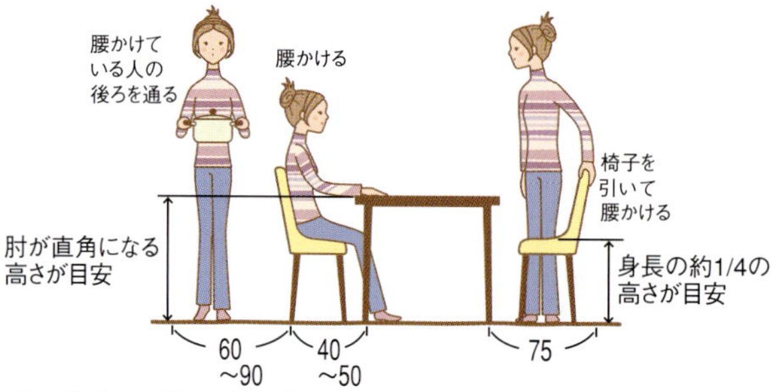

腰かけている人の後ろを通る　腰かける　椅子を引いて腰かける
肘が直角になる高さが目安　身長の約1/4の高さが目安
60〜90　40〜50　75

図2 ダイニングセットの寸法（単位：cm）

76

Part2 ● 住空間を知って、素敵なインテリアに

キッチンカウンターや家具などに付けてしまうこともできます。椅子にかけている人の背後を通って食事を運ぶのに必要なスペースは、テーブルから最低でも100cmと覚えておきましょう。

図4 4人用ダイニング (単位：cm)

図3 2人用ダイニング

2 くつろぐ

くつろぐ場所といえばリビング。ソファを中心に、リビングテーブルやテレビを置く人が多いようです。

図5に示したのが、一般的なソファのサイズです。座面の高さはいろいろありますが、25〜42cmが一般的。座面から背面の端までの幅は90cm前後で、ソファの前にリビングテーブルを置く場合には、だいたい30〜50cmの間隔が必要です。

図5 ソファの平均的なサイズ (単位：cm)

ソファの横幅は、1人がけの場合が80〜90cm、2人がけなら160〜180cmが平均的なサイズです。図6〜8は基本的な寸法。ソファとテーブルはソファの前に置くものと考えがちですが、狭くてスペースの有効利用をしたいなら、ソファの横に小さめのサイドテーブルを置けばコンパクトに収まります。

ソファをどこに置くかで生活動線や空間の表情も変わる。

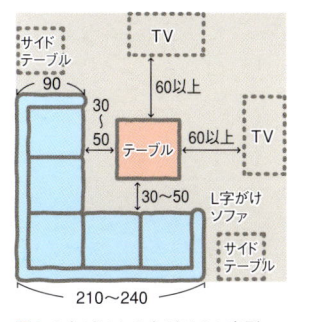

図8 2人がけと3人がけのL字型ソファの配置。テレビはソファの対角のどちらにも置ける。

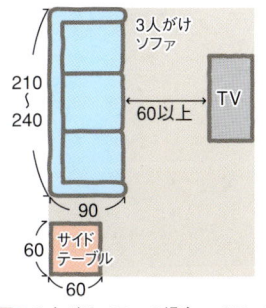

図7 3人がけソファの場合。ソファの正面にテレビを設置。サイドテーブルはソファの脇に。

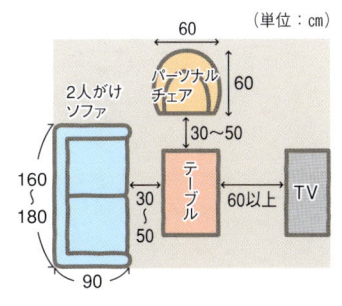

図6 2人がけソファとパーソナルチェアの組合せ。中央にテーブルを置き、ソファの正面にテレビを配置。

3 趣味のスペース

服を作る、絵を描くなど、趣味のスペースがほしい場合、狭いからとあきらめなくても大丈夫。リビングの一角や寝室の一角など、半畳あれば趣味のコーナーをつくることができます。

たいていの作業では、椅子や机が必要なはず。図9、12のように、半畳スペースに机と椅子を置き、机の下を収納に、机の上は作品を飾る棚やすぐ使う道具置き場にするとよいでしょう。

ピアノを置くとかなり場所をとってしまうので、吊り棚の下に置くなど、スペースの有効活用を検討したいところ。

図9 趣味のコーナーの例

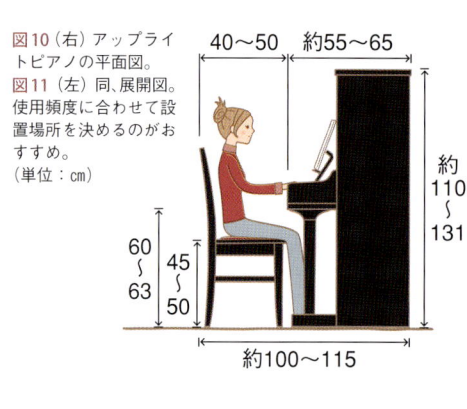

図10（右）アップライトピアノの平面図。
図11（左）同、展開図。使用頻度に合わせて設置場所を決めるのがおすすめ。
（単位：cm）

4 仕事・勉強する

パソコンを使ったり、書き物をしたりと、さまざまな作業に必要になるデスク。サイズはいろいろで、幅も奥行きもかなり異なります。標準的なサイズと少し大きめのサイズで、それぞれ必要なスペースは図14～15にある通りです。

書斎や仕事部屋をつくれる場合はよいのですが、1部屋充てることができない場合は、図13のように1畳分のスペースがあれば書斎コーナーをつくることができます。

半畳スペース
（単位：cm）

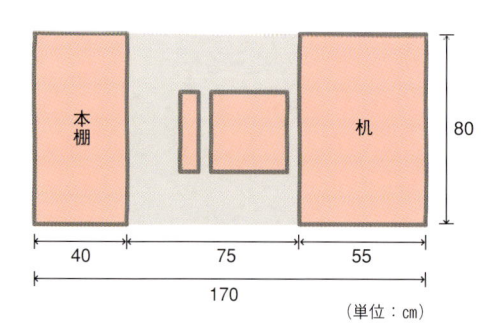

図13 1畳でできる書斎コーナー

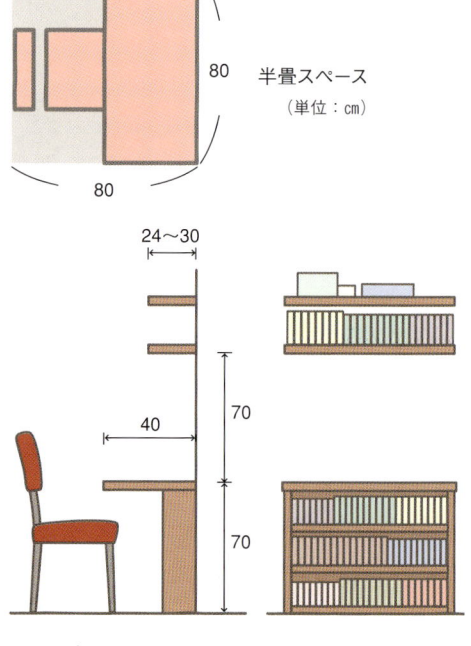

図12 半畳でできる趣味のコーナー

Part2 ● 住空間を知って、素敵なインテリアに

おしゃれな配線隠し

AV機器やパソコンまわりなど、配線がごちゃごちゃと見苦しい場所におすすめなのが、配線コード類を収納できるグッズ。写真はロタリアーナのもので、植木鉢の形をした収納部分に配線を隠すことができます。そのほかにも、ボックスタイプで中にコード類とコンセントタップを収納できるようなものも。配線類をおしゃれにまとめてすっきりさせれば、掃除もラクになります。

[MultiPot] 80／マルチタップ／上部径φ235・底部径φ142×H192／内部にコンセントを備えたLED照明。携帯電話などを充電しながらスッキリ収納。1

(単位：cm)

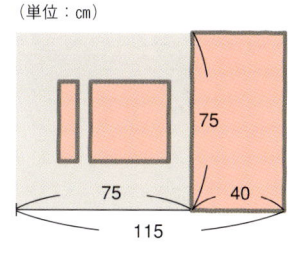

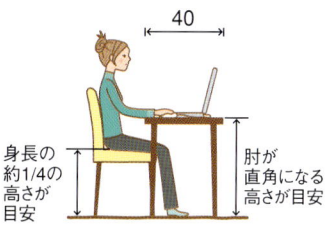

図14 スタンダードなデスク&チェアの平面図（左）と展開図（右）
デスクは幅75cmで奥行きが40cm程度。椅子を引いて腰かけるための75cm+デスクの奥行きで、最低でも幅115cmのスペースが必要。

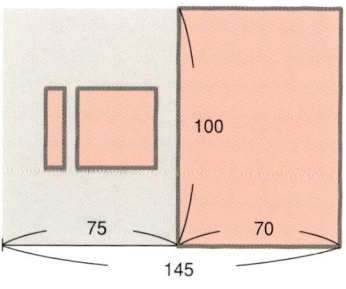

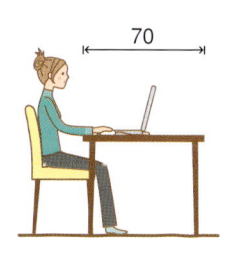

図15 大きめのデスク&チェアの平面図（左）と展開図（右）
デスクは幅100cmで奥行きが70cm程度。椅子を引いて腰かけるための75cm+デスクの奥行きで、最低でも幅145cmのスペースが必要。

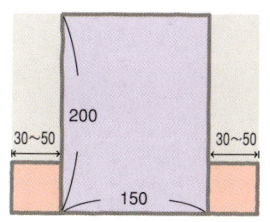

5 寝る

ベッドには大きく分けてシングル、セミダブル、ダブルの3種類があります。また、布団やソファベッドを使う人もいるでしょう。通常、人間1人が横向きに通るときは45cmの幅が必要ですが、ベッドはマットレスの高さがだいたい50cmぐらいと低いため、足が入るスペースさえあれば通り抜けることは可能です。また、ベッドに上がる、下りるといった動作には最低30cmの幅があれば大丈夫。ただし、ベッドメイキングのためのゆとりも考慮しておきましょう。

図18 ダブルベッドのサイズ
サイドテーブルが30cm角以内であれば、6畳の部屋にぴったり収まる。

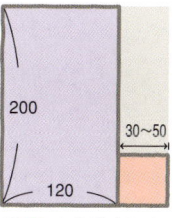

図17 セミダブルベッドのサイズ
赤ちゃんがいる人や体の大きな人におすすめ。

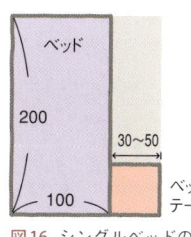

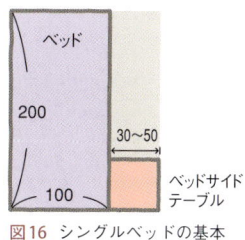

図16 シングルベッドの基本的なサイズ
もっと長い210cmほどのタイプも増えている。

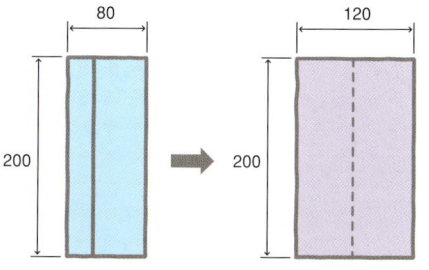

図20 平均的なソファベッドのサイズ
ソファとして使うときは幅80cm程度で、ベッドにするとセミダブルサイズになる。

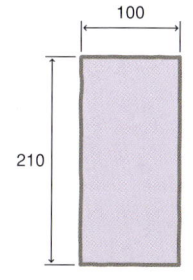

図19 1人用の布団サイズ
必要なときに敷けばいいので省スペース。

(単位：cm)

Column

子ども部屋のインテリア

家具はスタンダードなものにし、ファブリックや小物で好みをプラス

子どもの自我の発達や家族関係に影響を及ぼすともいわれる子ども部屋。子どものタイプや、両親の教育・しつけの方針をもとにインテリアを検討しましょう。

年代によって必要な機能が異なるほか、持ち物もどんどん変わるため、収納家具はフレキシブルに対応できるようなものを選んでおくと便利です。物を出しやすくしまいやすい、がポイント。机なども、子ども向けのものではなく、成長しても使えるようなスタンダードなものを選びましょう。子どもの好みは、カーテンやベッドカバーなど、取り替えやすいものを取り入れるようにします。

TRIPP TRAPP®
STOKKE

[Tripp Trapp] 76
Design: Peter Opsvik／チェア／W460×D490×H790／座板・足置が14段階（3.5cm刻み）で調節可能。子どもから大人まで座れる椅子。77

◆ 幼児期のポイント

遊ぶためのチャイルドスペースとなるので、あまり家具を置かないようにし、安全性に配慮を。片づけしやすいよう、おもちゃの収納には、ぽんぽんと放り込めば大丈夫、というサイズの大きな箱を用意してあげるのがおすすめです。乳幼児ははっきりとした色を好むので、ポイントに明るい色を取り入れましょう。壁紙を替えられるなら、落書きOKのものにすると喜びます。ただし、他所で同じように落書きをしないようにしつけることが重要です。

◆ 児童期のポイント

宿題など、勉強をするスペースが必要になってきます。目が悪くならないよう、照明は机だけでなく、部屋全体が明るくなるように気をつけること。性格がはっきりとしてくる時期なので、色や柄に好みが出てきたら、子どもの意見をよく聞き、インテリアのルールを守って、一緒に選んであげましょう。

[KIDS-MUSEUM ロフトベッド] 33 ベッド＆デスク＆チェア／W2085×D1034×H1804／スペースを有効利用するなら、複合家具が便利。33

[ANFUN] 33 デスク＆チェア＆シェルフ／W1200×D563×H750（デスク）／天板高を調節できる。33

◆ 思春期のポイント

大人への準備期間として、プライベートな空間・時間が必要になるため、個室を検討しましょう。自室にこもりっきりにならないよう、リビングを居心地のよい場所にしたり、パソコンスペースをリビングにつくったりと、子どもが団らんに参加しやすいようなインテリアの工夫も必要です。

この時期は、将来に向けてセンスを磨き、インテリア・デザインを勉強する大切な時期。最初は失敗してもよいので、子どもの意見や好みをもとに、挑戦させましょう。

Part 3

家具の工夫で、
広々見えるインテリアを

スペース重視で、美しく機能的なものをセレクト

それぞれの家具に必要な広さと家具選びのポイント

インテリアの演出に欠かせない家具は、テイストに合ったデザインで、必要な機能を満たしているのが理想です。限られたスペースも、家具の使い方によって快適な空間に生まれ変わります。

1 ダイニングテーブル＆チェア

● 汎用性のあるテーブルが使いやすい

ダイニングコーナーは、多目的に使うことが多いスペースです。そのため、食事だけでなく作業もできるようなテーブルを。また、引越しやリフォームでインテリア・テイストが変わっても新しいイメージになじみやすい、汎用性のあるものを選びましょう。特にマンションは、動線が1方向になりやすいので動きやすさを考え、テーブルのサイズが同じでも、自分が使いたいサイズより少し小さめのものを選ぶのがおすすめ。大型のテーブルは搬出入ができるかどうか、搬出入経路の寸法も調べること。天板と脚部分が別々にできるものがおすすめです。

脚の形状も使い勝手に差が出る部分です。4脚のものが一番使いやすく見た目もスッキリしますが、座った椅子を入れ込むときにじゃまになることもあります。脚が角に付いているか内側に入っているかによって人が座ったときのゆとり度が違ってきます。テーブル下に付いている貫は、テーブルの強度を高めるために必要ですが、座ったり椅子を入れ込むときに入らないこともあるので要注意。インテリア・テイストに合わないデザインのテーブルは、クロスなどで覆い、イメージを変えて使いましょう。

テーブルスペースの基本

・1人に必要なテーブルのスペース
奥行き：35～40cm
幅：60～70cm
例）4人がけは、奥行きは75cm前後、幅は135cm前後

・4人がけテーブルの設置スペース
長方形は畳約3畳分、丸形は約4畳分必要。
長方形のほうが省スペース

82

Part3 ● 家具の工夫で、広々見えるインテリアを

[B-TABLE B412] 26
Design: Piet Hein&Bruno Mathsson／ダイニングテーブル／W1500×D1000×H700／デンマーク家具の代表作といえる、スーパー楕円フォルムが美しいテーブル。モダン・テイストの部屋の主役に。1

[肘付食堂椅子CE2360HU・食堂テーブルDE6369NU] 64 ダイニングテーブル&チェア／W535×D540×H800・SH435（椅子）W1800×D1050×H683／省スペースの半円形のダイニングテーブル。人数分のダイニングチェアを。64

ダイニングテーブルを選ぶときのポイント

・目的の場所に搬出入できるかどうか
・テーブルトップの素材は硬く傷つきにくいものがお手入れも簡単
・脚は4脚で角付きのものが使いやすい
・テーブル下の貫は椅子収納の邪魔になることも
・エクステンションテーブルは省スペースで便利
・輸入家具はサイズが大きめ。使う人の体格と照らし合わせて

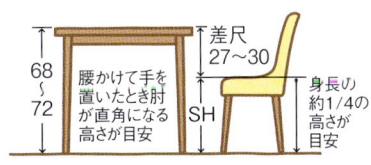

ダイニングテーブルと椅子の高さ
テーブルトップと椅子のシートの高さ(SH)との差を差尺(さじゃく)という。27〜30cmの空きがあると使いやすいといわれる。（単位：cm）

[CHARLES GHOST] 47 Design: Philippe Starck／スツール／（ロー）φ265×H460（ミディアム）φ290×H650（ハイ）φ290×H750／クラシカルな猫足スツールをカラフルなプラスチックで再現。スタッキングもでき、軽いので部屋間の移動も簡単。高さは3種類。47

[FUZZY DUCK] 62 ダイニングチェア／W430×D430×H900・SH450／どんなテイストの家具にも合わせやすい、優雅さと暖かみのあるチェア。座面のファブリック・カラーも多種類から選べる。63

● 自分の体に合った座りやすいものがベスト

椅子は自分の身体に合ったものがベストです。選ぶときは必ず靴を脱いで座り、背もたれの角度や足が床に着くか、太ももの裏に圧迫感がないかなどをチェック。食後、ダイニングでくつろぐことが多い場合やソファを置かない場合は、シートが広めで低い、ゆったりしたタイプが落ち着きます。来客用には、省スペースにもなるスタッキングタイプをそろえて。動かしやすい軽めのものなら持ち運びも掃除もラク。アームチェアは、立ったり座ったりするときに椅子を後ろに大きく引くので、その分のスペースがとれるかどうかチェックします。回転機能付きのものは、椅子を引かずに狭い場所でも立てるので便利です。
でも、高さやサイズが合わなくても店頭でひと目惚れということもあります。そんなときは、好きという気持ちを優先させて。ただ、シートが高いからと脚を切ったりするとデザインが崩れて、イメージが変わることもあるので注意。

83 それぞれの家具に必要な広さと家具選びのポイント

2 ソファ&パーソナルチェア&リビングテーブル

● 空間を演出する主役級アイテム

ソファは、空間のメインカラーを担うインテリアスタイルを決める重要アイテム。選び方ひとつで部屋の印象が異なります。

座るスペースは、1人分60cm角が基本。これくらいの広さがとれればゆったり座れます。シートの高さは40cm前後が座りやすく動作もラクですが、同じ高さでもシートの角度や奥行きの寸法で座り心地も変化。ある程度硬いほうが身体は疲れません。ショップで靴を脱いで立ったり座ったりを繰り返し、身体に合ったものにすること。また、部屋に置くと売り場で見たときより大きく感じることが多いので寸法を充分チェック。ソファは、張り地の素材とともに、内部の構造の違いで値段や品質に差が出ます。座り心地はもちろんですが、カバーが洗濯できたり作替えや補修ができるなど、長く使えるものにしましょう。

リビングテーブルの高さは、ソファの座面の高さと同じか少し高めのものを。ただ、意外に場所をとるので、狭い部屋ならサイドテーブルを兼用するという選択も。

ソファはいらない、スペースがない、置けないけれど1人でくつろぎたい、という人におすすめなのが、パーソナルチェアです。首部がもたれかけられるようなハイバックで、ゆったり座れるものを選ぶとよいでしょう。

ソファのサイズ（単位：cm）
リビングダイニングが12畳以上なら3人がけが置ける。それ以下なら2人がけを。

1人がけ：80〜90 × 約60 / 90
2人がけ：160〜180 / 90
3人がけ：210〜240 / 90

[FO-06] 87 ソファ／W2023×D950×H760・SH400／伊フォルメンティ社による、最高級厚革を手作業で仕上げたソファ。一生使えるハイクオリティ。56

3 AVボード

● トータル&柔軟対応でスッキリ収納

テレビやオーディオ機器などをトータルに収納できるのがAVボード。部屋の中心や家族が集まるスペースに設置する場合、壁面いっぱいに置ける大型のものやシステム収納家具を利用するのもいいでしょう。収納スペースがあれば、AV関連の小物やDVD、その他の小物などの収納にも利用できるので、使い方にバリエーションが生まれます。ただ、引越しなどのことも考慮すると、組立式のほうが搬出入もしやすく便利です。

汎用性のある家具で代用するのも一案です。デザインやサイズが変わりやすく、商品サイクルが早いAV機器。それに対応するために、スペースを自由に飾れるシェルフや、板とブロックを積み重

Part3 ● 家具の工夫で、広々見えるインテリアを

シェルフ 4

● ディスプレイも楽しめる多機能派

シェルフは、本や書類はもちろん、雑貨などのディスプレイや間仕切りにも使えるフレキシブルな家具です。デザインや素材、高さもさまざまなので、用途やインテリア・テイストに合わせながら選びます。シェルフに収納するものが、見せたいものなのか、隠したいものなのか。それによって収納方法が変わってきます。隠したいときでも、マンションの場合、戸付きのシェルフを壁全面に配置すると部屋が狭く感じるので要注意。背の高いタイプも圧迫感を覚える家具の1つですが、扉や棚板がガラスなど透明感のあるものなら高くても重圧感は出ません。

見せたいときは、収納の仕方にもひと工夫。本や小物は、びっしり詰め込まないことです。所々にオープンスペースをつくり、そこにオブジェやグリーンを置くなど、遊び心を取り入れればおしゃれ度がぐんとアップ。ゆとりのディスプレイがきれいに見えます。本を並べるときも、背の高いほうからそろえたり、背色でグラデーションをつくったり、アイディアはいろいろ。オープンタイプのものは、扉付きのものより圧迫感は防止対策を。

ただ、AV機器は重いものが多いので、天板や棚板などの耐荷重は必ず確認すること。トータルで収納できる家具は部屋の中に占める割合が大きいので、インテリア・テイストに合うデザインや色、素材を選ぶことが最低条件です。

ねじた棚を利用する、パソコンシェルフにいっしょに組み込んでしまうなど、柔軟に使い分ける方法もあります。機器を扉付き家具に入れ、使うときだけオープンにするという収納も、すっきりした空間にしたい人にはおすすめです。

[PG700 LIBRERIA] ⑥⑤ AVボード／壁一面をすべて収納・ディスプレイ用スペースにできる、大型のセミオーダーシェルフ（10mm単位でサイズオーダー可能）。扉でテレビを隠せる。

幅の広い棚板は、本などの重いものを載せるとたわむこともあるので、棚板の耐荷重に合わせて使います。背の高い棚は、必ず転倒防止対策を。

ありませんが、ものが煩雑に置かれているとインテリアのイメージにダメージを与えることにもなりかねないので心配りを。

ベースカラーのシェルフ （天井、壁の色：白系）	70%
メインカラーのシェルフ （床、ドアなどの色：茶系）	25%
アクセントカラーのシェルフ （赤や青など）	10%

図1 色別シェルフを設置するときのスペース（対壁面）

[MODERN SENSE FLYING CIRCLES] ⑥② シェルフ／W1650×D400×H2250／宙を舞うリングを仕切り板に。天井までの高さでも圧迫感がなく、棚自体がオブジェのよう。⑥③

85 それぞれの家具に必要な広さと家具選びのポイント

5 デスク&チェア

● 使いやすいタイプで能率アップ

仕事や勉強、作業用のデスクは、シンプルなものから、パソコン共用タイプまでさまざま。置く場所と用途や好みに合わせて選びましょう。デスクの奥行きは、最低40cmは必要です。使いやすく、70cmあれば本などを置くスペースをつくれます。幅は80cmあれば、横に資料などを置きながら作業ができます。袖机や引出しがない場合は、キャスター付きの引出しを用意しましょう。天板に書類などを置くこともできるし、使わないときはデスクの下にしまえて便利です。

デスクは、インテリアや部屋の広さに合わせて、天板や引出しを別々に買い、組み立てる方法もあります。出来合いのものを購入するより、自分のライフスタイルにぴったり合うデスクに。また、収納家具などで、軽作業机としても使えるものを選べば利便性が高く、スペースの節約になります。椅子は、キャスター付きで座りやすく、高さなどが変えられるタイプがベスト。身体に合った椅子のほうが、仕事や勉強、作業の能率がアップして長時間の作業も快適です。書斎コーナー用の椅子は、ダイニング用を兼用すれば省スペースになります。

[Pandora] 75 Design: Konstantin Grcic／キャビネット／W660-930-1330×D350×H1080／スライド式のキャビネット。場所をとるデスクに代えて軽作業台に使っても◎。41

[ANTONIO] 15 チェア／W420×D513×H792・SH420／ビーチ材をウレタンホワイトで仕上げたチェア。背板が抜けているので空間を広く見せられる。15

6 ベッド&サイドテーブル

● 寝心地のよいマットレスで快適睡眠を

ベッドで一番重要なのが、マットレスです。マットレスは、スプリングの種類や素材によって寝心地が大きく変わってきます。快適な睡眠を望むなら、やはり良質のマットレスを使用すること。理想的な寝姿は、背筋を伸ばして直立したときの姿勢といわれています。適度な硬さのマットレスはこ

ベッドを購入するときのポイント

- 横向きになったり寝返りをうってみて動きやすいもの
- 腰が浮いたり沈み込んだりせず、自然な寝姿が保てる
- 横揺れがない
- マットレス全体に張りがあって、押したときスプリングの存在を感じないもの
- より寝心地のよい、マットレス2枚使用のダブルスプリングタイプがおすすめ

86

[TSS10003/D] 42 ベッド／W1605×D2120×H900／ウォーターヒヤシンス材のダブルベッド。エスニック柄のベッドカバーで、リゾート風のくつろぎ空間を。42

図2 標準的なマットの寸法(幅)

シングル	97～110cm前後
セミダブル	120～125cm
ダブル	140～160cm
クイーン	170～180cm

※長さはいずれも200から210cm前後。寸法は、メーカーやデザインによって異なります。

の姿勢が保ちやすいのですが、やわらかすぎると胸やお尻などに体重がかかって沈んでしまい、背骨の曲がりが大きくなり腰痛の原因に。反対に硬すぎると、体が真っすぐになって血行が妨げられ、寝返りが多くなり疲れてしまいます。ただ、寝心地は個人差があるので、必ず店頭で横になってお試しを。

ベッドの下も有効活用したいスペース。マンションは湿気が少なめなので、収納付きのベッドにして寝具類を保管してもOK。また、すべての生活が集約されるワンルームで使うときは、ヘッドレスなのでスッキリと見えるタイプがおすすめ。ベッドのそばにあると便利なのが、サイドテーブル。ベッドと同じくらいの高さがそれより少し高めがベスト。安定性のある椅子や棚などでも代用ができるので、スペースを考えて取り入れて。

シンプルなもののほうがソファ代わりとしても使いやすく、インテリアになじみやすくなります。ベッドカバーで覆ったりクッションで飾ったりすれば、くつろぎのスペースに変身します。また、狭い寝室なら、ヘッドボードが垂直に立っているものやないタイプを選べばスペースに余裕ができます。

とはいえ、ベッドはスペースをとります。本当に必要かどうか、よく考えてから購入を。フレームなしで折りたためるマットレスや布団という選択で、スペースを確保することもできます。

お得なレンタル家具で質の高いインテリア計画

引越しやリフォームでインテリアイメージが変わるかもしれないのに、新しい家具を購入するのはリスクがある？　そんな悩みを抱えている人におすすめなのが、家具のレンタル。申込金と毎月のレンタル料を払えば、生活の変化に合わせて家具類を借りられる便利なシステムです。

借りている家具は、他の家具に替えることもできるし、その家具が気に入ったら残金を払って買い取ることもできるので、いつも新しいものを使いたいという人や住替えの予定があるという人には魅力的。インテリアコーディネーターが、間取りに合わせた家具を3D画像でシミュレーションしてくれるサービスもあるので、安心してセレクトできます。

※レンタル期間は、最低2年以上。ただし、2年以内の解約も可能。
※申込金は商品代金の30%。
※月額レンタル料金は、当初2年間は商品代金の約3%、3年め以降は約1.5%。

インテリア・コーディネートのサービスもある。

左：間取り図を渡すと家具の配置をシミュレーションしてくれる。
右：選んだ家具が入った様子を3Dで確認できる。

情報提供：インテリア・家具のSTYLICS（スタイリクス）TEL. 03-5366-1550　http://www.stylics.com

上手な配置で快適で魅力的なインテリアを実現しよう

家具の配置と組合せの基本テクニック

インテリアの印象は、家具の置き方次第。マンションのスペースは限られていますが、配置を工夫すれば美しく暮らしやすい住空間が実現できます。そのテクニックを紹介しましょう。

1 動線

- **人がスムーズに動けるように家具の配置を考える**

生活するうえで快適な部屋にするには、人の移動が簡単にできるかどうかが大切です。目的の場所まで最短距離でスムーズに行けるように、人間の動き、つまり「動線」を考えて家具を配置しましょう。家具と家具の間を右に左にと動きまわらないと、部屋のすみに置いた棚にたどり着けないという置かなければならないスペースはたくさんあるのでは、イライラ感が募るし、家具などにぶつかって、思わぬケガをする危険もあります。

人がラクに通れて通路にもなるスペース、また2人がすれ違ってもぶつからないくらいのスペース、椅子を引いたときに後ろの壁にぶつからずに、立つ・座るといった日常生活の動作をゆったり行えるスペースなど、確保しなければならないスペースはたくさんあります。

マンションの場合、部屋の配置や広さ、備付け家具、柱の出っぱりなど、家具の位置が制限される要素があります。そのため、動線が動きやすい動線を確保するためには、部屋の一部分に家具をまとめてオープンスペースをつくったり、時にはできるだけ家具を置かないなどの決断も必要。部屋の平面図に家具の位置を描き込んで、動線を確認してみましょう。誰もが1方向に集中しやすく、家族が同時に別の行動をするときにぶつかるなど、日常生活がスムーズにいかないことも出てきます。

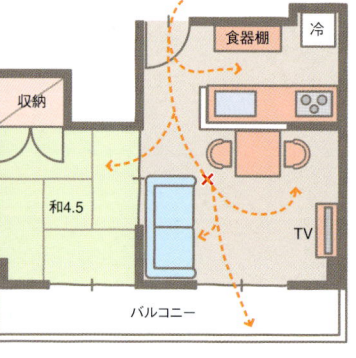

失敗例 ソファとダイニングセットの距離が近いため、ダイニングの椅子を後ろに引いたときソファとぶつかりやすく、その間を人が通れない。リビングの入口、和室、キッチンからバルコニーやテレビへ行く動線がさえぎられている。

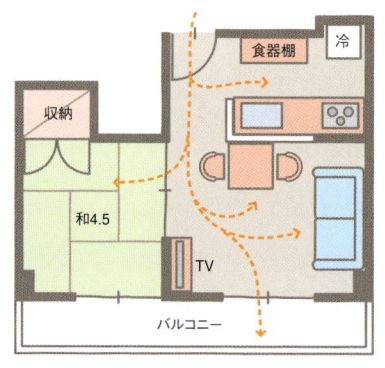

成功例 リビングの入口から和室、ベランダ、ソファへの動線がスムーズ。椅子を後ろに引けるスペースもあり、同時に人が通ってもその動きをさえぎらない。

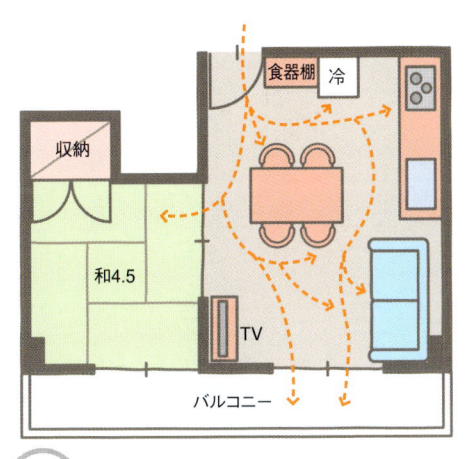

Part3 ● 家具の工夫で、広々見えるインテリアを

◯成功例 入口からキッチンを通ってリビングへ、またはダイニングからリビング、和室、ベランダへと自由に動きまわれるレイアウト。キッチンからテーブルへの配膳もしやすく、椅子もスムーズに動かせる。

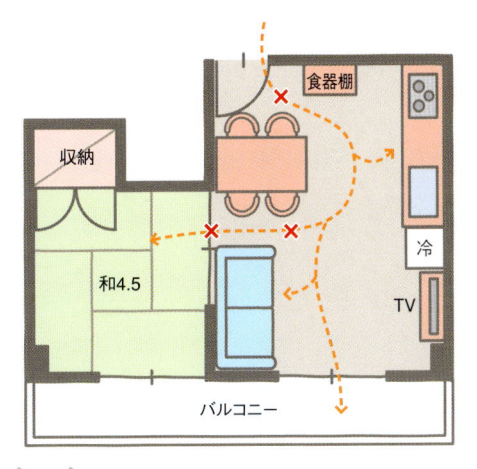

✗失敗例 リビングに入ったとき、ダイニングと食器棚の間、ダイニングとソファの間が狭くて動きにくい。ソファが和室への動線をさまたげている。

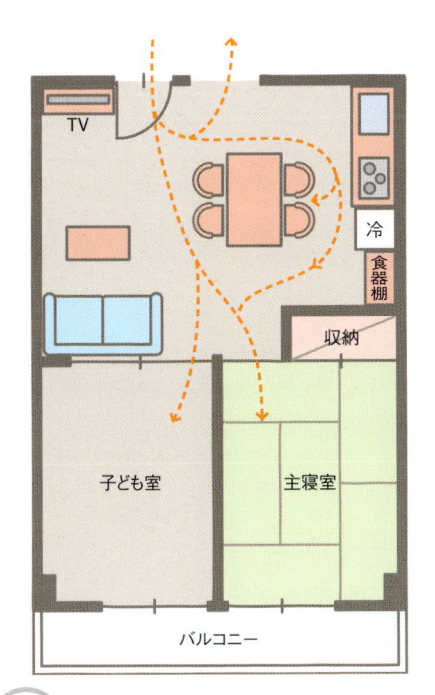

◯成功例 テーブルまわりに人が通れるスペースができる位置にテーブルを置いたことで、椅子を引く動作や入口からキッチンや和室などへの移動も容易に。ソファとテレビを壁際に置いたため、人が前を通らないので、落ち着いてテレビを見ることができる。

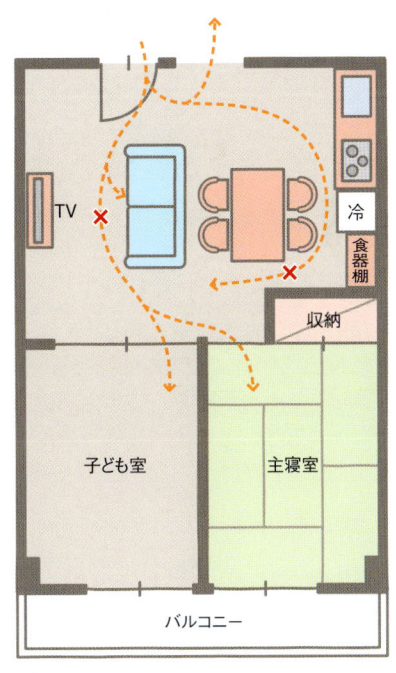

✗失敗例 ダイニングセットが壁に近いため、キッチンから和室への動線が確保できない。またキッチンの作業スペースが狭い。ソファでテレビを見ている人がいても、テレビの前を横切らないと他の部屋へ行けない。

2 視線

● 視線の抜けをつくって、部屋を広く見せる

マンションの部屋の構成で多いのが、大きな開口部が1方向だけのタイプ。この部分を家具や間仕切りなどでふさいでしまうと、奥からの視線がさえぎられ空間が狭く感じられます。同じように、ソファに座ったとき、目の前に壁があったり、部屋に入ったところに間仕切りや大きな家具などがあって視線がさえぎられると、せっかくくつろぎたいのに圧迫感を覚える原因になります。反対に、座ったとき、視線の先に外の景色が見える、室内に置いたグリーンが見える、などの視線が抜ける工夫があると、部屋が広く感じられるうえに開放感も増し、落ち着ける雰囲気になります。

室内に置く家具を同じ収納量でも低めのものでそろえると、前を

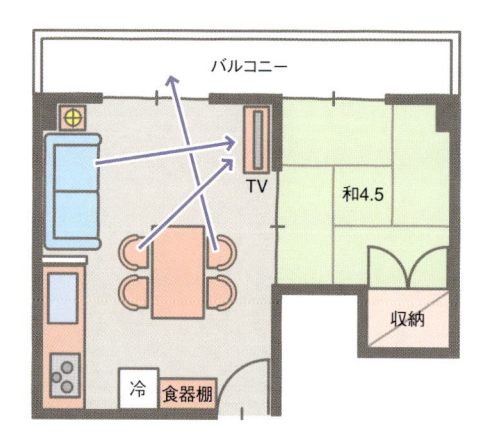

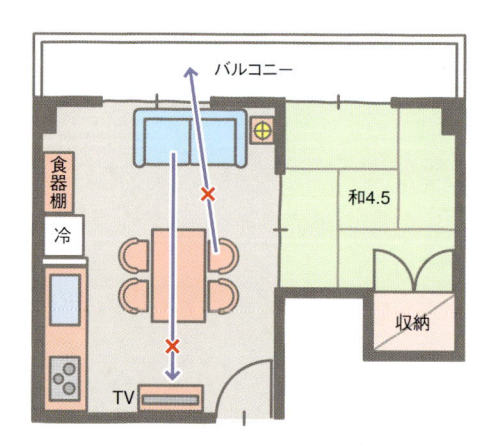

○ **成功例** ソファを掃き出し窓と直角に置くことで、ソファからはもちろん、ダイニングやキッチンからもバルコニー越しに屋外へ視界が広がる。食卓、ソファの両方向からテレビが見やすく、ソファから和室の奥まで視線が通るので部屋が広く感じられる。

× **失敗例** ソファが掃き出し窓をふさぐように置いてあるため、キッチンやダイニングから外へ抜ける視線がさえぎられる。反対に、ソファからも屋外へ視線が抜けないので、部屋が狭く感じられるうえに、食卓に邪魔されテレビも見にくい。

家具の工夫で、広々見えるインテリアを

見ても後ろを振り向いても視線が抜けるので、実際よりも空間を広く感じさせてくれます。背の高い家具は部屋のすみや壁際に置けば圧迫感がなくなるので、家具の配置には注意が必要です。

また、食卓についたとき、キッチンの流し台がまるみえだと、ゴチャゴチャしたものが目について落ち着かないことがあります。そんなときはダイニングテーブルの向きを変えて、視線が流し台にいかないようにすれば解決します。

ただ、マンションのキッチンは対面式やオープン式など、リビングやダイニングからの視線が届きやすい造作になっていることが多いので、キッチン用具は隠す収納でスッキリさせることも考えて。ソファも、キッチンに向かないように置きましょう。的確な視線計画で、居心地よくスッキリと整った印象のインテリアが実現します。

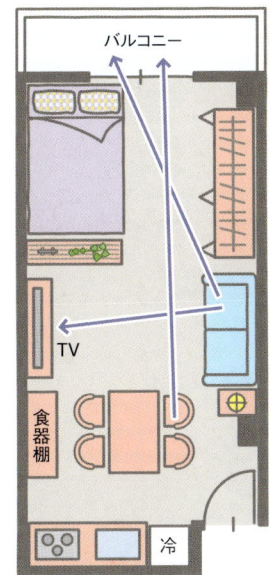

○ 成功例 背の高い家具やソファ、ベッドを壁際に寄せて。ベッドの足元に低い家具を置くことで、キッチンやダイニングからベッドスペースを隠す。同時に、屋外への視線の抜けができ、部屋の広がりが感じられる。ソファからは、テレビが見やすく、外へ視線が抜け景色も楽しめる。

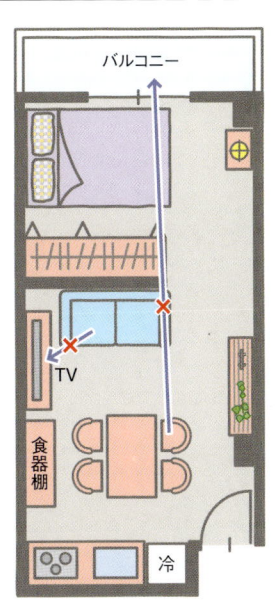

× 失敗例 部屋の真ん中にある間仕切りとクローゼットにさえぎられ、ダイニングから屋外の景色が見えないことで圧迫感が生まれる。右横にテレビがあるため、ソファからテレビが見にくい。また、ソファからは、キッチンの煩雑さが目に入るので落ち着かないことも。

3 空間をつくる

● 家具を上手に配置してスペースを確保

部屋の広さに対して、部屋の中に家具が占める面積（家具の占有面積）はどれくらいが理想なのでしょうか？　通常は、部屋の広さの3分の1といわれています。6畳間だったら家具は2畳分ということになりますが、身のまわりを見ると、それ以上に家具が置いてあるというのが現実ではないでしょうか。

狭い空間に広がりをつくるには、まとまったオープンスペースの確保が大切。たとえば、床の見え方で部屋が広く感じることもあります。そのためには、家具を壁際にまとめて配置したり、最低限必要な家具だけを使うと割り切り、家具の占有面積を抑えて床面積を確保するということも考えられます。また、床に座るスタイ

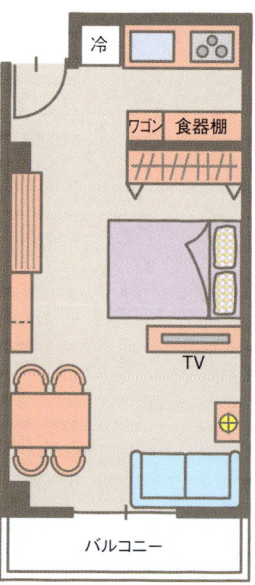

◯ 成功例　背の高い家具やその他の家具を両サイドの壁面に寄せたことで、掃き出し窓付近にスペースができ、スッキリした印象に。そのため、視線が屋外に抜けやすくなり、より広がりが感じられる。

✕ 失敗例　部屋のあちこちに家具が配置されているため、視界にさまざまなものが入って、統一感がない印象に。まとまった空きスペースがとれていないため、狭く見える。

Part3 ● 家具の工夫で、広々見えるインテリアを

ルを取り入れ、椅子やベッドなどを使わないことで家具を減らすのも、同じ空間を広く感じさせる方法です。

配置する家具を目線より低い高さのもので統一すれば、部屋の空間がより広く感じられるようになります。また、外の景色を見通せる空間があれば、心理的なプラス効果が生まれ、広さを演出する部屋づくりに役立ちます。

同じ家具でも、配置によって違ったイメージやスペースづくりができます。デッドスペースをなくして、使いやすいインテリアをつくりましょう。リフォームが可能ならば、壁を取り払ってワンルームにし、使いやすいスペースにつくり直すこともできます。充分なスペースがあれば、家具の選択や配置の幅は広がります。また、あまり奥行きのない家具を選べば、部屋にオープンスペースを確保することができます。部屋全体の広さをもとに、家具の大きさや形状を考えましょう。

床座スタイルでスペースを確保。42

家具の配置でオープンスペースを。30

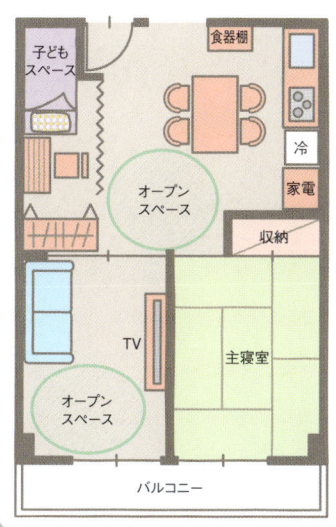

成功例 まず、家族みんなで使うリビングを一番明るい場所へ。家具の配置の工夫で掃き出し窓の前に空間が誕生。代わりにダイニングの隣に、プライベート性のそれほど高くない子どもスペースを。食器棚やダイニングセットの配置の工夫で動線とともに、隣の部屋入口付近に空きスペースを確保。ダイニング入口から屋外への視線も抜けるため、ゆったり感が出る。

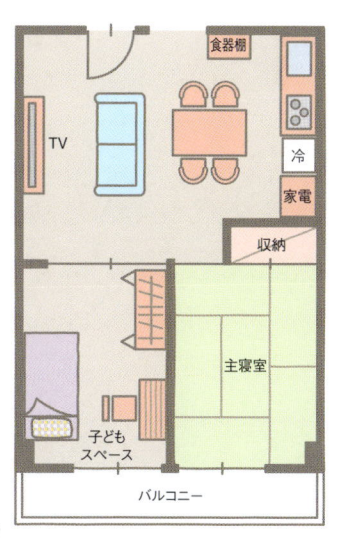

失敗例 LDKでは、キッチンとダイニング、リビングの家具を部屋全体に散らして配置したため、それぞれはよいが広い空きスペースが生まれない。バルコニー側は、それぞれプライベート性の高い部屋にしているので、ダイニングやリビングから屋外を見ることができず、暗くて狭く、圧迫感を覚える。

4 広く見せる

家具の高さや色、配置を工夫してゆとり感を出す

部屋を広く見せるには、部屋の中に家具が占める割合（占有率）を抑えることはもちろんですが、背の高い家具は避け、低めの家具を選ぶことも大切です。視線の先にさえぎるものを置かないことが、広さを感じさせるポイントの1つ。背の高いものを置くときは、家具の上部にすき間ができるように置きましょう。そこから視線が抜けるので、圧迫感を緩和します。

ダイニングセットやソファを置かず、床に座るスタイルを取り入れることも1つの方法です。床にはラグなどを1つも敷かず、床面を見せたほうが広く感じられます。家具を配置するときは、部屋に入ったときに感じる広がりを考えながら、ドアの先に窓があり、外の景色が見えると奥行き感が出るので、より広がりを感じられます。

室内のカラー計画も大事なポイントです。濃い色の面積が多いと部屋が狭く見えるため、明るめの色の家具を。大きな家具は、壁と近い色を選ぶと広さを感じられるインテリアになります。

脚付きや脚の細い家具も広く見せる工夫の1つ。床面と家具のすき間のおかげで床がつながって見えるので、広さを演出してくれます。さらに、ガラスなどの透ける素材でできた家具やフレームだけの家具も視線が抜けるのでOK。鏡の前にグリーンを置いたり、高いところの飾り棚に小物を飾ると奥行き感が出ます。また、床に置いたランプからもれる光もゆとりの空間づくりに一役買ってくれます。

○ 成功例 背の低い家具ならスッキリしたイメージに。広い白壁のスペースが多いと広く見える。ソファと家具の色がアクセントに。

× 失敗例 床から天井までの家具は、圧迫感を覚える。オープンスペースがあるのに広がりがなく、ソファと家具の色も重い印象。

○ 成功例 失敗例と同じレイアウト、デザインの家具類だが、それぞれの色を天井や壁に近い色にしたことで、広々とした空間に。

× 失敗例 天井までの濃い色の壁面収納が重い。ソファ、ラグなどの色も暗めなので、落ち着きや重厚感は出るが、狭く見える。

5 自分らしいコーナーづくり

● 1点に視線を集中させて、インテリアの魅力を引き出す

ドアを開けたとき、素敵と感じさせる演出テクニックの1つが、フォーカルポイントをつくることです。フォーカルポイントとは、自然に視線が集中する場所を指しています。海外のインテリアに登場するような大きな暖炉や、和室の床の間などがそれに当たります。玄関に入ったとき、リビングでソファに座ったとき、目に見える範囲にフォーカルポイントとなるコーナーを1つつくれば、インテリアにメリハリが出て、魅力が倍増。訪れた人だけでなく、自分自身の生活の質も向上します。

たとえば、玄関に入ったとき最初に目につくところにおしゃれなスタンドを置く、ソファに座ったときの視線の先にお気に入りの小物を並べてみる、ドアの上に棚をつくりグリーンを飾る、壁に自分

で撮影した愛犬の写真を掛けるなど、手法はたくさんあります。窓の手前にモビールを吊すとインテリアのアクセントになるだけでなく、モビール越しに外の景色を楽しむことも。さらに、空間に奥行き感が出るので広く感じます。

ただ、部屋のあちこちにポイントとなるコーナーをつくっても効果は半減。コレクションした小物を並べられるだけ並べるというのもNGです。数を絞り、効果的な飾り方を工夫よること。メリハリが必要です。家具の上に飾るスペースがない場合は、カッティングシートでつくった作品を窓ガラスに貼り、ステンドグラス風に仕上げることもできます。

玄関の突き当たりのディスプレイで来客用のフォーカルポイントを。 8

部屋のコーナーにお気に入りの小物を上手にディスプレイしたフォーカルポイントの例。 22

広さと間取り別・家具の配置テクニック

工夫次第で狭いスペースも広く使えるレイアウト術

「マンションのスペースは、画一的で使いにくい」と思っている人も多いかもしれませんが、マンションならではのスペースの個性を生かし、家具の配置を工夫すれば、生活しやすい空間がお目見えします。ライフスタイルは多様化しています。1人1人の生活に合わせた自由な使い方で、楽しくマンション・インテリアに挑戦してみては？

ここでは、「食べる」「くつろぐ」「寝る」「仕事・勉強・趣味にいそしむ」という日常生活の基本となる4つの行為をもとに、スペースの広さや家具の配置を考えてみましょう。

1 食べる＋くつろぐ

「食べる」ときは、キッチンでつくった料理をスムーズに運べる動線や、立ったり座ったりするときに椅子が自由に動かせるスペース、食べるときに隣の人とぶつからない大きさのテーブルも必要です。「くつろぐ」場合は、家族の語らいやテレビを見たり、ゲームス

住まいには、日常生活に登場するさまざまな行為や活動をスムーズにできる広さが必要です。日常生活の基本になる4つの行為をもとに、それぞれに必要な広さや家具の配置のポイントを紹介します。

4.5畳の例

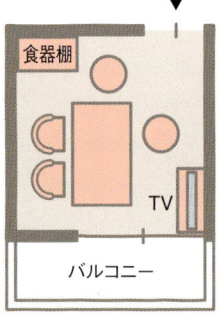

図1-1　家具の数を抑え、部屋の中央に大きめのテーブルと椅子を配置してダイニング兼くつろぎのスペースとして使用。動線を確保するために、家具類を壁際にまとめ、移動や収納が簡単でスタッキングができる椅子を来客時のサブチェアとして利用する。

図1-1

図1-2　テーブルをはさんで、2人がけのソファとテレビを配置。「食べる」ときはサブチェアを使う、「くつろぐ」ときはソファに座る、などと行為によって使い分けもできる。スタッキング式のサブチェアなら、未使用時に重ねて食器棚の横に置けるので、じゃまにならない。

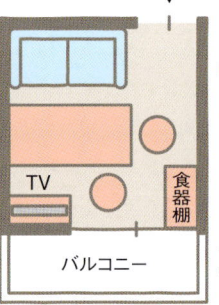

図1-2

図1-3　座卓と座いす（または座ぶとん）をダイニングセットとして部屋の中心に置いた床式生活のレイアウト。座いすを片づければスペースの変更も簡単。食器棚、テレビとも壁際に設置しているので、スペースにゆとりがもてる。テーブルまわり、入口からバルコニーへの動線もスムーズ。

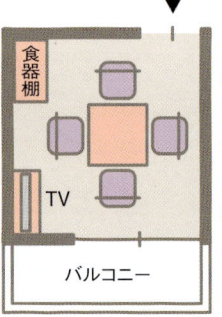

図1-3

家具の工夫で、広々見えるインテリアを

をしたり、疲れたときは横になったりと、ゆったりできるスペースがほしいもの。その空間をつくるためには、家具を壁際にまとめて配置したり、「食べる」「くつろぐ」両方に使えるような室内構成を考えることが大切です。また、背の高い家具や大きい家具は狭い空間をますます狭くするので、低めの、収納を兼ねた家具をセレクトしましょう。マンションは窓が少ない場合も多いので、白い壁をできるだけ広く見せて明るさと広さを演出しましょう。

6畳の例

図1-4 家具類をすべて壁際に寄せたことで、ソファ前にオープンスペースができ、子どもたちが遊んだり家族が団らんできる空間としての利用価値も大きい。6畳になると、図1-1に2人がけのソファが追加できる。

図1-5 立ったり座ったりするスペースが確保できるため、「食べる」専用の椅子も置ける。広さにゆとりが出るので、来客時も同じ環境で対応できる。入口からバルコニーへの動線もスムーズになる。

図1-6 ゆったりめの4人用の座卓が置けるようになり、人も動きやすい。動線も充分確保できる。食器棚の横にもスペースがあるので、他の家具を加えることもOK。テーブルは作業台にも使える。

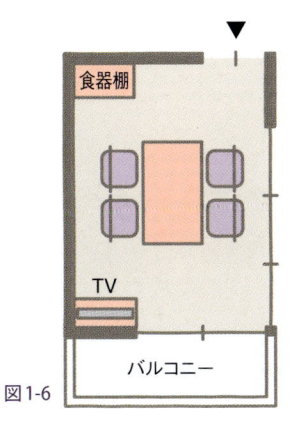

図1-6 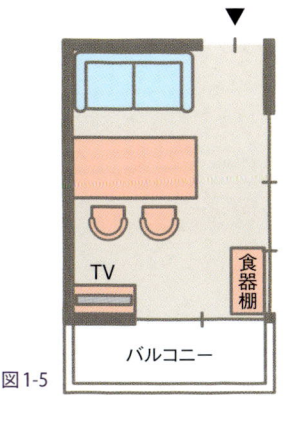　　　　図1-5 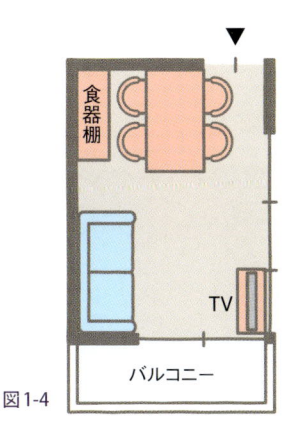　　　　図1-4

8畳の例

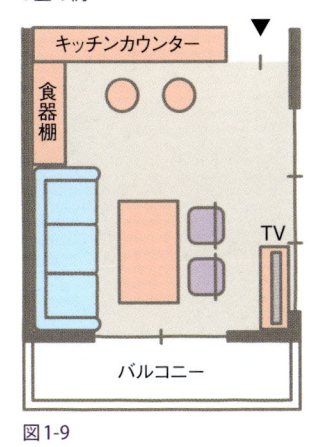

図1-9 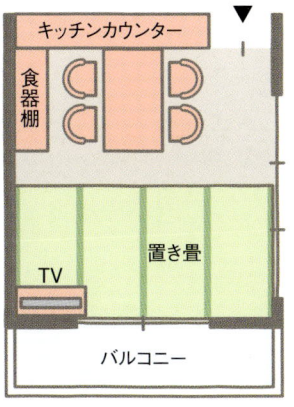　　　　図1-8 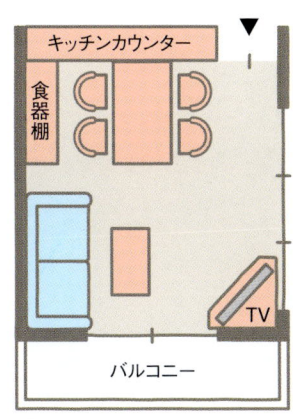　　　　図1-7

図1-7 キッチンカウンターに食器棚とダイニングテーブルを付けてまとめ、他のスペースを確保。テレビ前にも空間ができるので、家族の団らんにも便利なうえ、バルコニーへの動線もスムーズ。ダイニングテーブルからソファへの移動もしやすい。

図1-8 部屋の半分に置き畳を並べた畳コーナーを、くつろぎスペースに。畳は、多人数にも対応でき、寝転んだり遊んだり多目的に使える空間なので、活用範囲も広く、ゆとりが生まれる。バルコニーへの移動も簡単。

図1-9 座卓に合う低いソファを置き、「食べる」「くつろぐ」に使う家具を兼用することで省スペースとなり、部屋の中にオープンスペースができる。ダイニングチェアを使ってカウンターで作業ができるようにすれば、さらに効率的。簡単な食事は、カウンターですませることも。

12畳の例

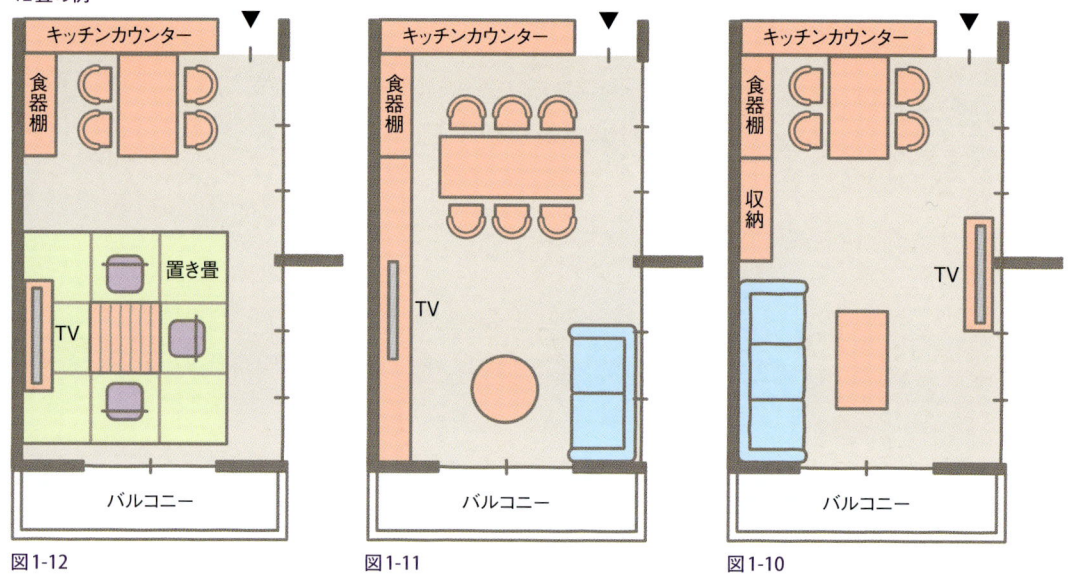

図1-12

図1-11

図1-10

図1-10 ダイニングコーナーを入口のそばにつくったことで、キッチンからの動線がラクに。キッチンカウンターが近いので、サーブする料理や片づける器を置くにも便利で、使い勝手もよい。部屋の中心にオープンスペースもある、ゆとりのレイアウト。

図1-11 低めの家具類を1列に配置することで、スッキリとしたレイアウトが実現。動線に余裕があるので、開放感がある。ダイニングセットは6人用が置けるため、来客時にも便利。センターテーブルは丸型の小さめのものを使い、より省スペースに。

図1-12 1つの部屋に床式のスペースと椅子式のスペースをとり、食べるスペースとくつろぐスペースを分けた例。置き畳を並べた畳コーナーで食事もできる。多人数の来客があったときには、2つのコーナーを上手に使ってバラエティに富んだもてなしを。

6畳の例

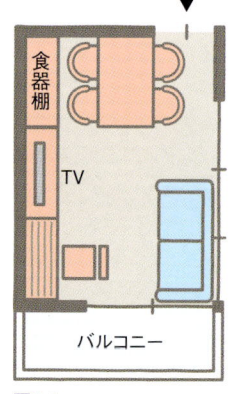

図2-1

図2-1 片側の壁面に収納家具をまとめ、その一角に仕事・勉強・趣味用のスペースをコンパクトにとっている。パソコンのプリンターや周辺機器など作業に必要な道具や材料の収納スペースも確保。ソファにサイドテーブルがほしければ、移動式のものがおすすめ。

❷ 食べる＋くつろぐ ＋仕事・勉強・趣味にいそしむ

「食べる」「くつろぐ」「仕事・勉強・趣味」といった3つのまったく違うイメージの行為を同じ場所で行うためには、6畳以上のスペースを確保しましょう。スペースに余裕がないのにソファを置きたいときは、「家族が3人だから3人用」と決めつけず、小さめのものを選んで空きスペースをつくるのがおすすめ。センターテーブルは使わず、サイドテーブルや低めの家具でカップなどを置く場所をつくることもできます。

仕事・勉強・趣味用のスペースの広さや位置は、家族の視線や生活音があっても集中できるか、家具に道具が収納できるかどうかなど、まわりの環境を考慮して検討します。家族が一緒に過ごす場所の一角なので、時には割り切りも必要です。椅子は、ダイニング用の椅子を兼用するなど、臨機応変にスペースとのバランスを考えて決めましょう。

98

12畳の例

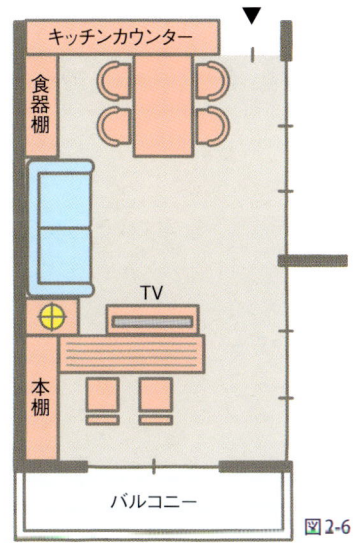

図2-6 本棚を置く場所ができ、仕事・勉強・趣味用のスペースも工夫すれば2人分とることができる。センターテーブルを使わないことで、ソファ前にはオープンスペースが誕生。子どもたちの遊び場としても広々。

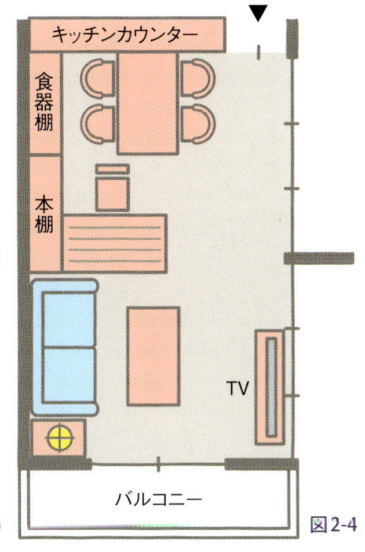

図2-4 家具を片側の壁面に集中させているので、充分な空きスペースができ、動線をゆったりとれる。仕事・勉強・趣味コーナーを中央に確保したことで、リビングとダイニングの区切りにもなる。デスクからは外に視線を向けることも。

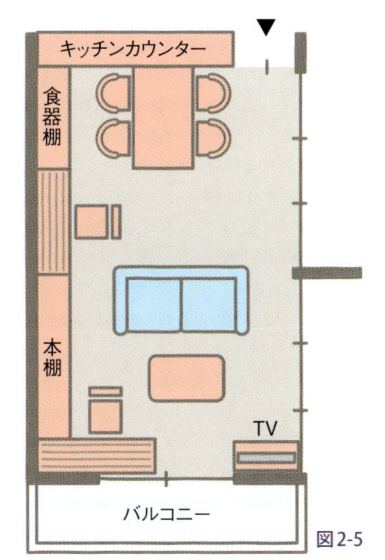

図2-5 本棚をはさんで、仕事・勉強・趣味コーナーを2カ所にレイアウト。2人がそれぞれ別々に作業に没頭できる。片側の壁全面に家具類を配置して。窓のまわりはすっきりしているので、自然光が部屋の奥まで入りやすく明るい空間に。

8畳の例

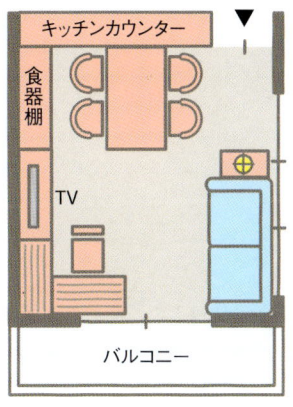

図2-2 デスクを外に向けて設置。外を向いていることで落ち着いて仕事や勉強、趣味に集中することができ、景色を楽しむこともできるので気分転換にも有効。右手の収納家具の一部に用具を収納。ソファ横にはサイドテーブルを置き、センターテーブルの代わりに。

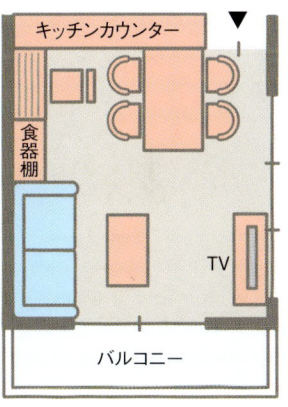

図2-3 ダイニングセットと背中合わせに仕事・勉強・趣味コーナーをプラス。ダイニングを使っているときは、集中しにくいが、テレビは離れているので、気にならない。ソファの前にセンターテーブルを置いても、オープンスペースが確保できる。

③ くつろぐ＋仕事・勉強・趣味にいそしむ

安らぎを求める「くつろぐ」行為と、緊張感を要する「仕事・勉強する」や集中して「趣味にいそしむ」という相反するイメージの行為を同じスペースの中で行うには工夫が必要です。複数の行為が気持ちよくできる家具の配置やスペースどりを考えます。

たとえば、はじめからスペースを分けてしまうことも1つの方法ですし、仕事・勉強・趣味のスペースを、壁際にもっていく、棚などで囲って独立したスペースにするなど、部屋のつくりと広さに合

6畳の例　　　　　　　　　　　4.5畳の例

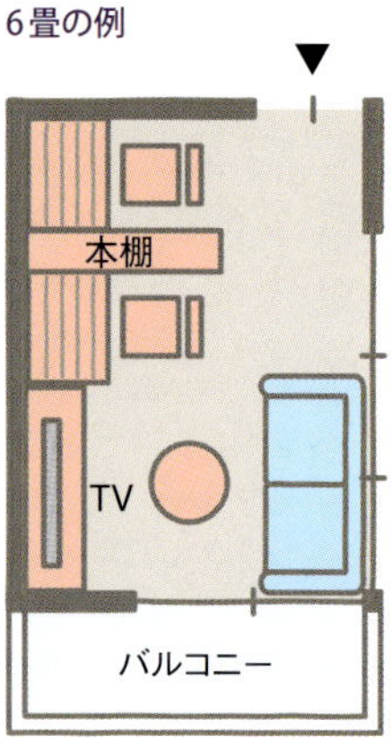

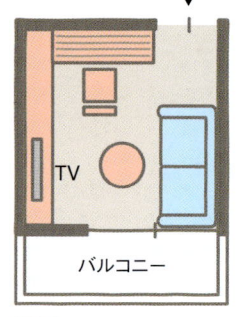

図3-3 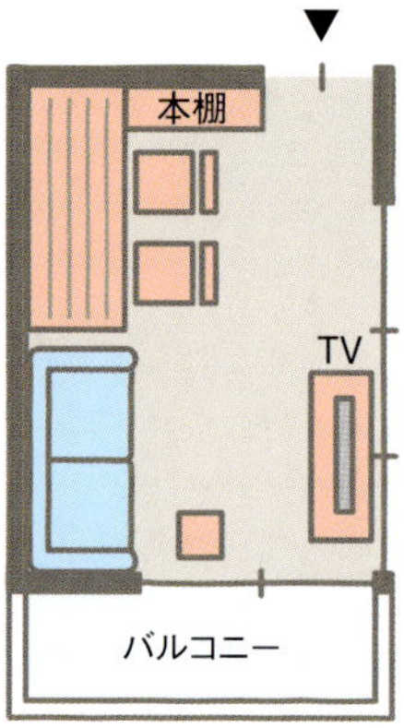　　　　図3-2　　　　　図3-1

図3-1　家具を壁に沿ってレイアウトすることで、くつろぐスペースと仕事・勉強・趣味用のスペースをしっかり分けて確保。椅子を後ろに引いてもテーブルとぶつかる心配がない。仕事・勉強・趣味コーナーの左手に収納場所があるので、用具はスッキリ片づく。
図3-2　奥行きのある大きい机を置くことができ、じっくり仕事・勉強・趣味に集中しやすい環境に。大きめの家具を壁際に集めることで、入口からバルコニーへの動線もスムーズ。可動式のサイドテーブルなら、バルコニーの出入りもじゃまをしない。
図3-3　くつろぎのスペースは自然光を採り込める明るいバルコニー側に。仕事・勉強・趣味コーナーは、落ち着いて作業に集中できるように真ん中を本棚で仕切り、それぞれの独立性を保つようにしている。本や道具の収納にも便利。

わせていろいろ工夫してみましょう。広ければそれだけ効率のよいレイアウトができますが、限られた広さの中で、使いやすいレイアウトに挑戦してみるのも楽しいもの。

デスクで使うスタンド照明は、間接照明としても使えるので、くつろぎの時間をゆったり味わいたいときに、天井を照らすなどすれば雰囲気もアップ。便利なアイテムとして活躍してくれます。

4 寝る＋仕事・勉強・趣味にいそしむ

6畳の例　　　　　　　　　　　4.5畳の例

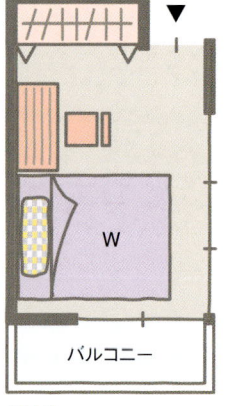

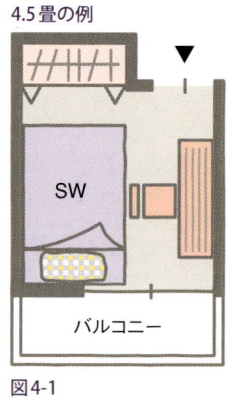

図4-3 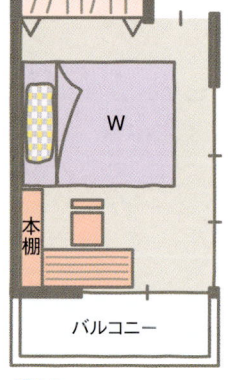　　　　図4-2　　　　　図4-1

図4-1　4.5畳にセミダブルベッドを置く場合、部屋のほとんどがベッドになる。奥行きが浅いデスクを選んで椅子のスペースをつくる。椅子がコンパクトでデスク下にしまえるタイプなら、入口からクローゼット、バルコニーへの動線が確保できる。
図4-2　クローゼットの開閉がスムーズにできるすき間をとってダブルベッドを設置。仕事・勉強・趣味コーナーをベッドスペースから独立させてバルコニー側につくれば、昼間もゆっくり眠れるし、作業には明るいスペースが確保できる。本棚が収納スペースに。
図4-3　部屋の入口側に仕事・勉強・趣味コーナーをつくった例。デスクの後ろにスペースが確保できるため、他の作業もしやすい。ベッドスペースに自然光や外のあかりが入るので、状況に応じて、睡眠を妨げないように、遮光タイプのウインドウトリートメントで工夫を。

ベッドは大型家具なので、広いスペースが必要です。マンションの場合、クローゼットは造り付けがほとんど。スペースの制限に加え、ベッドを置く位置も限られます。限られたスペースの中で動線を確保しつつ、圧迫感のないリラックスできる家具の配置を工夫しましょう。「ベッドを置いたらクローゼットのドアが開かない」ということがないように、配置する前にきちんとチェックを。狭い部

5 寝る＋くつろぐ

休息に欠かせない睡眠と、体や心をよりリラックスさせるくつろぎ感を充実させるために、両方の行為が満足できるスペースづくりをめざします。人が動きやすい家具の配置や、圧迫感のない広さはもちろんですが、ベッドのほかにソファも置けるスペースがあればベター。ゆったりくつろげて、過ごしやすい空間になります。住まいの中で、くつろぐスペースはここだけということもあり得るので、お気に入りのソファや家具を置くことは大切です。雰囲気に合った照明器具をプラスすれば、インテリアのアクセントにも。

ベッドの大きさは、シングルサイズかダブルサイズかで大きく変わってきます。ソファも大きなものにこだわらず、部屋の広さや一緒に置く家具の大きさ、数と照らし合わせて、適切なサイズのものを選びましょう。

屋なら、ベッドを置かずにマットレスだけにしたり、床座の生活スタイルにして、布団に寝て日中は片づけるなど、スペースづくりを優先させることも考えられます。

仕事・勉強・趣味用のスペースは、その場所に合った棚や収納用品などを上手に使えば、狭い空間でも使いやすく、効率的な作業スペースができます。デスクスタンドのランプは、作業中は昼光色、寝るときは電球色に替えるなど、照明のあかりを使い分けるのも部屋の雰囲気を変えるのに役立ちます。

6畳の例

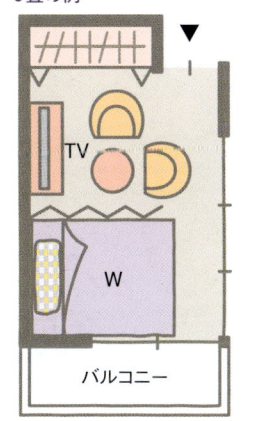

図5-3

4.5畳の例

図5-1

図5-2

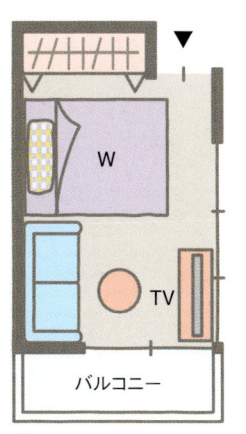

図5-4

図5-1・図5-2 狭いスペースなら、さまざまなシーンに使えるアイテムを選ぶのがおすすめ。その1つがソファベッド。昼はソファ使いでくつろぎ、夜は睡眠スペースに変身。ベッドスタイルにしたあとも、そこに腰かけてテレビを見ることもできるので、ライフスタイルに応じて利用しては。

図5-3 くつろぎスペースと睡眠スペースを分けたレイアウト。ベッドとソファとの間を間仕切りで仕切れば、友人を招き入れることもできる。ソファの代わりに、お気に入りのパーソナルチェアを入れて。インテリアのアクセントにもなり、2人がけのソファより省スペースで移動しやすいので便利。

図5-4 6畳の広さがあれば、ダブルベッドとソファのスペースがとれ、ベッド上でテレビを見ることも可能。夜だけでなく、日中のくつろぎスペースとして活用することを考えて、光のコントロールがしやすいウインドウトリートメントを取り付ける。来客時にはベッドをカバーで覆いましょう。

6 食べる＋くつろぐ＋寝る＋仕事・勉強・趣味にいそしむ

1つの空間で、日常生活の行為すべてを行う場合を考えてみましょう。ワンルームの中で、家具や間仕切りなどを上手に使って自由にレイアウトすれば、さまざまな生活シーンに対応する住みやすい空間づくりができます。マンションの部屋にありがちな梁や柱まわりのデッドスペースなども、家具や小物の配置で有効なスペースに

30㎡の例（図6-1）
家具で仕切ってそれぞれのコーナーをレイアウト。「食べる」「くつろぐ」「寝る」「仕事・勉強・趣味にいそしむ」という行為ごとに独立したスペースになっている。「寝る」空間をバルコニー側につくり、リビングとの間にはチェストを置いて目隠しと間仕切り代わりに。入口からバルコニーまでの動線もスムーズで、効率的。

50㎡の例（図6-2）
2LDKをリフォームした例。各部屋の扉をなくし、開放的にした。入口正面には、収納も兼ねた飾り棚を置いてフォーカルポイントをつくり、入口横には大きめのクローゼット・収納スペースを設けている。食器棚の後ろにパーティションをはさんで奥行きの浅い本棚を設置し、スペースの仕切りに。仕事・勉強・趣味のコーナーは、仕事にも遊びにも多目的に使えるよう置き畳で畳コーナーに。下部に収納スペースが付いた畳ユニットを使用して、収納量をカバー。

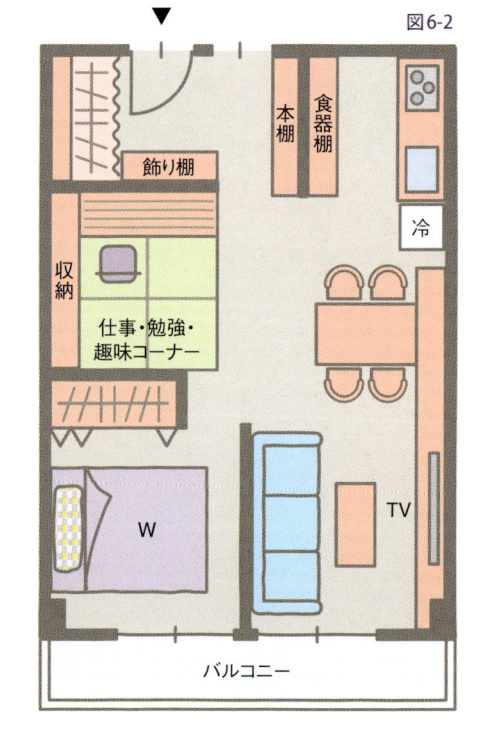

70㎡の例（図6-3）
キッチンからダイニングやリビングへの動線がスムーズで、キッチンから外への視線も抜けているので、広々とした印象を与える。リビングの家具にはローボードを使い、壁の広い面積を見せているため、明るいインテリアとなっている。プライベートな空間である寝室は、本棚やワードローブを利用して仕切ることで、独立性をもたせている。模様替えも簡単にできる。リフォーム例。

Part3 ● 家具の工夫で、広々見えるインテリアを

生まれ変わります。

ワンルームを、それぞれの行為に合わせて、必要な位置でスペースを分ける方法は主に3つ。1つは、手持ちの家具でコーナー分けをする。2つめは、ユニット家具や、つくりたい空間の寸法に合わせたオーダー家具で間仕切る。3つめは、パーティションで壁をつくる、となります。

家具を利用する場合は、裏側が化粧されていないものが多いので、化粧用の板を貼り付けたり、他の家具を背中合わせに置くなどの対策を。また、背の高い家具を多用すると、部屋に圧迫感を与えます。背の高い家具と、低い家具でそろえ、広さと明るさを演出する使い方をすることも大切です。

そして、背の高い家具や重い家具は転倒に注意。必ず転倒防止対策を施しておきましょう。オーダー家具やパーティションを使う場合は、専門家に相談を。プロに建物の構造や躯体に合った製作・工事をしてもらったほうが安心だし、きれいに仕上がります。

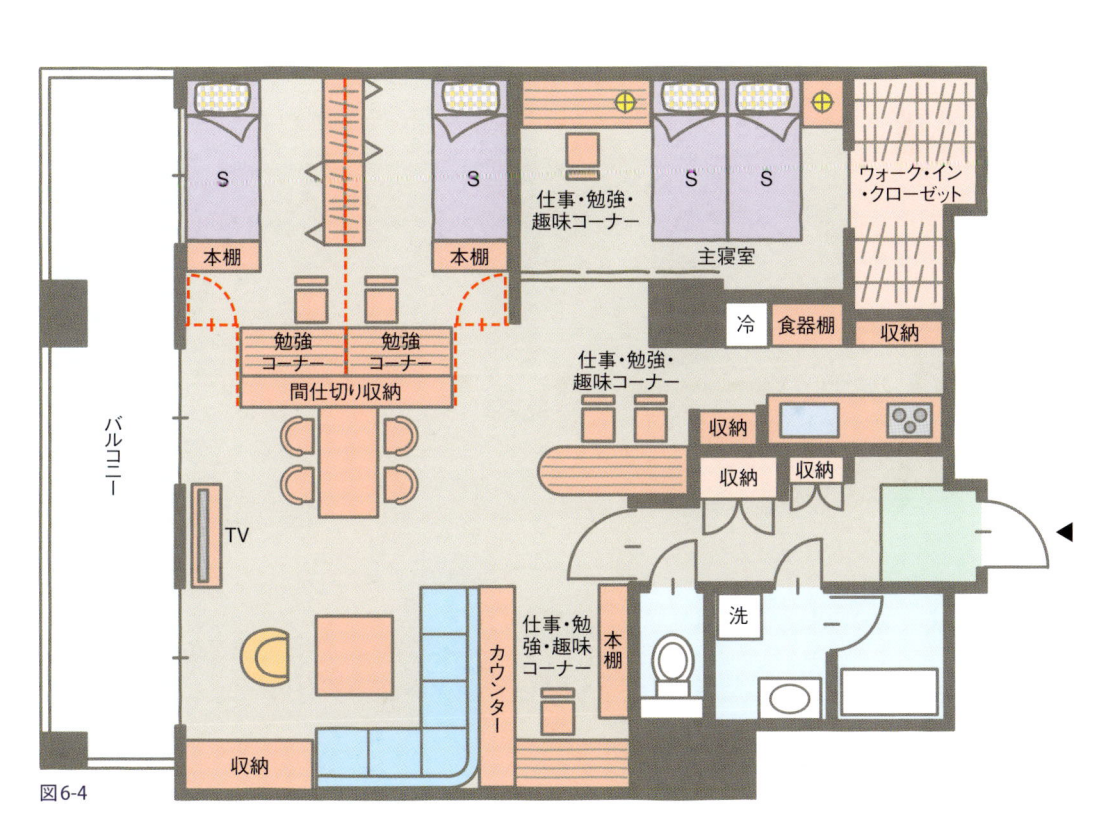

図6-4

100㎡の例（図6-4）
リビングはゆとりがあるので、L字型のソファを置き、隣の仕事・勉強・趣味コーナーとの間はカウンターで仕切っている。カウンターには、それぞれの作業に必要な用具を収納。本棚も完備し、専用スペースとして使いやすさがアップしている。ダイニングテーブルと子どもの勉強机の間は、背の高い収納家具で仕切り視線をカット。勉強に集中しやすい環境をつくっている。まだ子どもが幼いなら、子どもスペースのドアをなくしオープンにすれば、子どもの動きにも目が届きやすい。将来的には、赤い線（---）のように、勉強コーナーのデスクの両サイドに間仕切り収納からパーティションを立て、デスクのつなぎ目のラインで、左右2つの個室に分けてドアを付けられるプラン。子どもスペースと主寝室の間はパーティションで区切っているが、主寝室の入口は全部オープンにできる引込み戸で開放感を確保。キッチン横の仕事・勉強・趣味コーナーでは、軽い食事をとることもできる。

マンションで活躍する家具の選び方＆家具カタログ

家具カタログで楽しみながらインテリア力をアップ

マンションでの暮らしは、スペース面での制約が避けられません。時には柔軟な発想を取り入れて、省スペースで使いやすく、好みにマッチした家具選びを。インテリアのヒント満載のカタログです。

1 マンションでの家具選びのポイント

- 省スペースの家具で空間にゆとりを

マンションでの暮らしでは、間取りを生かせる家具を選ぶことが大切です。たとえば、狭いリビングに無理をしてダイニングセットを置く必要はありません。代わりにソファとセンターテーブルで空間にゆとりを得るという手も。「食」と「くつろぎ」を一体化し、固定観念にとらわれず、暮らしに最も合った家具を探しましょう。

■■ ［MD8602CM］42
シェルフ／W1050×D500×H1700／背板のないオープンタイプのシェルフなら、部屋の間仕切りとしても活躍する 42

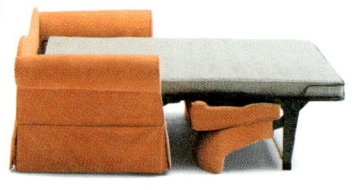

■ ［Good Night small three seater sofa-bed］
72 ソファベッド／W2100×D920×H820（ベッド：W1400×D2000）／伊Campeggi社のソファベッドはサイズもデザインも豊富。写真は3人がけソファ⇔ダブルベッド 41

⇩家具カタログの見方

次ページ以降のカタログに掲載されている各製品写真の説明文には、次の内容が記載されています。

■■■■［製品名］99（番号はメーカーを示す。201〜202ページ参照）／デザイナー名／アイテムの品目／寸法（φ＝直径　W＝幅　D＝奥行／H＝高さ　SH＝椅子の座面の高さ・単位はmm）／解説 99（赤字の番号は取扱いショップ・代理店・問合せ先〈写真提供〉を示す。201〜202ページ参照）

文頭の■■■■はおすすめのインテリア・テイストを示します（31、45ページ参照）。

■…シンプル・トラディショナル（ST）
■…シンプル・モダン（SM）
■…トラディショナル・デコ（TD）
■…モダン・デコ（MD）

Part3 ● 家具の工夫で、広々見えるインテリアを

ダイニングテーブル＆チェア

A [No.16] チェア／W440×D516×H860／曲げ木技術を用いた椅子。「秋田木工」による、100年の伝統ある定番椅子

B [LEA] Design: Roberto Barbieri／チェア／W440×D530×H840・SH455／繊細な脚部が空間を引き締める

C [CH20] Design: Hans J.Wegner (204ページ)／チェア／W550×D470×H710・SH440／1956年の作品が、2005年にようやく製品化。日用家具としての使いやすさと美しさが追求された一品

D [Standard Table：81C] Design: Alvar Aalto (204ページ)／テーブル／W750×D750×H720／サイズや形が異なる数種類が用意されており、空間や用途によって組み合わせて使える。使い方次第でどんなテイストにも合う

E [リングスツール S-3165] スツール／φ320×H450／軽くて持ち運びもしやすい。暮らしのさまざまな場面で大活躍

F [TPD10004] [TPD20005] ダイニングテーブル＆チェア／テーブル W1500×D800×H740 チェア W440×D550×H860・SH480／アジア風の部屋づくりにぴったりのウォーターヒヤシンス素材

G [SEVEN CHAIR] Design: Arne Jacobsen (204ページ)／チェア／W500×D520×H780・SH440／世界中で親しまれている名作。軽量かつスタッキングも可能。カラーも多様あり

H [METHENY dining table] テーブル／W1800×D800×H710／ウレタンクリア仕上げの天板／突板とムク材（脚）で落ち着いた雰囲気。トラディショナルなインテリアとも調和する、キャスター付きテーブル

I [Biblioteque] Design: Terence Conran／テーブル／W2400×D900×H750／ゆったりサイズで多人数のホームパーティにも◎。サイドの引出しはカトラリー等の収納に便利（受注品）

J [Rainbow Chair] 43 Design: Patrick Norguet／W390×D510×H800・SH450／鮮やかな色合いは塗装ではなく、44枚のカラーアクリルを特殊技術で接合したもの。光に透かすと虹のようなシルエットが 41　**K** [NEOZ Table] 28 Design: Philippe Starck／テーブル／W1300×D400×H500／天板のホワイトマーブルと脚部のマホガニーがモダンなテーブル。キャスターで自由に移動でき便利。W400×D400のサイドテーブルも 1　**L** [VITTA] 45 Design: Arflex Japan R&D／テーブル／W1500×D900×H720／下方に緩やかに広がる脚部、木目の質感が生きた天板など、ディテールも美しく飽きがこない。W1500/1650/1800の3サイズ展開 45　**M** [Eames Contract-Base Table] 68 Design: Charles & Ray Eames／テーブル／イームズの代表作の1つ。30年以上にわたり世界中で愛される一品。φ905・1065・1205、H450・650・700と複数サイズ展開 68　**N** [Compas] 48 Design: Jean Prouvé／テーブル／W1800×D790×H710／1950年の作品を、スイスvitra社が正規復刻。コンパスのような逆V字型の脚は、優雅なフォルムと抜群の安定性を兼ね備える 41　**O** [Spaghetti] 32 Design: Giandomenico Belotti／チェア／W395×D520×H840・SH460／スパゲッティのようなビニールコードをフレームに巻き付けて背面・座面に。コードの1本1本が体にジャストフィットし、強度も申し分ない 31　**P** [テーブル&チェア]テーブルW900×D900×H760 チェアW450×D450×H950／アール・ヌーボー (p203) の精緻で優雅な美しさを現在に伝える一品。イタリア製。テーブルはファミリー向けの別サイズ (W1800) も 36　**Q** [ブックマッチチェア] 25 チェア／W450×D505×H920・SH410／背板の「杢目（たまもく）」は1枚の板を開いたもの。左右対称の木目が美しい。座面は板と布の2種類 (Photographer：小林廉宜) 25

106

Part.3 ● 家具の工夫で、広々見えるインテリアを

R [T-095 Sviluppino] 50 Design: Gaetaano Poratelli／テーブル／W1250〜2000×D700×H280〜840／高さが無段階で調整可能。天板も最大2000mmまで伸張でき、座卓からダイニングテーブルまで、用途やライフスタイルを選ばず使える 49 **S** [POTHOS dining chair] 33 チェア／W393×D486×H807・SH445／座面が小さめなので狭い部屋でも空間を圧迫しない。部屋のテイストに合わせて5色から選べる 33 **T** [Max（キャスター）] 47 Design: Ferruccio Laviani／テーブル／W1600×D800×H730／クロームスチール製の脚ながらもやわらかいフォルムは、あらゆる家具やアイテムと調和する。組立て式 47 **U** [Stool:60] 29 Design: Alvar Aalto／スツール／φ380×H440／無駄を一切省いた構造美に、曲げ木のフォルム。建築家A.Aalto（p204）の技術が結集した一品 1 **V** [8000 Chair] 44 Design: Rud Thygesen & Johnny Sorensen／チェア／W530×D530×H700・SH440／デンマークを代表する名作の1つ。鮮やかながらも落ち着いた北欧らしい色彩は、家族で囲む食卓にぴったり 1 **W** [Napoleon III] 3 チェア／W460×D530×H920／フランスのクラシック家具メーカー、グランジェのクラシックチェア。トラディショナルな美しさの一方、モダンな空間でも存在感を発揮しそう 4 **X** [Airy] 40 Design: Piergiogio Cazzaniga／チェア／W480×D520×H760・SH460／アルミをプレスした一体成型シートの曲線はオブジェとしても美しく、体と自然にフィットする。1本脚と4本脚の2種類 6 **Y** [Eames Wire Chair DKR.O] 68 Design: Charles & Ray Eames／W500×D525×H840・SH420／新素材のスチールワイヤーを用いた、Eames夫妻の代表作。座面・背面にクッション（レザー／布）をあつらえたバリエーションも 41 **Z** [Swallowテーブル＆チェア] 25 テーブルW1600×D900×H700 チェア W514×D467×H703・SH420／ゆるい弧を描いたテーブルの天板、チェアの背当てが、ダイニングにゆったりとやさしい空気をつくり出す。座面も大きく座りやすい 25

Furniture Catalogue

リビングソファ＆
センターテーブル

A ■■■■ [PK31/3] 26 Design: Poul Kjærholm／ソファ／W1980×D760×H760・SH380／部屋に気品と落ち着きを与える、黒の革張りソファ 1 **B** ■■■■ [TPL10010] 42 ソファ／W1560×D870×H800・SH420／やさしい手触りのアジア風ソファ（ウォーターヒヤシンス素材）。同デザインで3人がけ・1人がけ・オットマンや、カラーバリエーションも 42 **C** ■■ [Stickley234 プレーリースピンドルセトル] 54 ソファ／Design: L.&J.G.Stickley／W2146×D952×H749・SH418／アメリカでのアーツ＆クラフツ運動の指導者によるソファ。肘かけ部はちょっとしたサイドテーブルにも 54 **D** ■■ [loop] 51 ソファ／W2260×D610×H610／発色のよいテクスチャーがモダンな空間に映える。背もたれがないので圧迫感を抑えられ、狭いスペースにも◎ 51 **E** ■■ [PONTE] 45 センターテーブル（2台セット）／Design:川崎文男／W1500×D900×H300（2台とも）／長方形のテーブルを緩やかなカーブでセパレートさせた、2台で1セットのテーブル。他の家具やスペースに合わせて自由に設置できる 45 **F** ■■ [耳付ソファ3人がけ] 25 ソファ／W1850×D730×H680／拭き塗装のナラ材に、クッションは本革張り。使い込むほどにいい味が出る、一生つき合えるソファ（Photographer：小林廉宜） 25 **G** ■■ [座卓 S-6026CP] 39 Design: 剣持勇／座卓／W1400×D1000×H335／日本のミッドセンチュリー（204ページ）の代表的デザイナーの作品。伝統的な和の座卓を、高度なプレス技術で斬新なデザインに 39

Part 3 ● 家具の工夫で、広々見えるインテリアを

H ■■ [ダニエルカウチソファ] 54 ソファ／W1680×D750×H750・SH400／クラシカルなデザインをモダンにアレンジしたカウチ。マンション空間にも調和する手頃なサイズ 54 **I** ■■ [CUCCO] 45 Design:Alfredo Häberli／ソファ（W2400×D2100×H655・SH355）など、ソファ10タイプ、オットマン4タイプを、スペースに応じて組み合わせられるソファユニット 45 **J** ■■ [耳付ベンチ] 25 ベンチソファ／W約1800×D590×H約860・SH400／大人3人がゆったりとかけられるベンチ。ソファ使用のほか、ナチュラルな質感のテーブルと組み合わせても◎(Photographer:小林廉宜) 25 **K** ■■ [Around] 40 Design: Lodovico Acerbis／センターテーブル／W1200（円板収納時）×D700×H405／円板部分が回転式なので、テーブルを囲む人それぞれが、手の届きやすい位置に物を置ける。円板のカラーは全6色 40 **L** ■■ [mortimer leather] [eliot] 16 ソファ＆オットマン／ソファ W1800×D960×H945(SH490) オットマン W950×D650×H420／安定感のある革張りのソファとオットマン。アンティーク風のキャスター付きで使い勝手も抜群 16 **M** ■■ [BONBON-T] 55 Design: Tord Boontje／センターテーブル／強化ガラスやコーリアンの天板に、ミラーやシルクスクリーンで装飾を施したテーブルシリーズ。サイズやデザインは多種多様あり。モノトーンならシンプル・モダンもOK 1

パーソナルチェア＆
サイドテーブル

■ **A** ■■ [座イス T-3187] 39 Design: 辻村久信／座イス／W550×D628×H350・SH115／畳の上で過ごす時間をより快適にする座イス。家族で囲む和の食卓にもぴったり 39 **B** ■■ [TOKYO-POP] 28 Design: Tokujin Yoshioka／チェア／W740×D1570×H785・SH400／一体成型のポリエチレン樹脂による自由なフォルム。その存在感はもちろん、体へのフィット感も◎ 1 **C** ■■ [Soleil de minuit] 3 サイドテーブル／W460×D460×H600／内側に向けて絞った脚部がポイント。クラシカルなベッドと合わせても（115ページ）4 **D** ■■ [Container Table] 14 Design: Marcel Wanders／テーブル／φ700×H730／室内ではもちろん、樹脂製なのでテラスやバルコニーでの使用も◎。脚の部分に水を入れれば、転倒防止のおもりに（受注品）14 **E** ■■ [BL-03] 61 パーソナルチェア／W900×D900×H780・SH430／厚み5mmと、皮革の中でも最も厚く貴重な「ブルレザー」を贅沢に用いたソファ。2人がけ、3人がけタイプも 56 **F** ■■ [SWAN] 26 Design: A.Jacobsen／チェア／W740×D680×H770・SH400／白鳥のような優雅なフォルムが、座る人の体をやさしく包む。くつろぎにはもちろん、デスクスペースにも 34 **G** ■■ [Pig Table] 14 Design: Front／サイドテーブル／W600×D1600×H785／スウェーデンの若手女性デザインチームによる、ユニークなサイドテーブル。この「Animal Thing」シリーズには、ほかにウサギや馬のスタンド等も（受注品）14 **H** ■■ [Console Table] 16 コンソールテーブル／W1190×D370×H760／奥行きが浅いので、リビングからベッドサイドまで場所を選ばず使える 16

Part 3 ● 家具の工夫で、広々見えるインテリアを

I [daisy] 51 オットマン／W610×D610×H410／キャスター付きオットマン。存在感あるビビッドな配色で1人がけの椅子としても◎。カラーバリエーションも多彩で円形・花形もあり 51 **J** [サイドテーブル] 59 Design: Richard Neuber／サイドテーブル／φ450×H520／メタルの脚部とガラストップを完全に接着させる技術により実現されるシンプルなデザインが美しい 36 **K** [ムライスツール S-5026] 39 Design: 田辺麗子／スツール／W450×D434×H360／スツールやサイドテーブルはもちろん、積み重ねて収納ラックとしても利用可能 39 **L** [Nelson Coconut Chair & Foot Stool] 68 Design: George Nelson／チェア W1040×D835×H835・SH265 オットマン W600×D475×H400／ミッドセンチュリーを代表する家具デザイナー・デザインディレクターの1955年作。先進的なデザインと座り心地は今なお色褪せない 41 **M** [Satztische] 60 Design: Josef Hoffmann／サイドテーブル／W500×D400×H700／20世紀初頭に発表された、4連タイプのネストテーブル。オーストリアの代表的ブランドによる復刻品 36 **N** [コノイドチェア] 57 Design: George Nakashima／チェア W535×D570×H900・SH440／アメリカで生まれ育った日系デザイナーの1959年作。斬新な2脚フォルムと、ムク材の魅力を最大まで引き出した仕上がりは「木の匠」ならでは 58 **O** [APRIL] 27 Design: Gae Aulenti／チェア／W510×D550×H860・SH460／ステンレススチールフレームの軽さが特徴の折りたたみ椅子。テラスでのパーティ等にも活躍しそう 1 **P** [EROS] 47 Design: Philippe Starck／チェア／W620×D700×H790 (SH460)／軽さと快適性を追求したポリカーボネート製のシート。都会的でありながらオーガニックなデザインのチェア。1本脚（回転式）、4本脚（固定式）、5本脚（キャスター付き）の3種類 47

■ AVボード&シェルフ

©Copyright Vitra (www.vitra.com)

A [GENTLTMAN] 15 キャビネット／W2000×D500×H600／珍しい、ビビッドカラーのAV用キャビネット。カラーは5種類。引出し付きのバリエーションも 15　**B** [Self] 48 Design: Ronan&Erwan Bouroullec／シェルフ／W1800×D390×H500/900/1300/1700／棚板のプレートに好きなカラーパネル（別売）をあしらうことで、空間に合わせたデザインが楽しめる。高さのサイズも4種類 41　**C** [3 drawer wide chest] 46 Design: Simon Pengelly／チェスト／W1000×D550×H1030／素朴なブラックウォールナット材を用いながらも新鮮なデザイン。同シリーズにベッドサイドキャビネットやワードローブ等も 46　**D** [Nelson Miniature Chest] 68 Design: George Nelson／W766×D331×H664／G.Nelsonが1951年の訪日の際に、日本の引出しタンスにインスパイアを受けデザインしたといわれる品。横型・縦型（それぞれ脚部あり・なし）の4種類から選べる 68　**E** [LIRM] 33 シェルフ／写真左 W350×D400×H1300 写真右 W700×D400×H1300／メッシュの棚板に、本や小物をディスプレイしながら美しく収納できる。オープンな感じのパーティションにも◎ 33　**F** [CLOUD] 43 Design: Ronan&Erwan Bouroullec／シェルフ／W1875×D400×H1050／フランスの若き兄弟デザイナーによるユニークなシェルフ。カラーは4色あり 41

Part.3 ● 家具の工夫で、広々見えるインテリアを

G [WWC-03 MODULESHELF] 14 Design:片山正通/Wonderwall／シェルフ／W900(600)×D300×H400／好きなサイズを積み重ねたり、並べたりと、スペースに応じて使用できる。金具を使わないので組立ても簡単。テーブル使用でも◎ 71 **H** [Carre Shelf 750] 71 シェルフ／W750×D300×H875／背板がランダムにはめられたシェルフ。後ろから見たデザインも美しいので、間仕切りとして使っても◎。幅・高さの異なる別サイズのシェルフもある 71 **I** [HC5168NK] 64 AVボード／W1500×D470×H480／カントリー調で暖かみがある。背板の取り外しやコード収納など機能性が高く、配線もすっきり 64 **J** [PW170] 3 ディスプレイキャビネット／W570×D570×H1880／こだわりの小物やコレクションをいっそう引き立ててくれる、エレガントなキャビネット 4 **K** [FG900] 66 壁面収納家具／W3460×D670×H2600／壁面全体を使い、AV環境や蔵書等をディスプレイしながらまとめて収納できる大型収納家具。扉でテレビを隠すこともできる 65 **L** [ACT STAND ALONE TYPE&FIXED TYPE] 45 (左：FIXED TYPE) W1830×D350×H2450 (右：STAND ALONE TYPE) W1646×D560×H1630／天井高に合わせて固定するタイプと、自立式タイプの2種類。オープンな間仕切りとするなど、スペースに合わせて使い分けを 45 **M** [COMPOSER Alumina] 45 チェスト／W2000×D442×H1056／収納だけでなく、簡易デスクとしても使えるチェスト。ワークスペースをとれない空間で重宝しそう 45 **N** [FG698/A] 66 AVボード／W1400×D550×H1310／オブジェのようなリングをあしらったキャスター付きAVボード。テレビを見ないときには移動させて、部屋のスペースを有効利用できる 65

デスク&チェア

Furniture Catalogue

A
B
C
D
E

🅐 ■■ [X CHAIR] 45 Design: Christophe Pillet／チェア／W570×D585×H720・SH430／背もたれシェルのすき間から座面がのぞく、ユーモラスなデザイン。張り地カラーには白や黒もあり、色のチョイス次第でシンプル・モダンな部屋にも 45　🅑 ■■ [Nelson Swag Leg Group Desk] 68 Design: G.Nelson／デスク／W991×D724×H877／G.Nelsonの1958年作。軽やかに伸びる脚部にウォルナットの天板と配色が美しく、リビングの一角に置きたくなる 68　🅒 ■■ [Manilla] 46 Design: Val Padilla／チェア／W470×D400×H860・SH440／曲げ木のフレームに、シートにはシーグラスを用いた、やさしい座り心地のアームチェア。バリエーションでアームのないサイドチェアも 46　🅓 ■■ [waku-work ダイニングデスク＆ワゴン] 67 Design: 小泉誠／デスク／デスクW1200×D800×H700 ワゴンW290×D385×H587／厚みのあるナラムク材の天板にはコードの配線孔があり、パソコンや卓上調理器を使う際にも重宝。デスク幅は3種類あり 58　🅔 ■ [Desk Plan A] 70 キャビネット×2、ガラス天板、L-FOOT（フレーム脚部）、デスクランプ、レターラックによる組合せデスク（例）／W1500×D600×H730／部屋にベストマッチしたデスクスペースをつくれる、さまざまなサイズ・カラーのアイテムの組合せ例 70

Part3 ● 家具の工夫で、広々見えるインテリアを

F ■■■ [adjustable coffee table] 16 テーブル／W1000×D600×H450／ちょっとした書き物に最適なサイズ感の、収納庫を兼ねたコーヒーテーブル。ソフトでぬくもりある質感の部屋なら、どんな空間でもマッチしそう 16 G ■■ [KOBAKO（組合せ例）] 25 W1440×D322×H712／多彩なバリエーションが用意されているナチュラル仕上げのボックス「KOBAKO」と、天板に「KOBOARD(L)」を組み合わせてデスクスペースに。部屋やニーズに合わせて使い方は自由 25 H ■■ [LITET] 45 Design: Claesson Koivisto Rune／デスク／W1200×D500×H700／クラフト的な暖かみもある、モダンなデザイン。シルエットがスマートなので、書斎だけでなくリビングにも 45 I ■ [provencale console table] 16 コンソールテーブル／W110×D450×H740／ライティングスペースはもちろん、ダイニングのサイドテーブルや寝室にと、ヨーロッパ風のインテリアで大活躍しそう。使い方次第でMDも 16 J ■■ [Vintage] [Chaise Provence] 3 チェスト＆チェア／チェストW1000×D530×H1160 チェアW460×D520×965／チェストの上部を倒せば、クラシカルなライティングデスクとして使用できる。エレガントなフォルムのチェアと合わせて 4 K ■ [Nesting Table] 48 Design: Josef Albers／テーブル／W600×D400×H625／バウハウス（204ページ）で教鞭をとった現代美術家の1927年作。4連のネストテーブルながら、構造とサイズ感が現代のワークスペースにぴったり。子どもと共用してみては (Photographer : Norio Kidera) 41 L ■ [FG675] 66 チェア／W530×D650×H1130／ウォルナットの素材感が生きたクラシカルなフォルムと、張り地のテクスチュアが美しいチェア。ワークスペースもエレガントにまとめたい人にぴったり 65

ベッド&ついたて

A ■■■ [マキシマフラット] 74 ベッド／W1250×L2080×H800〜1180・MH450〜770／手元のコントローラーで頭側と足側、それぞれの角度をアップダウンできる 74　**B** ■■ [Jamaica two seater sofa-semi double bed] 72 ソファベッド／W1570×D880×H710（ベッド：W1150×D1870）／イタリアCampeggi社の、珍しい片アームタイプのセミダブルソファベッド。座ったときの安定感もバッチリ。アームの位置も左・右あり 15　**C** ■■ [Molly armchair bed] 72 ソファベッド／W1020×D950×H890（ベッド：W750×D1850）／エレガントな1人がけソファがベッドに変身する、ユニークかつ機能的なシングル用ソファベッド 15　**D** ■■ [VIPER] 26 Design: Hans Sandgren Jakobsen／ついたて／W3000×H1600／緩やかな曲面（変形可能）とアルミニウムの素材感が、オブジェとしても効果的なついたて用スクリーン 1　**E** ■■■ [AR100] 29 Design: Alvar Aalto／ついたて／W2000×H1500／パイン材を用いながらも柔和なラインが、空間をソフトにセパレートする 1　**F** ■■■ [Folding Screen] 75 Design: Eileen Gray／ついたて／W1380×H1670／アイルランドの女性建築家による1930年作。モダニズム（204ページ）に和の感覚を絶妙に取り入れたデザインは、日本の漆職人に師事した彼女ならでは 41　**G** ■■ [Fer forge 3X012] 3 ついたて／W530×D310×H1660／オープンにしたくないエリアは、こんなエレガントなスクリーンで仕切れば部屋のテイストをキープできる。写真は製品を3点組み合わせたもの 4　**H** ■■ [somerset] 16 ベッド／W1400×L2100×H1350（BH320）／ヨーロピアンスタイルのクラシカルなアイアンベッド。エレガントな寝室づくりの主役に 16　**I** ■■ [ルーニーBDR（ブラウン・ダブルD）] 73 ベッド／W1450×L2080×H780・MH460／シンプルなデザインで、どんな部屋にも合わせやすいベッド。たっぷり収納できる引出し付き 73　**J** ■■■ [樹庵 PJF-554] 56 ベッド／W1940・L2025×H780・MH466（マットレスの厚み290）／マットレス・フレームの位置を左右に動かせる和風ベッド。他の家具の配置に合わせて調整し、寝室スペースの有効利用を 56

※ベッドの寸法表記は次の通りです。L（D）…全長 H…ヘッドまでの高さ MH…床からマットまで含めた高さ BH…ボトム高（床からベース部分までの高さ）／単位はすべてmm。
メーカー発表の寸法を記載しています。

Q&A

家具選びの Q&A

Q 長年使ってきたソファのイメージを、季節に合わせて変えたいと思います。上手なスタイリングの仕方を教えてください。

A テキスタイルを使ったカバーリングテクニックでイメージを変えてみるのはどうでしょう。できれば、お気に入りの大きな布でソファを覆うのがシンプルで簡単ですが、大判の布をすぐ用意できる人は少ないでしょう。そんなときは、何枚かの布を組み合わせて。背当て部分だけを覆ってもイメージは変わります。ベースとなる布に、季節が感じられる柄や色の布をプラスすれば、季節感あふれるインテリアに変身。夏は、涼しさを感じさせる素材とカラーでさわやかさを演出しますす。布の代わりに、コットンや麻のシーツを利用すると手軽です。白や生成りのシーツをベースに、ブルーなどの色布やアジアンテイストの柄の布を組み合わせても素敵です。冬は、無地のブランケットに柄物の小型ブランケットや膝掛けを組み合わせば、暖かみのあるイメージに。ムートンなどの毛皮やふわふわの素材も、皮のソファは布が動きやすいので、布の端にウエイト付きのクリップを付けて押さえるのがおすすめ。クリップを付けた部分を、背もたれの裏側にまわして見えないようにします。

さわやかなイメージを演出した夏向きのスタイリング。

冬は暖かさを感じさせるウール素材や色を駆使して。

Q お気に入りの椅子を購入しました。でも、もらったテーブルのテイストが合いません。うまく合わせて使いたいのですが、何か手軽な方法は？

A テーブルにクロスをかけてテイストを合わせるのが一番簡単ですが、思い切って、椅子のイメージに合うように、テーブルの色を変えてみるてはいかがでしょうか。スプレータイプのペンキなら簡単に塗り替えができます。塗った色を変えたければ塗りなおしもできますし、専門業者に依頼すれば、もとに戻すこともできます。ペンキを吹き付けるときは、ペンキが飛ばないように、ダンボールや紙などで大きな囲いを作ってから。メラミン素材のテーブルもスプレータイプのペンキで塗れますが、傷が付きやすく、その部分のペンキがはがれてくることもあります。天板にガラスを置けば傷も付かず、イメージが変わるのでお試しを。同様に塗り替えれば、手持ちのチェストやスツールも同様に塗り替えれば、好みのインテリアが楽しめるのでトライしてみて。

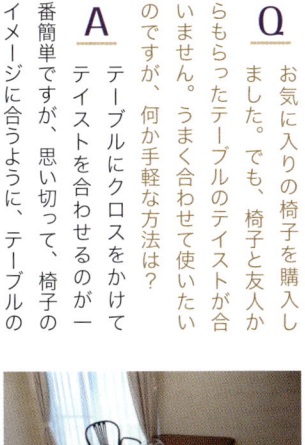

After

Before
ペンキを塗れば簡単にイメージが変えられ、塗りなおしもOK。

ペットと暮らすマンション・インテリア

マンションでのペット飼育の注意点とインテリアを考えるうえでのポイント

◆マンションでのペットとの暮らしで気をつけたいこと

住まいが密集した集合住宅では、たとえ床や壁・窓の防音対策が万全だったとしても、ペットが原因の近隣トラブルと無縁ではありません。これを避けるには、単に「ペット可」という以上に、なるべくペットへの理解が得られやすい環境を選ぶことです。たとえば大家さんもペットを飼っていて、棟内に同居しているような賃貸物件であれば、管理会社が取りしきる物件よりも、ペットへの理解度が格段に高いと考えられます。さらに、まだまだ物件の数は少ないですが、犬や猫の飼育を前提として入居者を募る"ペット共生型マンション"であれば、人もペットものびのび暮らせるでしょう。

◆ペット用のアイテムも部屋のテイストに合わせて

一般的なペット用品店で手に入る犬用ケージや猫用ベッドなどはデザイン面での選択肢が少なく、どうしても「必要な機能があって、サイズさえ合っていれば……」と妥協しがちですが、そこはこだわって、部屋のテイストに合ったものを選びましょう。でも見た目の美しさだけでなく、あくまでペットにとっての居心地を重視し、人も動物たちもうれしい暮らしを。最近では、犬・猫の習性や身体構造に精通したデザイナーが手がける、インテリア性の高いグッズも増えています。一方、ベッドに使用するのも一案です。また傷を付けたくない床にはカーペットを。部分的に取り外せるタイプを選べば、クリーニングも容易です。

[Shina] 犬小屋／W380×D380×H380（450mm角もあり）／犬が本能的に安らげる構造と、高いデザイン性の両方を追求した犬小屋。カラーは写真のウォルナット＆ホワイトなど計6種類の木目で、どんなインテリアとも合わせやすい。自身も愛犬家だというデザイナーの手による逸品。88

[FIORE BEAN BAG CHAIR] パーソナルチェア／W820×D650×H590／クッションのようにやわらかな座イスを、小犬や猫のベッドとして使ってみては。もたれたり、アゴを乗せたりできる形で動物たちもリラックス。生地の色や柄の種類も豊富で、家具やカーテンに合わせて選べる。53

[アタック250] パネルカーペット／400mm角で取り外しができるので汚れた部分だけ洗える。ペットの爪が引っかかりにくいカットパイル、BCFナイロン組成。カラーは全12色からお好みで。18

Column

Column

犬と暮らす

◆鳴き声対策にはまず、愛犬とのよりよい関係づくりから

集合住宅では、犬の鳴き声がトラブルのもとになることも。壁・窓や床への防音対策という手もありますが、まずは愛犬としっかりした関係を築くこと。吠えることで何かをアピールしないよう、幼犬のときにしつけることが大切です。

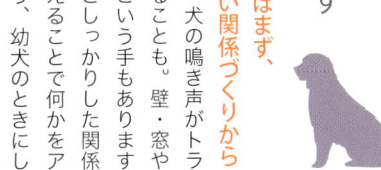

また過度に吠えるのは、ストレスの表れである可能性も。吠える理由を突き止め、その原因をできる限り取り除いてあげることが大事です。たとえば、犬は元来、集団で生きる動物なので、ひとりぼっちで過ごす時間が苦手です。毎日の留守番をストレスと感じてしまうと、留守中にずっと吠えているようなことも。犬は甘やかしても、ほったらかしてもいけません。飼う前には必ず、家庭のライフスタイルが犬との暮らしに合ったものか、よく考えましょう。

◆犬の生態を理解して、ペットとの共生に適した家具選びを

犬は好奇心が強く、また群れる習性があるので、飼い主が行く場所には必ずついてきます。なので入っていい場所とダメな場所を明確に教えること。また子犬は興味のあるものをすぐ口に入れてしまうので、電気器具や高価な小物は届く範囲に置かないように。こうした問題には、取り外し式のゲートも役に立ちます。さらに犬には、前足で床をガリガリと掘って寝床を作る習性も。ソファやベッドを傷付けられたくないなら、上がらせないようなしつけが必要です。

[KTB1399] 遮音カーテン／外部の騒音や雑音を軽減し、室内の音も外部にもれにくくする。18

[Cacco-E] 犬用サークル／W940×L640×H600／モダンなインテリアにもよく合う、ポプラ材のサークル。犬が前足をかけやすい構造もポイント。69

コンクリートの床は掃除がしやすいので、犬の生活スペースに最適。土間が広い部屋を選べると◎。／東京都Y邸

[Pet Cube] 犬小屋／W400×D400×H400／ボックスの前面パネルが取替え可能なので、犬小屋としても収納箱としても使える。置き場所に応じて、自由に組み合わせて。69

猫と暮らす

◆ 部屋を立体的に利用して猫が退屈しない環境づくりを

個体の性格にもよりますが、群れる習性をもたない猫は、犬よりも飼い主への依存度が低く、より幅広いライフスタイルの人が飼うことができます。ただし狭いマンションでは運動量や刺激が不足し、それがストレスになりがちです。一般に、猫を退屈させないためには、猫1匹に対して2部屋以上が必要です。部屋数が足りない場合は、ついたてやロールスクリーンで部屋を区切ったり、

収納家具などを応用して、狭いトンネル状の道を作ったり、猫が楽しめる空間を用意しましょう。また猫には、平面上だけでなく上下方向にもスペースが必要です。野生の猫は元来、木の上を隠れ場所として暮らしてきたので、高い場所を大変好みます。昇降運動やくつろぎ、急な来客から身を隠す場所などさまざまな目的で使える、キャットタワーを用意してあげましょう。タワーやおもちゃのデザインも、部屋のテイストに合わせて選ぶようにします。

［お掃除簡単キャットタワー・シングル型］W650×D350×H2300〜2500／爪とぎ用の丈夫な麻縄を巻いた柱に、くぐって遊んだり休憩もできるボックス付き。毛がからみにくく、手入れが楽なのも魅力。96

◆ 高いところを好む習性に配慮した家具の配置とセレクトを

前述のように猫は高いところから空間を見渡すのが好きで、足場のある場所にはどんどん上っていこうとします。壊れやすい小物を高いところに置かないのはもちろん、横型ブラインドも要注意。足場にされたスラットはすぐ傷み、上った拍子にブラインドが落下することもあります。爪とぎには自分の爪に合うものを使うので、市販の器具をいろいろ試してみましょう。どうしても壁や柱に爪を立ててしまう場合は、その場所に傷付けてもよい丈夫な家具を置いてガードするという手も。

食用のネコ草はグリーンとしてのインテリア効果も。台座のオイルヒーターは熱くならないので冬場も安心。／東京都S邸

臆病な性格の猫は来客が苦手。ボックス付きのキャットタワーなら安心して隠れられる。／東京都S邸

［CAT HOUSE］D450×H450／通気性のよいラタン材のハウス。中は洗濯可能なクッション敷きで、飼い主にもうれしい機能性とデザイン。小型犬にも。85

Part *4*

光のコントロール上手は
インテリア上手

自然光を調節して、照明を上手に組み合わせる

照明とウインドウトリートメントの選択が、住まいの光の演出を変える

限られた自然光の量を生かして、照明を上手に組み合わせることがマンションでは必要不可欠。窓や照明の位置と明るさを考慮して、楽しい光の演出を。

1 居住空間の条件を考慮して、明るさを演出

マンションは、一戸建てと違い、窓の付いている位置や方角、種類が決まっていて、自由度が大幅に制限されます。特に、賃貸マンションの場合は、器具の取付けへの制限も加わるので、選択の幅はさらに狭まります。リビング、ダイニング、寝室など、スペースの使い方や好みによって、照明プランやウインドウトリートメントの選び方は変わってきますが、それに加えて、マンション独自の厳しい条件があるわけです。逆に、明るさを上手に調節することでインテリアが劇的に変わるのが、マンションの利点です。

上手な光の演出をするためには、最初に、マンションの窓や照明の位置、自然光の量などをチェックします。そして、そのスペースをどのように使いどんな雰囲気にしたいのか、好みやライフスタイルに合わせて優先順位を決めて、照明と窓まわりの演出を決めていきましょう。工夫次第で多様なインテリアを実現できます。

● 好みのあかり

マンションは、窓が少なかったり、部屋が奥まっている構成が多く、自然光を充分に採り入れたい人にはつらい環境です。反対に、外からの光の影響が少ないため、照明を組み合わせれば部屋ごとのあかりの演出は自在になります。

好みに応じて、照明やウインドウトリートメントの種類や使い方を検討しましょう。好きなデザインの照明器具や、ウインドウトリートメントをあしらうことで得られる精神的な満足感も大切です。

マンションの場合、照明器具の位置や窓の大きさなどが決まっているので、好みの位置に置けなかったり、好きな器具を使えないこともありますが、使い方を工夫すれば、好きな空間を演出できます。リフォームを機会に配線や照明器具の取付け位置を変えたり、数を増やすこともできるので、そのときはしっかりと照明プランを立ててから臨みましょう。

[LOLLO] ②／スタンド／あかりの質によってインテリアの雰囲気が変わる。④

● 視線のコントロール

まわりのビルの窓と近い距離で向き合っていたり、意外なところから部屋の中が見えることもあります。通りに面している場合は、特に注意が必要。周囲の状況によって、しっかり目隠ししたい場合は、ブラインドや二重カーテン、防透性機能付きのカーテン、薄手の素材は避けるなどの対策をしましょう。外から室内がまるみえにならないためには、照明とウインドウトリートメントの両方について検討することが大切です。

反対に、強い日差しが入らず視線や外の景色がまったく気にならない部屋は、ウインドウトリートメントは必要ないという考え方も。高層階も外からの視線が気にならないので、窓には何も取り付けないでおくか、薄手のレースなどで軽めのウインドウトリートメントにすることもできます。

● 光のコントロール

「窓が小さい」「まわりがビルに囲まれている」「開口部は北側だけ」など、たとえ窓があってもそれほど光が差し込まない建物も多いでしょう。そのような自然光が限られる部屋は、照明で好みの明るさに近づけることがポイント。昼夜照明が必要な部屋は、照明器具の選び方にも工夫が必要です。天井灯だけで、それも昼間は明るすぎると感じるなら、補助照明としてスタンドを置きましょう。白系の壁や天井が多いマンションでは、壁や天井を照らすと部屋全体が明るくなります。既存の照明に他のものを加えることで、居心地のよい空間になり、点灯する照明の組合せを変えることでさまざまなシーンを演出できます。

さらに、ウインドウトリートメントも自然光を調節する大事なアイテム。素材や使い方によっては、照明の雰囲気を変える要素にもなります。マンションは、部屋に窓が1つというところも多いので、ウインドウトリートメントの工夫次第でインテリアがとても変わります。ウインドウトリートメントと照明を組み合わせて、部屋に合った光を確保しましょう。くつろぐために最適か、仕事をするのに充分か、ゆっくり眠れる暗さかなど、機能面からも必要な明るさを考慮することを忘れずに。

● 機能性

ウインドウトリートメントには、光のコントロールのほかに、暑さや寒さを和らげる、防音する、視線をさえぎるなどのプラスアルファの機能があります。自分の生活シーンに合わせて使い分けましょう。

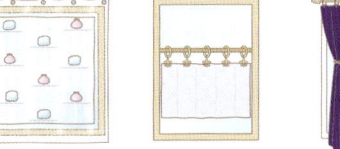

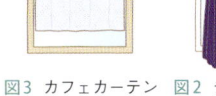

図4 タペストリー　図3 カフェカーテン　図2 チェーンを使ったタッセルの例　図1 リボンを使ったタッセルの例

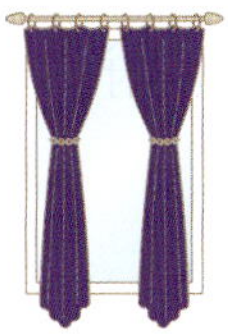

ダウンライトと2つのスタンドで光をコントロール。18

図1-A-2

図1-A-1

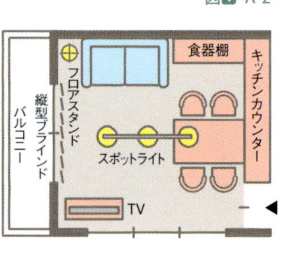

レール型の照明器具を使い、メタルのスポットライトを設置。ダイニングテーブルやソファを照らすなど、用途に合わせて向きを変え、光を調整する。メタルのスポットの場合、天井が暗くなるので、背の高いスタンド照明で明るさをプラス。縦型ブラインドなら自然光の量が手軽に変えられる。

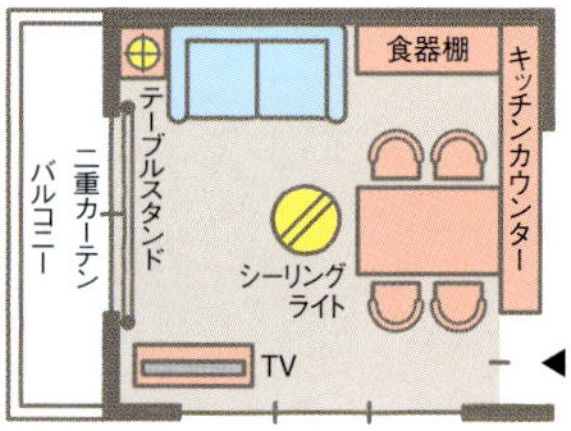

部屋中央に、明るめのシーリングライトを取り付け、ソファの横にテーブルスタンドを置いて手元の明るさを補う。ウインドウトリートメントは、バランス付きのドレープカーテンとレースカーテンのダブル使いで光や視線をカット。カーテンの素材によって、光の演出や部屋のイメージ変更もラクにできる。

1 食べる・くつろぐ場所

A 大きい窓または掃き出し窓の場合

リビングダイニングは、食事スペースとくつろぎスペースが一緒になった、空間の中でも利用頻度の高い場所です。それだけに、照明とウインドウトリートメントでバラエティ豊かな、メリハリのある演出をしたいところです。

● 照明

明るめのシーリングライトを使う場合は、部屋全体に光が行き渡るので必要な明るさが確保できます。それに間接照明や補助照明をプラスすれば、生活シーンに合わせた演出のバリエーションが広がり、雰囲気の変化も楽しめます。ダイニングテーブルには、キャンドルのように小さなテーブルランプを置けば食事のおいしさもアップ、ソファのサイドテーブルにスタンドを置けば、手元の明るさはもちろん、補助照明として夜のリラックスタイムを演出できます。

明るめのシーリングライトを使わずにスポットライトを設置して向きを変えれば、リビング、ダイニング、それぞれにあかりを当てることもできます。ただし天井が暗くなりやすいので、スポットライトだと天井が暗くなりやすいので、スポットライトを部屋のすみに置いて明るさを加えます。

● ウインドウトリートメント

外からの視線をしっかりさえぎることができるタイプにします。ドレープとレースのカーテンのダブル使いなら確実。レースだけにすれば、光を採り入れて視線はカットできます。ただし、昼間に外が透けて見えるタイプは、夜、部屋の照明をつけると外から室内が見えるので注意が必要です。心配なら、防透視性機能が付いたカーテンを使います。

また、ブラインドも、視線や光のコントロールをするのに便利なアイテムです。ブラインドなら、羽の角度の変化で視線をはずして光を採り入れるなど、調節するのが簡単です。

工事なしで取り付けられるのが、レール型の照明器具です。

図1-B-2

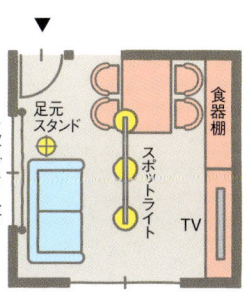

レール型照明器具にガラス製のスポットライトなら、まわりに光を放つので、室内に明るさが広がる。ダイニングテーブル、ソファ、壁など、照らす方向や場所を選び、それに合わせて取り付ける照明器具の数を決めるのも一案。アルミタイプと違って、ウッドブラインドならインテリアのテイストをあまり選ばず、やわらかいイメージに。

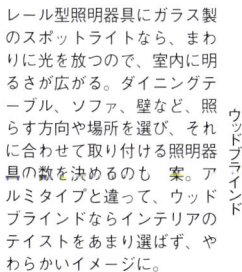

（平面図：ウッドブラインド／足元スタンド／スポットライト／食器棚／TV）

図1-B-1

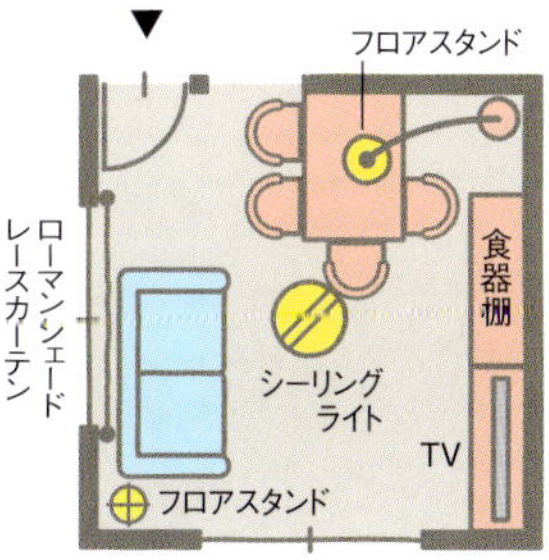

ダイニングテーブル用のフロアスタンドと、上向きのスタイリッシュなフロアスタンドをうまく使って、室内の明るさを調節し、雰囲気に変化をもたせよう。間接照明をうまく使えば、白然光の少なさもカバーできるので挑戦を。ローマンシェードとレースカーテンで、光のコントロールも簡単。

（平面図：ローマンシェード＋レースカーテン／フロアスタンド／シーリングライト／食器棚／フロアスタンド／TV）

B 小さい窓または腰窓の場合

マンションでは、窓が小さく自然光があまり入らず、日中も照明が必要という部屋も多いでしょう。日光量が少ない分、視覚的な明るさが感じられるような照明とウインドウトリートメントを考えます。

● ウインドウトリートメント

たとえばローマンシェードとレースのカーテンを使い、外からの視線をカット、明るさを調整します。レースのカーテンなら、少ない光量も通してくれるので、日中のあかり採りにも適しています。ローマンシェードは、ドレープの美しさが魅力。ヒダの重なりが陰影をつくるので、見た目の美しさも味わえます。ウッドブラインドなら、視線、光量の調節はもちろんですが、やわらかい雰囲気を醸し出すので、暖かいイメージのインテリアを演出できます。

高層階なら、視線を気にすることがないので、薄手の素材を使ったり、好みを優先させてもOK。さらに、思い切ってウインドウトリートメントは設置せずに、景観を楽しむこともできます。

床に足元用のスタンドを置いて、下からの光を加えれば、立体感が出るうえ、組合せを変えることでさまざまな変化が楽しめます。

● 照明

主照明に、補助照明や間接照明で明るさを加えます。1つは、ダイニングコーナーに。アーム型のフロアスタンドでテーブルの真上から照らせば影も出ず、食事中も快適です。食後はリビングスペースで使い、手元を照らしたり、上向きのスポットライトを楽しむこともできます。もう1つは、背の高い上向きのフロアスタンドです。天井や壁に光を反射させれば穏やかな光が広がり、シーリングライトでは演出できない、美しい光になります。さらに、レール型の器具を設置した場合、スポットライトはガラス製に。光の方向が固定されるメタルタイプと違って、まわりに光を放つので、天井も室内も明るくなります。

125 自然光を調節して、照明を上手に組み合わせる

図1-C-2

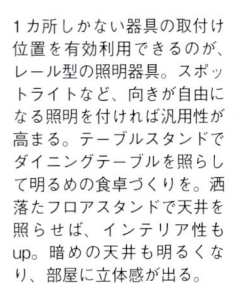

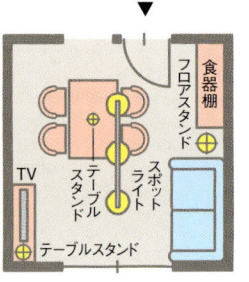

1カ所しかない器具の取付け位置を有効利用できるのが、レール型の照明器具。スポットライトなど、向きが自由になる照明を付ければ汎用性が高まる。テーブルスタンドでダイニングテーブルを照らして明るめの食卓づくりを。洒落たフロアスタンドで天井を照らせば、インテリア性もup。暗めの天井も明るくなり、部屋に立体感が出る。

図1-C-1

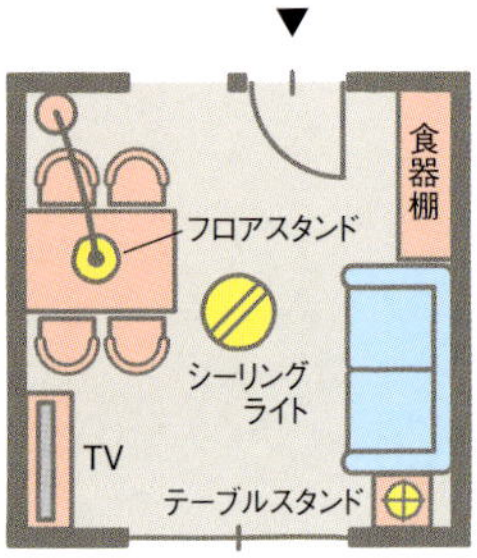

まず部屋全体を明るく照らすシーリングライトを設置して、生活に必要な明るさを確保する。食事のときは、ダイニングテーブルの上が明るいほうが便利なので、テーブルを照らすフロアスタンドを脇に置くのがおすすめ。ソファ横のサイドテーブルにスタンドを置き、部屋のコーナーや手元の明るさを加えれば、より楽しい演出に。

C 窓が近くにない場合

窓が離れている、またはない場合は、その部屋に自然光を採り入れるのが難しいため、昼も照明が必要です。

●照明

暗さをカバーする明るめのものや、明るさを自由に変えられる主照明がおすすめ。

主照明をシーリングライトにするときは、明るめのものを選びます。シーリングライトなら部屋全体を照らせるので、必要最低限の明るさが確保できます。部屋のコーナーそれぞれを別々に明るくしたい場合は、補助照明を使って、各スペースに明るさをプラスします。

たとえば、ダイニングコーナーには、テーブルのそばに上から照らせるフロアスタンドを置いて、食事スペースを明るくします。また、ソファのそばのサイドテーブルにテーブルスタンドを置けば、手元を照らせるので、読書や細かい作業をしても苦になりません。同時に、周囲に光が広がる効果もねらえます。

もっと自由に、好きなあかりを好きな場所に採り入れたいときは、レール型の照明器具がおすすめ。スポットライトやペンダントなどを取り付ければ、床や壁を照らす、光をダイニングコーナーに当てる、棚のディスプレイを強調させるなど、いろいろな使い方ができます。しかし、光が分散しやすいため、他の照明器具を使って明るさを補う必要があります。ダイニングテーブルの上にスタンドを置いたり、フロアスタンドで暗くなりがちな天井を照らすなど、生活に合わせた器具を取り入れましょう。これらの部分照明は、主照明を消灯したときの補助照明としても活躍してくれるうえに、くつろぎ感も演出してくれます。

もちろん、リフォームすれば、主照明の位置の変更やダウンライトの設置など、自分の生活シーンに合わせた照明プランが可能。ダイニングコーナーだけ、リビング専用など、それぞれのスペースに合わせた照明演出が楽しめるようになります。

2 仕事・勉強する場所

A 個室の場合

目的に合わせて、照明とウインドウトリートメントを自由に選べます。

● 照明

机上に照明が当たるように、自由に向きが変えられるレール型器具がおすすめ。設置する照明器具の種類が選べ、光の向きが自由になるため、コーナーを充分照らしながら、壁などまわりの部分も照らせるので、使う人のイメージに合わせた演出ができます。スポットライトでサイドから光を当てると、机の照明と体の影が落ちません。手元の照明も必須。パソコン画面に光が映り込まないように、照明器具の向きを工夫します。

● ウインドウトリートメント

無機質になりがちなスペースなので、たとえばローマンシェードでアクセントを。やわらかい光を採り入れられるうえに、スッキリした印象のシャープスタイルなら、仕事のじゃまになりません。

B コーナーの場合

仕事や勉強をするスペースには、充分な明るさが必要にコーナーとしてスペースをとる場合、部屋の片隅になることが多く、暗くなりがち。照明とウインドウトリートメントの計画がとても大切です。

● 照明

コーナー全体を照らす天井灯が1個、手元を照らすあかりが1個、計2個の照明器具を使うのが理想です。照らされた部分に意識が集中でき、作業がはかどります。照明に明るいランプを選べば、手元の照明もパソコンなど、作業が多い人には、バイオライトなどがおすすめ。

● ウインドウトリートメント

たとえばローマンシェードのルーススタイルなら、フラットな面とプリーツの面が表情をつくるので、事務的になりがちな部屋のイメージを和らげる効果があります。

図2-B
ルーススタイル
ローマンシェード

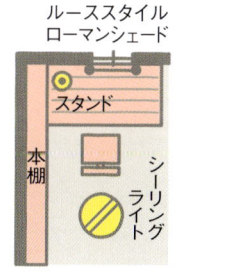

部屋全体を明るくするシーリングライトを付けた場合、スタンドをプラスすればより手元が明るくなり作業がしやすい。時間帯によって窓から充分な自然光が入れば、スタンドだけの使用も可能。ローマンシェードのルーススタイルなら、ボリューム感とシャープさが、部屋にアクセントを加え、仕事や勉強をしやすいスペースが誕生。

（間取り図：本棚、スタンド、シーリングライト）

図2-A
シャープスタイル
ローマンシェード

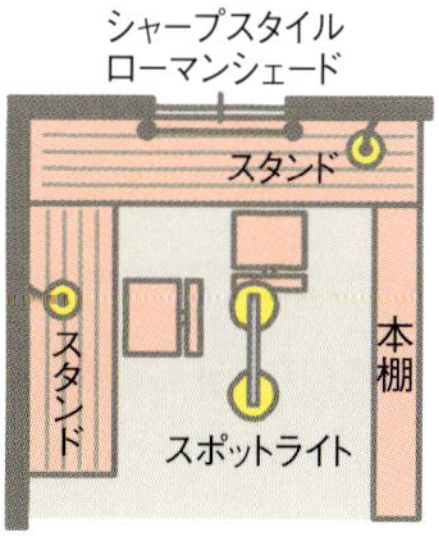

主照明はレール型の器具にスポットライトを付けて。光を机の上に集中させることもできるし、壁や棚を照らすことができて多目的に使える。手元のスタンドは必須アイテム。目を酷使しがちなパソコン作業などをするなら、目にやさしく光質のよいランプを選んで。ローマンシェードで自然光をやさしく採り入れて、仕事の効率アップを図る。

（間取り図：本棚、スタンド、スポットライト）

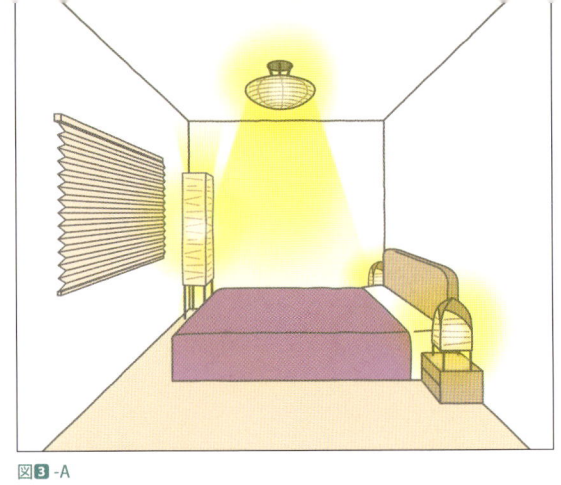

図3-B / 図3-A

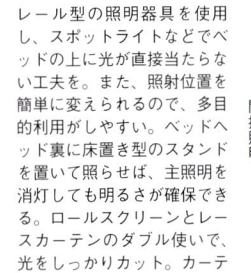

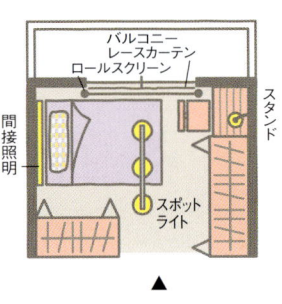

レール型の照明器具を使用し、スポットライトなどでベッドの上に光が直接当たらない工夫を。また、照射位置を簡単に変えられるので、多目的利用がしやすい。ベッドヘッド裏に床置き型のスタンドを置いて照らせば、主照明を消灯しても明るさが確保できる。ロールスクリーンとレースカーテンのダブル使いで、光をしっかりカット。カーテンが、窓の内側に収まるようにすれば場所もとらない。

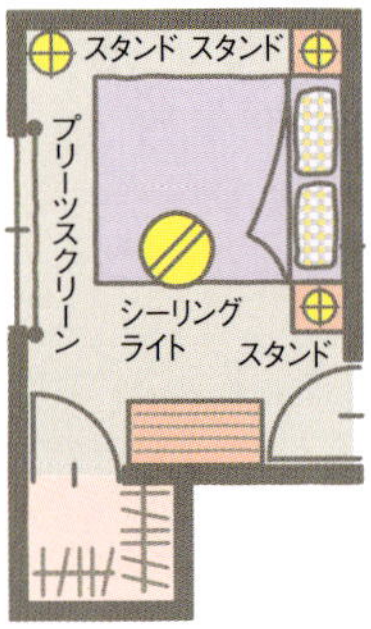

（平面図ラベル：バルコニー／レースカーテン／ロールスクリーン／間接照明／スタンド／スポットライト）

（平面図ラベル：スタンド　スタンド／プリーツスクリーン／シーリングライト／スタンド）

ウインドウトリートメントは、プリーツスクリーンなどのやわらかいイメージで落ち着いた雰囲気づくりを。上下に開閉できるタイプなら光量のコントロールもしやすくて便利。主照明はカバー付きで直接光をカットするまぶしくないものを設置。フロアスタンドやベッドサイドにスタンドを置けば、明るさを調整できるうえに、他の用途にも使いやすくなる。

3 寝る場所

A 個室の場合

個室の場合、寝るという行為に目的が絞られるため、ベッドに横になったときにまぶしくないような照明とウインドウトリートメントを選ぶことが大切です。

●ウインドウトリートメント

プリーツスクリーンなら、上下開閉で明るさの調整もしやすく、昼夜のイメージを変えられるので便利です。スクリーンを濃い色にすれば、遮光性も高くなります。

●照明

カバーが付いた器具や半間接光のものを選び、光が直接目に入らないようにします。リモコン付きの器具は、ベッドに入ったまま点灯・消灯ができるので便利。光の強弱を変えられる調光器付きの照明器具なら、いつでも必要に応じた明るさで過ごせます。ベッドの枕元の両サイドにスタンドを置けば、手元を照らすことができ、自分の側だけのあかりをつけられるので、パートナーの眠りを妨げずにすみます。さらにフロアスタンドを部屋のすみや足元に置けば、光量の調整もしやすく、主照明を点灯しなくても過ごせます。

B コーナーの場合

他の用途との兼ね合いを考えながら、充分な暗さを確保する工夫が必要です。

●照明

レール型の天井灯にスポットライトなど向きが変えられるものを取り付ければ、ベッドに入ったとき、光が目に直接入らない向きにできます。また、主照明を消してもある程度の明るさを保てるスタンドを置きましょう。床置き型のスタンドをベッドヘッドの後ろに置いて壁を照らせば、やすらぎ効果も高まり寝室としての落ち着きも出ます。手元を照らす机の上のスタンドを間接照明として使う方法もあります。

●ウインドウトリートメント

たとえば、やわらかい印象のプ

カーテンを閉めて暖色系の光でリラックス感を演出。
（写真提供：ヤマギワ リビナ本館 [1]）

カーテンを開け、昼の太陽の光と同じ青白い光で
さわやかさを演出。（写真提供：ヤマギワ リビナ本館 [1]）

テーブル上とディスプレイだけをポイントで照らし、
立体感とムードを。（写真提供：ヤマギワ リビナ本館 [1]）

● ウインドウトリートメント

遮光性のあるものを選びます。ロールスクリーンとレースのカーテンのダブル使いなら、防音効果も期待できます。また、縦・横型のブラインドなら、遮光性が高く明るさも調整しやすいので重宝します。

2 光のコントロールで、1日の暮らしに変化をつけよう

昼と夜とでは必要な明るさも違います。活動的な日中に対して、夜はくつろぎ感を演出したいなど、状況に合わせたインテリアの雰囲気づくりもできます。演出したいテイストや用途に応じて、変えたり加えたり、いろいろな条件に対処できるのも、照明やウインドウトリートメントの頼もしいところ。

それまで1つの照明器具で過ごしていた空間に、フロアスタンドやテーブルスタンドなど、違ったタイプのものを加えてみれば、新しい発見があるかもしれません。たとえば、天井、テーブル、フロアスタンドなどの目線の高さ、足元、と高さの違う照明を3種類設置すれば、3方向から放たれる光が組み合わされ、空間が立体的になります。時には、天井灯と足元灯、スタンドと足元灯など、好みや用途に合わせて使ってみましょう。照明の演出テクニックを身につければ、朝、日中、夜と、時間帯や生活パターンに合わせて光をコントロールすることで、毎日の暮らしに変化が生まれます。

照明の基本テクニック
——照明プランと照明器具

照明プランと器具の選択で思い通りのあかりを演出

インテリアのイメージづくりに不可欠な照明。マンションの場合、取付け位置が決まっていますが、器具を追加したり位置を工夫して変えるだけでバリエーションは広がります。

1 スペース別照明プランのポイント

メゾネットのリビング

主照明がダウンライトなら、暗くなりがちな階段の下のコーナーにスタンドを置けば、必要な明るさが補えるうえに、光に変化がつき、部屋を広く見せられる。また、階段の上り口に置いた背の高いフロアスタンドで壁を照らすと、天井の高さを生かした演出に。さらに、ソファの後ろに壁を照らすスタンドを置いたり、床置きタイプの小さなスタンドを使うことで、光の表情が豊かになる。

ダイニング

テーブルを照らすペンダントを食卓から60〜80cmの高さに設けるのが一般的。照明器具はテーブルのサイズとバランスをとる。幅120〜150cmの4人がけテーブルで、1灯ならテーブル幅の1/3の直径が目安。180〜200cmの大テーブルなら、幅広い器具や小さな器具の多灯使いもOK。立ったり座ったりして、まぶしさをチェック。天井の取付け位置が1カ所でも、レール型照明器具に複数の器具を付ければ、多様なあかりを演出できる。テーブルを照らすペンダントと、その他を照らすガラス製のスポットライトを組み合わせてみては。ガラスからもれる光で、天井も明るくなり部屋全体の明るさが増す。

Part4 ● 光のコントロール上手はインテリア上手

リビング

くつろぐ、テレビを見る、読書、ホームパーティと、昼夜を通して多目的に使うリビングは、多灯使いでさまざまなシチュエーションに対応できるようにするのがおすすめ。天井灯の位置が決まっていたり、1カ所しかないことが多いので、器具の選び方は慎重に。手軽に多灯による演出をしたいなら、高さや配光パターンの違うスタンドを分散して配置すると、組合せによって雰囲気を変えられて便利。

天井灯は小さめのもので明るさを抑え、スタンドを多用してメインの照明にしては。スタンドは、光の向きが変えられるもの、上向きの光を補うタイプ、ソファの背後に置いて照らすタイプなど。昼夜、用途に合わせて、光の演出が楽しめる。

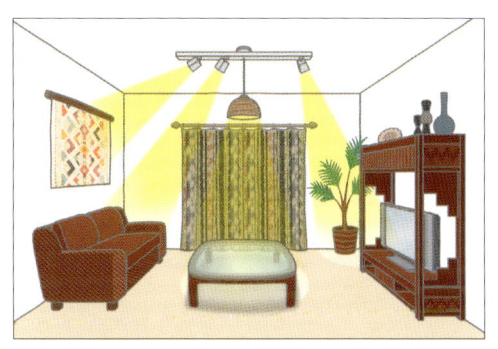

レール型の照明器具にすれば、照明器具の種類や位置、向き、数を変えることで生活や用途に対応できる。特に、照明の位置が1カ所しかない場合は、さまざまな器具を多灯で使うと効果的で便利。

玄関

窓がなくてダウンライトのみなど、昼でも暗くなりがちなので、ドアを開けたときのイメージや使い勝手のよさも大切な要素。コンセントがなければ電池式のスタンドでアクセントをつけて雰囲気づくりを。下駄箱の上にLEDライト、上がり口の床にフットライトを置けば、暗さをカバーできるうえに、天井灯を消したときの補助照明としても活躍。玄関を明るく演出する。

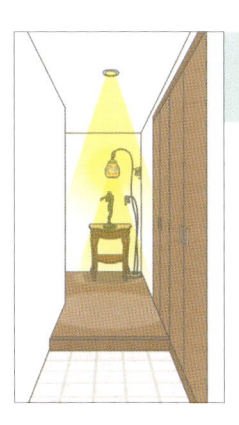

寝室

シーリングライトには、やわらかな光になる半間接配光のものを。横になったときに、光が目に入らないためにも、白色の光があまり広がらない小さい照明器具にするとよい。サイドテーブルにスタンドを置いたり、ベッドヘッドの後ろに間接照明を入れるなど、補助照明を上手に使えば、やすらぎの空間に。くつろぎ感を出すなら調光のできるシーリングライトか、スタンドの組合せだけにすることも。入口近くやベッドサイドにフットライト（足元灯）やフロアスタンドがあると、夜中のトイレなどに便利。

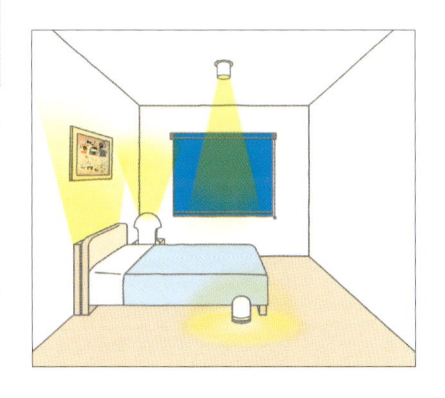

廊下

窓がなく、玄関同様、暗くなりがち。天井灯もダウンライトの場合が多いので、補助照明を上手に使って、明るさをプラスしよう。たとえば、廊下の突き当たりの壁に、テーブルスタンドやフロアスタンドを置いてやさしいあかりを加えることで、明るさと奥行きを演出できる。コンセントがあれば、足元灯や常夜灯を置くと便利。

2 照明プランの基礎知識

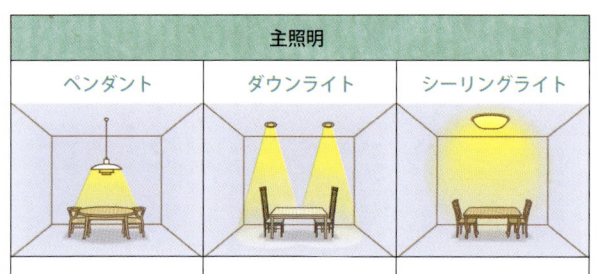

1 主照明と補助照明

照明には、メインとなる明るさをつくり出す主照明（全体照明）と、キッチンの手元灯のように作業に必要な明るさをポイントでつくったり、スポットライトのようにコーナーを演出する役割をもつ補助照明（部分照明）があります。

主照明と補助照明をうまく組み合わせて一室多灯にすると、空間の演出の幅が広がります。天井にシーリングライトがあるなら、床にスタンドを置く、テーブルにテーブルランプを置くというように、光の高さや照らす方向のバリエーションを増やします。また、点灯させる照明の組合せ次第でさまざまなムードを楽しめます。

ただし、どのぐらいの量の自然光がどの向きから入るのかを考えて照明プランを立てることが重要。大きな窓がある南向きの部屋などは、日中はほとんど照明は必要ないので、夜をメインに演出を考えましょう。

図1 主照明と補助照明

主照明

ペンダント	ダウンライト	シーリングライト
コードやチェーンで天井から吊り下げられる照明器具。アクリルやガラスなどのシェードで光源を覆って真下と周囲を照らすタイプが多い。ダイニングテーブルの上などを照らすのに使われる。シャンデリアの吊り下げタイプはこの一種。	天井に埋め込まれた小さな光源で直接下面を照らす器具。廊下や玄関部分に設置されることが多いが、器具が目立たないので、リビングなどの広い空間では、間接照明などと組み合わせて雰囲気を効果的に演出するためにも使われる。	天井に直付けする照明器具。高い位置から部屋全体をまんべんなく照らすので、部屋が明るくなる。一般的に部屋を広く感じさせる効果があるが、あまり厚みのある器具を選ぶと天井が狭く見え、圧迫感が出ることも。天井付けのシャンデリアもある。

補助照明（部分照明）

フットライト（足元灯）	スタンド（フロアスタンド／ロースタンド）	スポットライト	ブラケット
床面に近い壁に埋め込んだり、床に置いて足元を明るく照らす照明器具。歩行時の安全のため、階段や廊下に設置することが多い。	床や家具の上に置いて使う可動の照明器具。インテリア性が高く、装飾品としての役割もあるのでデザインが重要。背の低いロースタンドのあかりは落ち着き感を演出。マンション・インテリアでは演出の要。	天井や壁に取り付ける照明器具。絵など特定のものを照らすのに最適。光の方向が自由に変えられるのも特長。クリップタイプや直付けタイプ、プラグタイプなどがある。マンションではレール型に付くものが便利。	壁面に取り付ける照明器具だが、マンションには少ない。絵や花瓶などディスプレイの演出に。部屋に奥行きが生まれ、広く見える効果も。壁付けのシャンデリアもある。

[AJ Floor] [10] Design: A.Jacobsen／スタンド／フロアランプはじめスタンド照明は補助照明として、マンション・インテリアの雰囲気づくりに大活躍。[10]

2 光の強調面と内装による見え方の違い

部屋のどの面にどのくらいの光を当てるかによって、雰囲気や明るさの感じ方は大きく変わります。たとえば、光で天井面を強調すると上方への広がりが、壁面を強調すると横への広がりが演出できます。

また、同じあかりでも、光源の位置によって感じ方は違ってきます。一般的に、光源の位置が高いほど開放感があり活動的な雰囲気に、低いほどゆったりと落ち着いた雰囲気になります。同様に、光丈夫です。逆に、濃い色調で光沢のない内装だと光を吸収して暗く感じますから、W数の多いランプを選ぶとよいでしょう。照度の高い蛍光ランプは高い位置で、照度の低い白熱ランプは低い位置で使うのに適しています。

一方、照明の明るさの印象は、部屋の内装やインテリアの色にも影響されます。そのため、壁や天井の色に合わせて照明器具を選ぶのがコツ。白っぽくて光沢があり、光を反射しやすい内装なら明るく感じるので、照明は控えめでも大を反射することが必要です。照明の色を検討することが必要です。照射面の色に応じて明るさを調整しましょう。

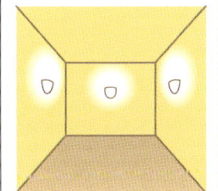

壁、床、天井のうち、どの面を強調するか、内装の材質や色など、インテリアをトータルに考慮してプランニングすることで、イメージ通りのあかりに近づけることができます。

① 全体をバランスよく照射
壁、床、天井にまんべんなく光が当たると、影をつくらず部屋全体をやわらかな印象にする。

② 床面と壁面を強調
床と壁を明るく、天井を暗くすると、重厚感が出る。

③ 天井面と壁面を強調
天井を高く、部屋を広く感じさせる。くつろげる雰囲気の空間に。

④ 天井面を強調
上方への広がりを演出できるため、天井が高く見える。のびやかでくつろげる雰囲気の空間に。

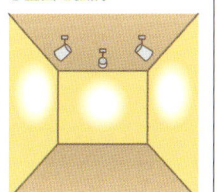

⑤ 壁面を強調
水平方向への広がりを演出できるため、落ち着いて洗練された雰囲気に。ただし、天井が低いと圧迫感が出る。

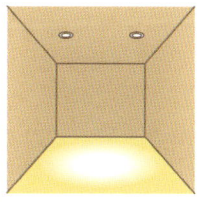

⑥ 床面を強調
天井と壁面を暗く、床面だけを明るくすると、大人っぽくてセンスのよい雰囲気に。

図2 照射面の違いと部屋の印象

1 光を反射する白壁の場合。下の写真と同じ明るさの照明器具を使用しているが、こちらのほうが部屋全体が明るい印象。

2 光を吸収してしまうじゅらく壁の場合。上と同じ照明器具なのに、部屋全体が暗い印象。W数を上げて対応しよう。

図4 内装材の反射率 (出典：コイズミ照明)

材質	反射率
白壁	60〜80%
淡色タイル	50〜80%
白ペンキ	60〜70%
白布(木綿)	50〜70%
ひのき(白木)	50〜60%
障子紙	40〜50%
畳	30〜40%
コンクリート	25〜40%
赤レンガ	10〜30%
黒ペンキ	5〜10%
黒布(木綿)	2〜3%

明るく見える ↑ 反射率 ↓ 暗く見える

図3 仕上げ色の反射率のめやす (出典：照明学会)

色	平均的な反射率	明るい仕上げ	暗い仕上げ
白	70%	80%	—
黄	50%	80%	30%
灰	35%	60%	20%
緑	30%	60%	12%
茶	25%	50%	8%
青	20%	50%	15%
赤	20%	35%	10%

3 蛍光ランプと白熱ランプ

住まいのあかりには、主に蛍光ランプと白熱ランプが使われます。この2つは、消費電力、発光原理、光の質などすべてが異なります。

蛍光ランプは電気代が安くて寿命が長いですが、点滅を繰り返すと寿命は縮みます。白熱ランプは電気代がやや高くなりますが、点滅に強く、調光器との併用で自由に明るさが変えられます。また、白熱ランプと違い、蛍光ランプの色にはさまざまな種類があります。温かみのある光色の電球色蛍光ランプも多数出回っています。

陰影ができて、物を立体的に見せる白熱ランプの光は、黄色や赤などの暖色を強調し、料理をおいしそうに見せるので、食卓を照らすランプ向き。それに比べ、蛍光ランプの光は、あまり陰影をつくらず、光を拡散して全体を均一に照らします。電球色の蛍光ランプは、光の色味こそ白熱ランプに近いものの、陰影はできません。光の色合いは、人間の生理や心理に少なからず影響を与えます。

				◎設置場所
蛍光ランプ			●影ができにくく、全体を均一に照らすフラットな光 ●電球色はやや赤みを帯びた温かみのある光。昼白色は青白く、太陽光のようなさわやかな光 ●電球色は温かみのある落ち着いた雰囲気を演出。昼白色は昼間のように明るく、さわやかで活動的な雰囲気を演出 ●ランプの寿命が短くなるため、頻繁に点灯・点滅する場所には向かない。長時間つけっぱなしにする場所に ●調光器との併用はできないが、調光機能（段調光・連続調光など）のある点灯回路では調光可能 ●電気代が安く、白熱ランプより寿命が長い	リビング、ダイニングに。電球色なら寝室、和室に、昼白色ならキッチン、書斎、子ども部屋に
	直管形・環形・コンパクト蛍光ランプ		光を拡散して均一に照らす。白熱ランプより寿命が長く、消費電力も少ない。直管：平均寿命20Wで8,500時間／二重環形：平均寿命9,000時間／コンパクト：平均寿命6,000～12,000時間	
	電球型蛍光ランプ		電球と同じ口金を付けた蛍光ランプ。既存の電球用照明器具に使用でき、ランプを取り替えるだけで経済効果がアップする。22Wで白熱ランプの100W相当の明るさを確保できる。熱がこもらないので密閉型の照明器具に最適。平均寿命6,000時間	
白熱ランプ			●陰影ができ、物を立体的に見せる光 ●赤みを帯びた、温かみのある光 ●落ち着いた雰囲気で、くつろぎ感を演出。演色性が高いので料理をおいしく見せる ●すぐに点灯し、点灯によってランプの寿命を消耗しない ●調光器が簡単に使え、頻繁な点灯・点滅に適している ●電気代がやや高く、蛍光ランプより寿命が短い	◎設置場所 廊下、階段、サニタリー、エクステリア、ダイニング、リビングに
	普通電球		すぐに点灯し、温かみのある光を出す。点灯中は熱くなる。クリアタイプは直接フィラメントが見えるのできらめきのある光に。平均寿命1,000時間	
	クリプトン電球		白熱ランプの一種。長寿命・高効率を実現するクリプトンガスが注入されている。ランプ形状はコンパクトで、シャンデリアやダウンライトに向く。平均寿命2,000時間	
	ハロゲン電球		白熱ランプと同じフィラメント発光によるランプ。封入されたハロゲン元素により、明るさや色温度の変化など、光の質の低下がほとんどない。白熱ランプに比べ2～4倍の長寿命。光色は白く、物の色も比較的忠実に見える。価格は高め。購入は専門店で。平均寿命2,000～3,000時間	
LED	LEDランプ		●光が拡散しないで真っ直ぐ進む ◎光色は多彩 ●電球が小さいので、器具そのもののコンパクト化や今までできなかったデザインが可能に。取り付けられなかった場所にも設置できる ●発熱が少なく、熱に弱い食品や美術品などを傷めにくい ●紫外線や赤外線をほとんど含まないので、照明の影響を受けやすい天然素材や絵画などの品質劣化や退色を防ぎ、虫も寄せつけない ●ガラス管を使っていないので、衝撃に強い ●消費電力は、白熱灯（60W形ダウンライト）の約8分の1、寿命は約10年間、約40,000時間	◎設置場所 屋内外すべての場所に。省電力・長寿命なので、長い時間点灯するところに最適
	レンズ			

図5 インテリアに使うランプの種類と特徴（写真提供：コイズミ照明 [6]）

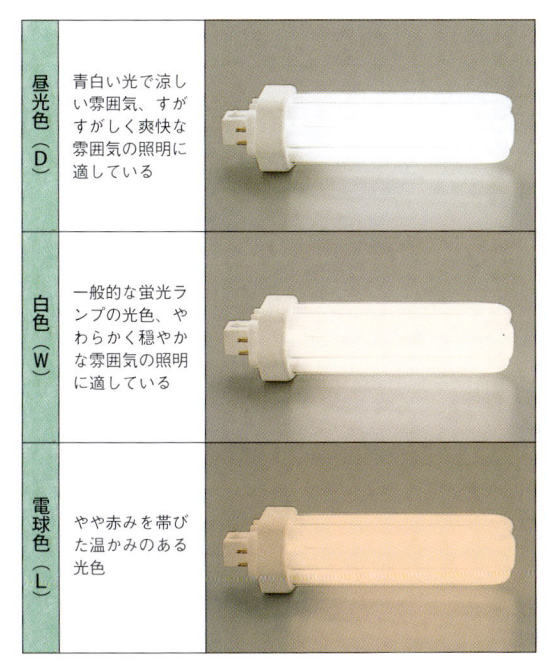

Part4 ● 光のコントロール上手はインテリア上手

昼光色(D)	青白い光で涼しい雰囲気、すがすがしく爽快な雰囲気の照明に適している	
白色(W)	一般的な蛍光ランプの光色、やわらかく穏やかな雰囲気の照明に適している	
電球色(L)	やや赤みを帯びた温かみのある光色	

図7 蛍光ランプの3つの光色 （写真提供：大光電機[24]）

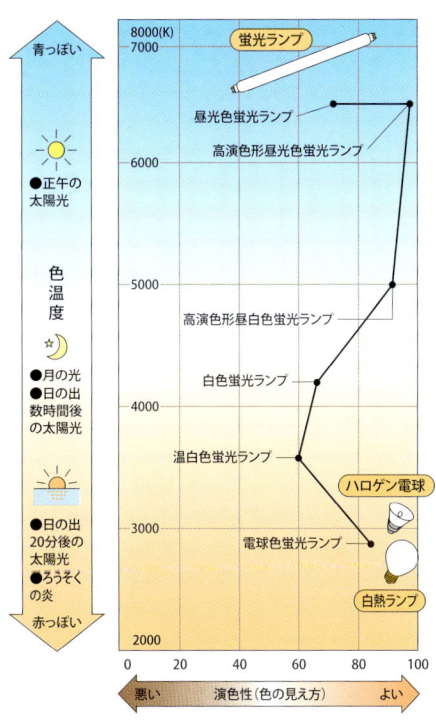

図6 光源の色温度と演色性 （出典：照明学会）

蛍光ランプ		白熱ランプ
蛍光ランプの昼白色	蛍光ランプの電球色	
日中の太陽光のような光色で、物を均一に照らす。影があまり出ない	白熱ランプのような温かみのある雰囲気が演出できる。影はあまり出ない	物を立体的に見せ、陰影をつける。彫りが深くなり、雰囲気を演出できる

図8 蛍光ランプと白熱ランプの影の違い （写真提供：コイズミ照明[6]）

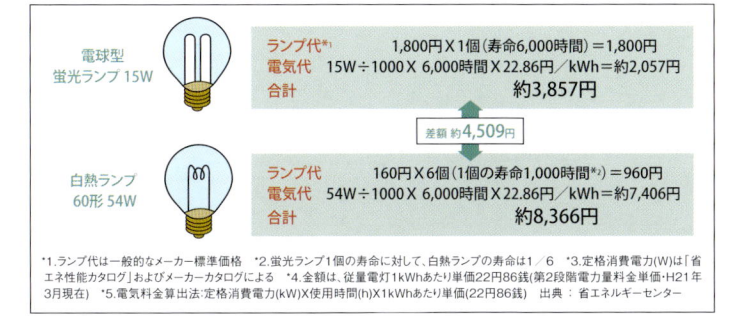

青白く、太陽光のようなさわやかな昼光色の蛍光ランプは人間を活動的にし、赤味を帯びた温かみのある白熱ランプや電球色の蛍光ランプは、心身のくつろぎ感を高めます。したがって、落ち着いたくつろぎ感を演出したいリビングや寝室などには、白熱ランプや電球色の蛍光ランプがおすすめ。作業を重視する子ども部屋や書斎などには、陰影ができにくく、全体をまんべんなく明るくする蛍光ランプがいいでしょう。

このような光源の色味は色温度（K・ケルビン）で表します。黄色→白色→青みがかった白色の順

で色温度が高くなり、色温度が高い青白い光はさわやかな印象、色温度が低い赤味を帯びた光は、温かみのある雰囲気になります。色温度を考えて照明を計画すると、人が感じる部屋の雰囲気をコントロールできます。同じ部屋で色の違うランプが混じってしまう

電球型蛍光ランプ 15W	ランプ代*¹ 　1,800円×1個（寿命6,000時間）＝1,800円 電気代　15W÷1000×6,000時間×22.86円／kWh＝約2,057円 合計　　　　　　　　　　　　　　　約3,857円
	差額 約4,509円
白熱ランプ 60形 54W	ランプ代　160円×6個（1個の寿命1,000時間*²）＝960円 電気代　54W÷1000×6,000時間×22.86円／kWh＝約7,406円 合計　　　　　　　　　　　　　　　約8,366円

*1.ランプ代は一般的なメーカー標準価格　*2.蛍光ランプ1個の寿命に対して、白熱ランプの寿命は1／6　*3.定格消費電力(W)は「省エネ性能カタログ」およびメーカーカタログによる　*4.金額は、従量電灯1kWhあたり単価22円86銭（第2段階階電力量料金単価・H21年3月現在）　*5.電気料金算出法:定格消費電力(kW)X使用時間(h)X1kWhあたり単価(22円86銭)　出典：省エネルギーセンター

図9 電球型蛍光ランプと白熱ランプのコストのめやす（6,000時間）

135 照明の基本テクニック──照明プランと照明器具

3 照明器具の基礎知識

近年、家庭用の照明器具が次々と発売されています。LEDは、電気エネルギーを直接光に変えるしくみなので、発熱が少なく省電力・長寿命。ランニングコストが大幅にダウンします。電球そのものが小型なので、これまで照明が付けられなかった場所にも取付けが可能となり、器具のサイズもダウン、デザインも自在にできるようになっています。LEDが普及すれば、照明演出の選択肢がさらに広がります。ランプの特徴を知って、演出したいイメージとその部屋の用途に合わせて選びましょう。

さらに、次世代のあかりとして注目を集めているランプに、LED（Light Emitting Diode：発光ダイオード）があります。すでに、道路標示器や携帯電話など多くの用途に使われていますが、

と、インテリアの雰囲気が落ち着きのないものになるので注意を。蛍光ランプを交換するときは、色味を確認してから購入します。
また、化粧をして出かけ、外の光で鏡を見たら濃さや色合いが違った、などの経験はありませんか。このように光源によって色が違って見える性質を演色性といい、演色評価数（Ra）で表します。

1 照明器具の配光パターン

照明器具は、同じ明るさのランプを使っても、シェードやカバーの形・素材によって光の出る方向や強さが異なります。たとえば、ランプを裸電球のまま使うと部屋全体に光が拡散しますが、光を通

さないシェードの付いた照明器具を使うと、光の方向が一定し印象が変わります。照明器具を選ぶときは、シェードやカバーの形と素材をしっかりチェックして、それぞれどこにどのように光が出るのかを把握すると、照明の効果や部屋のあかりの様子がイメージしやすくなります。

配光パターンの特徴を組み合わせて照明器具を上手にとらえて照明器具を組み合わせ、それぞれの部屋のイメージに合った照明プランを立てましょう。

配光			説明
直接配光			（上方0〜10%、下方100〜90%）光源の光すべてが直接下方に向かって照射するパターン。ライティング効果が高くなる反面、天井や部屋のコーナーは暗くなりやすい。
間接配光			（上方90%〜100%、下方10〜0%）天井や壁にすべての光をいったん照射し、反射する光によって空間を照らすパターン。ライティング効果は低くなるが、まぶしさのない光で落ち着いた雰囲気を演出。天井を高く見せる効果も。
半直接配光			（上方10〜40%、下方90〜60%）ほとんどの光が下方向に照射されるが、一部の光は透過性のあるシェードなどを通して上方向にも広がるパターン。直接配光に比べてライティング効果は低くなるが、陰影がやわらかくまぶしさも抑えられる。また、空間に中心性が生まれる。
半間接配光			（上方60〜90%、下方40〜10%）ほとんどの光が天井や壁面に反射し、一部の光はシェードなどを通して下方を照射するパターン。間接配光よりライティング効果は高くなる。光が直接目に入らないので、雰囲気のあるやわらかな印象。
全般拡散配光			（上方40〜60%、下方60〜40%）透過性のあるグローブなどを通して、光がほぼ均一に部屋の全方向に広がるパターン。やわらかな光で室内全体をまんべんなく照らし、温かみのある雰囲気をつくる。強い影はできないので平板な印象になるが、まぶしさはない。

図10 照明器具による5つの配光パターン

2 シェードカバーの素材による光の違い

光源を覆うシェードやカバーの素材・デザインによって光を通す具合が違うので、拡散光や直接光などさまざまな質の光が得られ、部屋の雰囲気が変わります。たとえば、光を通さない金属や木製のシェードのまわりは暗くなるので、シェードの陰影と光とのコントラストが効いたシャープな雰囲気が生まれます。アクリルや和紙など光を通すシェードなら、やわらかい光がシェード越しに染み出し、部屋をやさしく演出します。

	光を通す素材	光を通さない素材
光の印象	乳白色のガラスやアクリル、和紙などのように光を通す材質の場合は、シェードの周囲にも光が広がり、やわらかな印象に。透過した光の質と量によって、バリエーションがある。	スチールや木など光を通さない材質の場合は、シェードの周囲が暗くなることで照明器具の周囲に光と影のコントラストができ、メリハリのある光を演出。
ペンダントの例		
スタンドの例		

図12 シェードの素材による光の違い

電球型蛍光ランプ		白熱ランプ
12～15 W	＝	60 W
18 W	＝	80 W
22～25 W	＝	100 W

省エネのために白熱ランプから電球型蛍光ランプに切り替える場合はこの表を参考にする。

図11 蛍光ランプと白熱ランプの明るさの早見表 （出典：照明学会）

3 器具の種類別明るさのめやす

スタンドやペンダントといった明器具のデザインやシェードの素材によっても実際の明るさの印象ランプといったランプの種類によって広さに必要なW数は違います。照明器具のカタログに表示されている適用畳数（対応する広さのめやす）を参考にしましょう。

蛍光ランプか白熱ランプか、照明器具の種類と、直管ランプや環形ランプといったランプの種類により広さに必要なW数は違いますので注意。内装の色が暗い部屋や高齢者の部屋は、表の数値よりも明るいW数を選ぶといいでしょう。

器具の種類	形状	点灯方式	6畳(10㎡)	8畳(13㎡)	10畳(17㎡)	12畳(20㎡)
蛍光ランプ シャンデリア	環形ランプ	インバータ			120W(40W×3)	160W(40W×4)
シーリング	直管ランプ	安定器	80W(20W×4)			
			100W(20W×5)			
				120W(20W×6)		
		インバータ	62W(32W+30W)			
			72W(40W+32W)			
				102W(40W+32W+30W)		
					120W(30W×4)	
			76W(48W+28W)			
				86W(48W+38W)		
				114W(48W+38W+28W)		
					152W(38W×4)	
ペンダント	環形ランプ	インバータ	70W			
			85W			
					100W	
					140W(100W+40W)	
		安定器	70W(40W+30W)			
			102W(40W+32W+30W)			
シャンデリア	電球形蛍光ランプ		48～52W			
				60～65W		
				72～88W		
					96～104W	
白熱ランプ シャンデリア シーリング	白熱ランプ (30～40W/畳)		200～240W			
				300W		
				360～400W		
					480W	

凡例：丸形蛍光ランプ／直管蛍光ランプ／丸形スリム蛍光ランプ／二重環形蛍光ランプ

図13 広さに応じた器具の種類別明るさのめやす （出典：日本照明器具工業会）

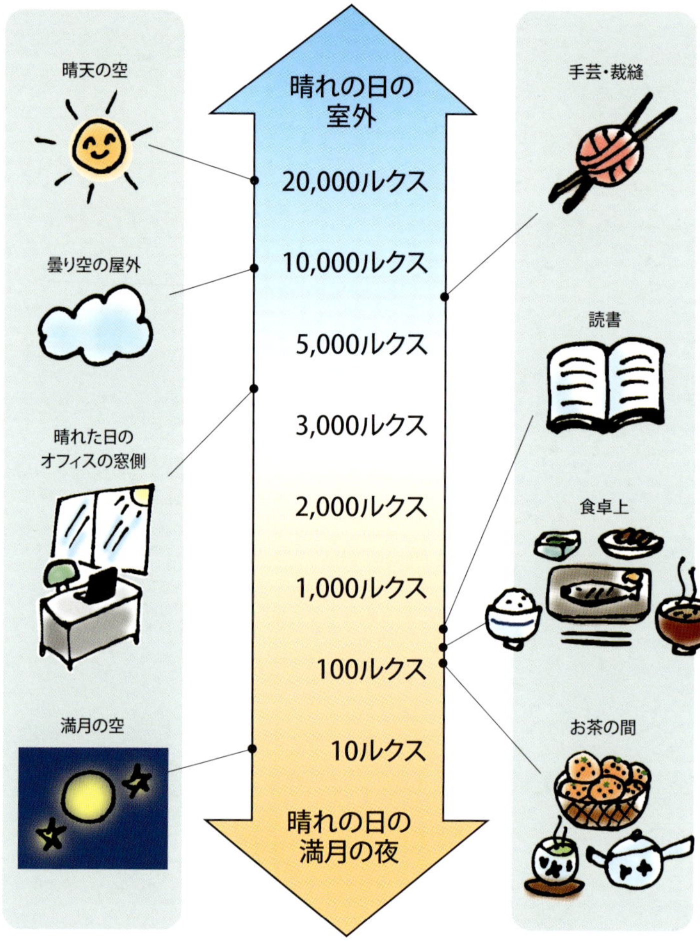

4 安全対策とメンテナンス

浴室灯は防雨・防湿型の器具を選び、湿気が直接当たらないよう、浴槽の真上は避けて設置します。

また、廊下や玄関などに、停電や人を感知して点灯するコンセント式保安灯を付けておくと、いざというときに懐中電灯の役目をします。

高い位置に設置する場合、取付け位置は脚立に乗って手が届く3mほどの高さが限度です。ランプ交換やメンテナンスが安全・簡単にできる方法を検討しましょう。

加工を施した照明器具や長寿命の蛍光ランプを使うのも1つの方法です。

照明器具はほこりがたまると明るさが落ちてしまいます。メンテナンスが楽なように、防汚

必要な明るさ（ルクス）は、広さや作業、演出したいムードによって異なる。暗めのほうがリラックスするし、編み物など手作業をするときにはかなりの明るさが必要。

図14 最適な明るさのめやすは？（出典：照明学会）

- 晴天の空 20,000ルクス
- 曇り空の屋外 10,000ルクス
- 5,000ルクス
- 晴れた日のオフィスの窓側 3,000ルクス
- 2,000ルクス
- 1,000ルクス
- 100ルクス
- 満月の空 10ルクス
- 晴れの日の室外
- 晴れの日の満月の夜
- 手芸・裁縫
- 読書
- 食卓上
- お茶の間

5 便利な機能で快適さをプラス

白熱ランプの明るさを連続的に調整できる調光器は、くつろいだり作業をしたりといったシーンに応じて、部屋の雰囲気を変えるのに便利。不要なときは明るさを落とすことで、消費電力の節約にも。

消費電力はそのままに、明るさが従来型より20％アップのインバータ蛍光ランプは、スイッチONですぐに点灯し、ジーという不快音がなく静か。チラツキ感がないため、目の疲れも少ない光です。

その他、人が来たのを感知して点灯する人感センサーや、暗くなると自動的に点灯する光センサー、ゆっくり点灯する目にやさしいソフトスタータ、有害物質を分解・除去する光触媒など、便利なものがいろいろあるので、必要に応じて検討してみましょう。

Part4 ● 光のコントロール上手はインテリア上手

同じリビングでも照明ひとつでこんなに変わる！

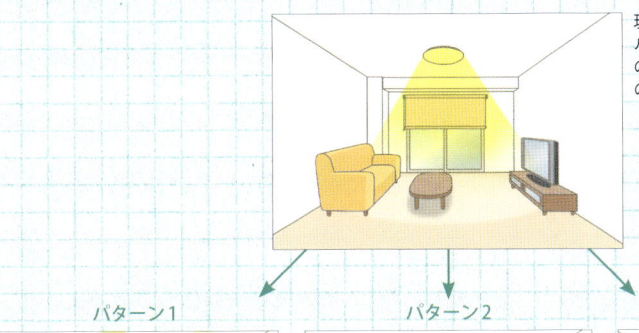

現在使っている照明が、シンプルな蛍光灯のシーリングライトの場合、大きくて目につき、光の広がりも単純。

パターン1

デザイン性の高いおしゃれなシーリングライトに替えると、部屋に陰影ができてイメージが変わる。ただ、下に届く光が弱いので、スタンドで手元や上向きの光を補って、明るさを確保する。夜は天井灯を使わず、スタンドのみで雰囲気を楽しむこともできる。

パターン2

レール型の器具に取り替えて、スポットライトやペンダントを複数付ける。部屋全体への明るさと、スポット照明が同時にでき、演出しやすい。スタンドで部分的に光を補って明るさをコントロール。足元にフロアスタンドを取り入れると、ムードが出てやさしい雰囲気に。

パターン3

既存のシェードの代わりに、鮮やかな色使いの布でランプを覆い留め付ける。これだけで間接照明ができあがる。床置きのスポットライトを壁に向けて設置したり、背が高めのスタンドを併用すれば必要な光を補うことができ、組合せによってイメージの変化も味わえる。

簡単にできる間接照明のアイディア

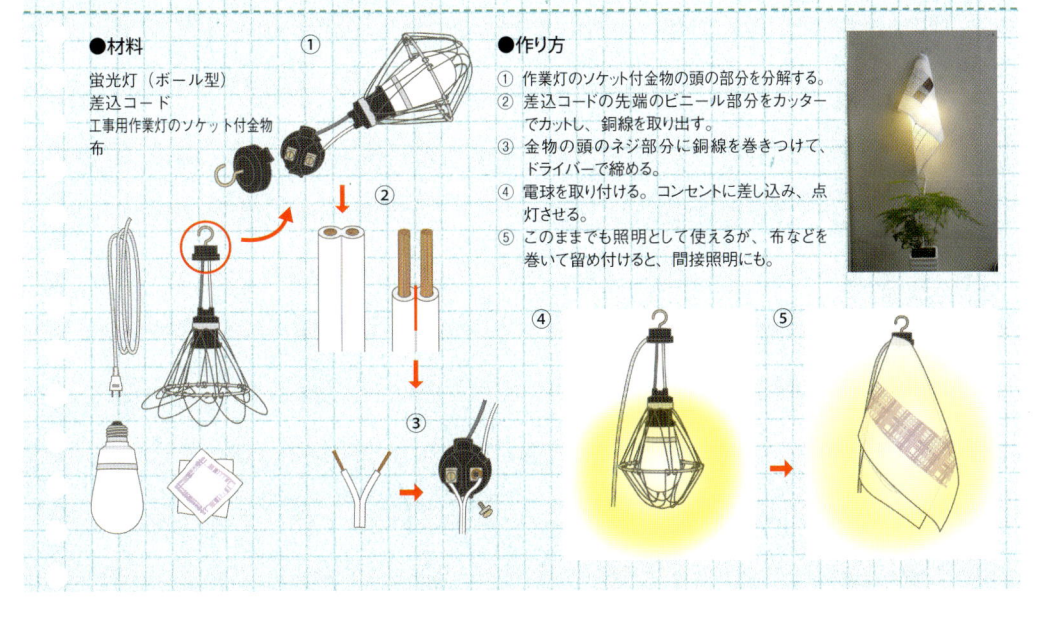

● 材料
蛍光灯（ボール型）
差込コード
工事用作業灯のソケット付金物
布

● 作り方
① 作業灯のソケット付金物の頭の部分を分解する。
② 差込コードの先端のビニール部分をカッターでカットし、銅線を取り出す。
③ 金物の頭のネジ部分に銅線を巻きつけて、ドライバーで締める。
④ 電球を取り付ける。コンセントに差し込み、点灯させる。
⑤ このままでも照明として使えるが、布などを巻いて留め付けると、間接照明にも。

マンションで活躍する照明器具の選び方＆照明器具カタログ

ライフスタイルに合ったあかりのヒントがきっと見つかる

照明設備に制約の多いマンションだからこそ、あかりの質とデザイン性にすぐれた照明器具選びがインテリアを左右します。テイストに合わせた照明器具を、こだわり抜いて選びたいところです。

1 マンション暮らしに役立つ照明器具選び

- 得られるあかりの質を優先し、部屋のテイストに合うデザインを

照明器具選びの際は、目的に合ったあかりの質を得られるかどうかを重視します。そのうえで、好みに合ったデザインテイストのものを選びましょう。あまり広くない部屋では、なるべく小さなサイズで充分な光量が得られるものを選ぶこと。特にスタンドは、軽くて持ち運べるものを選べば、複数のスペースで使い回せて便利です。

■■■■ [SWEET LIGHT] 81 Design: Enzo Catellani／スタンド／φ100／幻想的な光が癒しをもたらす、手のひらにおさまる球体のランプ 9

■■■ [Giukko XXL/Giukko5] 92 Design: Works Studio／Giukko XXL（手前）W950×D450×H960・Giukko5（奥）W350×D150×H1860（max2860）／デザインのインパクトは部屋の主役級。シーリング、ペンダント、スタンドから選べる。天井から吊るせるタイプならいろいろな高さを照らせて、あかりの微妙な揺れを楽しめるオブジェにも 9

⇩照明器具カタログの見方

次ページ以降のカタログに掲載されている各製品写真の説明文には、次の内容が記載されています。

■■■■ [製品名] 99（番号はメーカーを示す。201〜202ページ参照）／デザイナー名／アイテムの品目／寸法（φ＝直径・W＝幅・D＝奥行・□＝1辺・H＝高さ・単位は mm）／解説 99（赤字の番号は取扱いショップ・代理店・問合せ先〈写真提供〉を示す。201〜202ページ参照）

文頭の■■■■はおすすめのインテリア・テイストを示します（31、45ページ参照）。

- ■…シンプル・トラディショナル（ST）
- ■…シンプル・モダン（SM）
- ■…トラディショナル・デコ（TD）
- ■…モダン・デコ（MD）

140

シーリングライト

Part4 ● 光のコントロール上手はインテリア上手

A ■■ [Fremir DCL-35276] 24 シーリング／W270×D750×H260／波打つアクリルカバーの重なりによって、まるでオーロラのように幻想的な、やわらかい光で部屋を包むことができる。モダンでかつ、リラックスした空間を楽しみたい人におすすめ24　B ■■ [E.FLESIS DCH-36271] 24 シーリング／φ820×H210／植物をモチーフにした、ハンドメイドのシャンデリア型。アイボリーアンティーク塗装の繊細なアームワークは、真下から見上げると花束のよう。エレガントな空間演出の主役となりそう24　C ■■ [NEVATO AHN635 100] 6 シーリング／φ660×H127／光沢のある白い木枠にシルバーの飾りをあしらった、ナチュラルでさわやかな印象のプレーンなタイプ。全てのインテリア・テイストで使える。同シリーズには黒い木枠の [NERA] もあるので、モダンやシックな雰囲気のインテリアにはそちらも 6　D ■■ [Matrix otto/P] 90 Design: Yaacov Kaufman／シーリング／φ820×H130／全てのアームがフレキシブルに可動し、思い思いのフォルムやライティングを楽しめる。一見、近未来的でハードなデザインだが、さまざまなテイストとのミスマッチを楽しむことができる貴重な作品。 部屋の広さに合わせて、電球の数を調整して 9　E ■■ [Caboche ceiling] 89 Design: Patricia Urquiola & Eliana Gerotto／シーリング／φ500×H190／カバーにあしらわれたアクリルビーズは、消灯時には自然光を透過し、きらめきを放つ。点灯時のあかりは、透明かつ気品ある表情。太陽光が差し込む、昼と夜で表情の変わるような部屋で楽しんでみては。スタンドやペンダントのバリエーションあり 9

F ■■ [Giro] 91 Design: Claudio Marturano／シーリング／φ350×H120、φ450×H140、φ580×H180（3種類）／やわらかくやさしい光を放つシェードの渦は、乳白ガラスとフロストガラス、2つのヴェネツィアンガラスによるもの。伝統の素材とモダンデザインが調和した、独特の製法が魅力的 9　**G** ■ [キャノピーシェードペンダントOP087418L/OT022214/OD062517] 5 ペンダント／□670×H120（全高420〜724）／モダンなインテリアによく合うスクエアの布シェードは、光を透過しない。ここからもれる光で、間接照明と同じ効果を手軽に得ることができる。くつろぎやムードを求める空間にぴったり。すっきりした形状なので、どのテイストにもおすすめ 5　**H** ■■ [OA076 853N] 5 ライティングレール／φ140×W77×L1417×H301／マンションの部屋でも対応できる、簡易取付けライティングレール。写真はペンダント（OP034 121）と、ペンダントコード調節フレンジ（OA075 401）を組み合わせたもの。レール上面には間接照明が組み込まれている 5　**I** ■■ [Trecentosessantagradi/200snodo] 92 Design: Ufficio Stile ltre／シーリング／W235×D45×H755／「360°」の意味をもつ名前の通り、ガラスプレートのランプ部分およびアーム部は回転可能。シャープなデザインを楽しむのはもちろん、ワークスペースやディスプレイなど、さまざまな光の角度が必要な場所に最適 9　**J** ■ [Camisone LGB56491] 8 シーリング／φ656×H305／逆円錐形の布シェードにはプリーツ加工を施し、さらにスワロフスキーのクリスタルガラスでドレスアップ。やわらかな光とクリスタルのきらめきで、ベッドルームやくつろぎの空間をハイクラスに演出（受注品）8

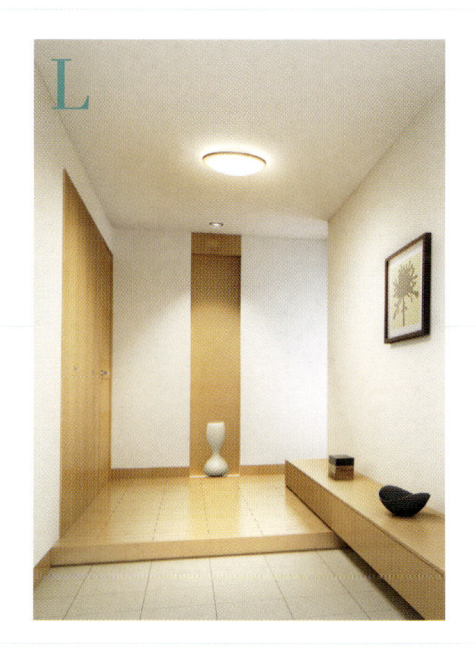

Part4 ● 光のコントロール上手はインテリア上手

K ■[TARAXACUM 88 C/W]78 Design: Achille Castiglioni／シーリング／φ572×H263／1960年代のイタリア照明デザインを代表する建築家・デザイナーの作品。製品名の「タラクサカム」とはタンポポのこと。アルミとクリアランプの無機質な素材感で花の生命力を表現したもので、部屋の主役としても充分な芸術性の高さ 1　L ■[LB55452]8 シーリング／φ398×H140／乳白色のカバーにバンド飾りを施した、どのテイストにも合うシンプルなデザイン。上品なエントランスを演出するほか、木の素材感に合うトラディショナルなインテリア・小物とコーディネイトし、落ち着いた質感の空間づくりにも 8　M ■[LK04173S]8 インテリアダクト／W142×L1452×H82／マンションで一般的な引掛けシーリング用プラグに対応するレール型照明器具。写真はスポットライト（LB54104SC）を組み合わせたもの。別売のリモコンでON/OFFや調光もできるので、ホームシアターの主照明にぴったり 8　N ■[MICONOS SOFFITTO]79 Design: Ernesto Gismondi／シーリング／φ300×H460／透明の吹きガラスで光源を包み込むデザイン。光を部屋に拡散しながら、シェードが独特の輝きを放つ。シンプル・モダンな部屋のアクセントのほか、明るい光で食材の色を楽しみたい、クッキング派のダイニングにも。取付けには工事が必要なので、取付け不可の場合は同シリーズのフロアスタンドを 1

Lighting Fixture Catalogue

ペンダントライト

A ■■ [lala pendant] ⑯ペンダント／φ380×H390／シェードの紋様からこぼれる光がムードあふれる空間を演出。デコラティブなインテリアでも甘さを抑えたい人にぴったり⑯ B■■■■ [Kagerou OP 087 387] ⑤ペンダント／φ224×H151（全高946～1246）／懐かしい茶の間のあかりをイメージさせるデザイン。レトロな和のインテリアのほか、テーブル＆チェア等と合わせてモダン・デコのカフェ風にも⑤ C■ [Collage Pendant] ⑩ Design: Louise Campbell／ペンダント／φ600×H360／3枚のアクリルシェードの楕円パターンが、点灯時には淡い影絵のような効果を生む。食事やくつろぎにぴったりの、まるで木漏れ日のようなやさしいあかり⑩ D■■ [PH50] ⑩ Design: Poul Henningsen／ペンダント／φ500×H285／1958年に誕生した「PH5」の最新プロダクト。4枚のシェードにより拡散したあかりは、グレアレス（まぶしさがカットされた光）ながらもテーブル上をを効率よく照らす。新採用のカラフルなシェードが、ディナーやホームパーティを楽しく彩りそう⑩ E■■ [Bea S5] ⑬ Design: Nicola Grandesso／ペンダント／φ320×H200（～2000）／コンパクトなマンションにうれしい、珍しい小型のシャンデリア。吊高がmax2000mmなので、テーブル上での使用にもぴったり。ヴェネツィア製ガラスの輝きも美しく、これ自体が空間をドレスアップするアクセサリーに（クリアカラーもあり）⑨ F■■ [LE KLINT 163] ⑫ Design: Esben Klint／ペンダント／φ360×H290／デンマーク生まれの、ハンドクラフトの照明器具シリーズ。特殊プラスチックペーパーを手で折って仕上げたシェードは、独特の暖かい光と陰影を部屋にもたらす。モダン空間のほか、シンプルな和の空間とも相性がよさそう⑬ G■■ [bluma decorative ball pendant]⑯ペンダント／W330×H430／咲き乱れる花をあしらったガラスシェードから、光がきらめくペンダント。花柄部分と吊りチェーン（max450mm）はマットなシルバー・メタルなので、フェミニンながらも甘すぎない、大人っぽい雰囲気が楽しめる⑯

144

Part4 ● 光のコントロール上手はインテリア上手

H ■■■ [PENDANT LUMINAIR] 83 ペンダント／φ95×H175（サイズ6種類）／乳白オパールガラスを透過したあかりが部屋全体をやさしく包む、シックなペンダント。ダクトレールによる多灯使いも◎。光を下方に集められる、黒色オパールガラスのバージョンも1 I ■■■ [AKARI P2819] 84 Design: Isamu Noguchi／ペンダント／φ500×H265／アメリカ生まれの日系彫刻家の代表作といえるシリーズ。日本古来の提灯をモチーフとした造形美は、和室はもちろん、シンプルモダン空間のアクセントにも1 J ■■■ [TIMBER P1108] 1 ペンダント／φ450×H430／藤で編んだシェードからこぼれる光が、部屋全体をやわらかく暖かな印象に。和だけでなくエスニックな部屋にも1 K ■■■ [Moser] 10 Design: Anu Moser／ペンダント／φ185×H255（サイズ3種類）／ガラスを吹きはじめたときに形成される、雨上がりの樹々からこぼれる雫のようなフォルムが美しい。やわらかい拡散光が部屋全体に広がるので、ワーク＆クラフト用スペースにも10 L ■■ [Juno OC 006 747] 5 ペンダント／φ600×H530（全高740～2140）／シンプルなアンティーク調のアイアンのシャンデリア。トラディショナルはもちろん、今風のモダン・デコのテイストにぴったり5 M ■■ [Gonfler OP034259（透明）OP034260（セピア）OP034261（グリーン）] 5 ペンダント／φ155×H505（全高690～2090）／伝統的な吹きガラスを、今風にアレンジしたランプ。クラシカルなヨーロピアン・スタイルを、カジュアルに取り入れたい方に5 N ■■ [Gold Fire OP034 326] 5 ペンダント／φ110×H470（全高1470）／ヴェネツィアンガラスの内側の箔にひび割れ加工を施した、アンティークな雰囲気のペンダント。細くもれるあかりが独特の表情を描く。アジア風のインテリアにも◎5 O ■■ [Galileo Mini] 90 Design: Emanuele Ricci／ペンダント／φ120×H3000（max）／シーリングから3点のハロゲン電球を吊る、デザインもあかりもきらびやかなペンダント。レンズガラスを独自の技術で積層させたシェードが、ハロゲン電球独特の輝き・まぶしさをカット9

スタンドライト

Lighting Fixture Catalogue

A ■■■ [AKARI S2960] 84 Design: Isamu Noguchi／フロアスタンド／W380×D450×H480／AKARIシリーズ（145ページ）のフロアスタンド。部屋のボトムをやわらかく照らし、インテリアのリラックス感を高める 1　B ■■ [Ra] 90 Design: Ettore Cimini／テーブルスタンド／φ260×H700 (max)／双頭の蛇を思わせるデザイン。アームは可動式で、頭部と尾部が点灯する。存在感あるオブジェとしても 9　C ■ [CHARLOTTE] 93 Design: Luca Ferretto／テーブルスタンド／φ100×H160, φ150×H250／厚みあるヴェネツィアンガラスが、独特のしっとりとした透明感ある光を放つ。壁面に映り込む光の美しさも楽しみたい 9　D ■■ [PH2/1 Table] 10 Design: Poul Henningsen／テーブルスタンド／W486／3枚シェードのPHランプをコンパクトなテーブル灯に。デスクやアップライトピアノのライティングに最適 10　E ■ [TI-7388] 94 テーブルランプ／φ440×H680／アメリカの伝統ある陶器メーカーによる真鍮スタンド。トラディショナル・テイストな家具やコレクションと合わせて、気品のあるコーナーづくりに 7　F ■■■ [DST-35691L] 24 スタンド／W1200×D60×H110／間接光のソフトなあかりを手軽に楽しめるスタンド。場所をとらないのでいろいろなスペースに 24　G ■ [Orbital] 89 Design: Ferruccio Laviani／フロアスタンド／W530×H1700／どんな部屋でもインテリアの主役となる、カラフルなフロアスタンド（白のみのバージョンもあり）。他の家具のカラーとも、意外とぶつからずに調和する 9　H ■ [M.DISEVA DST-35607] 24 フロアスタンド／φ245×H1200／白木とウォルナットによる2色のサークルパターンが、モダンでも暖かい雰囲気をキープしたい方にぴったり。同柄でテーブルスタンドも 24　I ■■■■ [THE MAMO NOUCHIES SS183] 82 Design: Ingo Maurer／フロアスタンド／φ170×H1200／和紙素材でカバーされたハロゲン電球が、空間をしっとりと、やわらかく照らす。落ち着いた気分で過ごしたい部屋に 1

Part4 ● 光のコントロール上手はインテリア上手

J ■■■ [OTTO] 15 フロアスタンド／W440×D330×H1200／古さと新しさを組み合わせたモダン・デコのテイストのスタンド。ニッケルアームへの光の反射もきれい 15　K ■■ [FI-4087/KF-4079] 7 フロアスタンド／φ450×H1570／重厚感あるトラディショナルなデザインは、モダン・テイストのインテリアのアクセントにも 7　L ■■ [OT 022 115] 5 テーブルスタンド／φ140×H313／アンティークな味わいのイタリア製シャンデリア。5　M ■ [Blossom] 14 Design: Hella Jongerius／フロアスタンド／φ340×H1820／花弁のような3つのシェードで全体照明、スポットライト、手元のあかりをまかなえる。ハイセンスで機能的なタイプ（受注品）14　N ■■ [Parentesi] 78 Design: Achille Castiglioni,Pio Manzu／フロアスタンド／W110×D250×H580(全高4000)／上部を天井にネジ固定し、ランプを天井と床の間で自由に上下移動可能。1970年デザインながら、現代のSOHOワークや趣味の空間に最適 1　O ■■ [Elle] 90 Design: Tommaso Cimini／フロアスタンド／φ340（ベース）φ230（シェード）×全高3270／最長で3mを超えるアームは、天井に電源のないスペースを照らしたい場合に重宝する 9　P ■ [BIOLITE EON] 1 Design: Ross Lovegrove／テーブルスタンド／φ200×D430×H470／目にやさしい光のデスクライト。スイッチを押すとアームが起き上がりながら点灯。カラーは3色 11　Q ■■■ [Bailaora p1] 95 Design: Enoc Armengol／テーブルスタンド／φ460×H450／アクリル樹脂製のシェードは点灯時には和の雰囲気もあり、どんな部屋にも幅広くマッチ 9　R ■■ [S8254S他] 83 テーブルスタンド／φ100×H280／オパールガラスとステンレスのシンプルなデザイン。コンパクトで持ち運びでき、いろいろな場面で活躍しそう 1　S ■ [スタンド] 36 テーブルスタンド／φ215×H390／アール・ヌーボー（205ページ）の作品を再現。独自技法のガラスアートをインテリアのポイントに 36

照明のQ&A

Q 玄関の下駄箱の上や、リビングの棚に照明を置きたいのですが、そばにコンセントがありません。よい方法はありますか？

A 玄関先や棚の上にほのかなあかりがあると、外出から帰ったときもほっとした気持ちになり、インテリアのアクセントにもなります。ところが玄関先は、コンセントがないということが多いのではないでしょうか。

そんなときは、コードレスタイプの照明器具を利用しましょう。たとえば、100円ショップの店頭にも並んでいる、電池式のLED照明やランプ照明。安価で手に入るのはもちろんですが、コードがないので、見た目もスッキリ。小型なので狭い場所でも使えて持ち運びも簡単。模様替えも手軽にできます。なかでもLED照明は消費電力が少ないため、たびたび電池を交換する必要がなく省エネで経済的です。光の色も白色だけでなく、赤や青などもあって、飾る場所のイメージに合わせたものを選べるのもメリットです。

設置する場合、そのままセッティングすることもできますが、ちょっとひと工夫。照明に小物をプラスしてフォーカルポイントに変身させましょう。小物の使い方によっては間接照明にもなりますし、季節のものを組み合わせれば、生活に潤いが出ます。花やグリーンと合わせてもOK。LEDは発熱量が少ないので熱くなることも心配ありません。植物の近くに置いても心配ありません。一緒に飾る小物を上から照らしてあげたり、下から光を当てたりと、光の演出を加えればさらに効果的。扱い方次第でさまざまなイメージが楽しめます。

貝殻の中から光がもれるナチュラル感あふれる作品。

ブルー色のLEDで和風テイストに。

Q スタンド照明を間接照明として使うときのコツを教えてください。

A 部屋の雰囲気を変えたいとき、家具を移動させたり、ファブリックを変えるのも1つの方法ですが、照明を使ってイメージを変えてみるのもおすすめ。室内に天井灯などの直接照明しかないときは、間接照明を1つプラスするだけで大きな効果を得られます。

デスクスタンドのランプは白色の場合が多いので、白い光が気になるというときは、光が当たる場所の色や素材感を変えてみるのも一案で

ホームパーティなどのディスプレイとしても活躍。

デスクスタンドやテーブルランプは、間接照明としても活用できるのでとても便利なアイテムです。アーム式のデスクスタンドのメリットは、アーム部分を伸ばしたり角度を変えることができるので、光の方向を自由に扱えること。上向きにして天井を、横から壁を、下に向けて床を照らす、時には棚の上のオブジェにスポット的に光を当てるなど、そのときの状況に合わせて使い分けられます。壁などに反射されたやわらかい光が室内に広がり、落ち着いた雰囲気を演出できます。光を透過しない素材のシェード付きのスタンドは、シェードの上下からの光が上下に向かいます。スタンドの真下に小物を置けばシルエットが浮かび上がり効果的。光の向きが1方向にあるメタル素材などのスタンド型のスポットライトは、間接照明に向いています。好きなところにクリップで留められるので狭い場所や棚の上などにも設置でき、本体を隠すことも簡単で、光だけを見せたいときにも便利です。

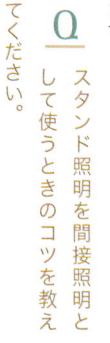

Q&A

Q ディスプレイを魅力的に見せる、照明テクニックは？

A 上手な照明の使い方を知っていれば、部屋のディスプレイをより美しく見せることができます。たとえば、照明器具をただ置くだけでなく、植物に光を当てると緑がぐんと引き立ち、室内が明るいイメージに。絵や写真に光を当てると、作品の存在感が増してきます。物に光を当てるときは、ピンポイントで照らしましょう。まわりも明るくしたいものが浮き上がるように見え、メリハリのきいたディスプレイになります。

光を当てるときは、見る方向から、または真上から照らすのがベスト。影が後ろに流れるので、物の形を浮き立たせるきれいに見せます。反対から当てると、光が目に入るので要注意。ただ、ガラス小物の場合は、方向と照らす場所や物との距離によって雰囲気を味わってください。照明と照らす場所や物との距離によっても、光の効果が変わります。照明を当てましょう。ツルツルした素材のものに近くから光を使い分けましょう。飾るものが一番きれいに見える距離を調べて、照明を当てましょう。

白い壁に当てると白色が際立って見えますが、生成り色や渋い色の面に光を当てれば、光の強さもやわらぎ、色の変化も楽しめます。また、間接照明として使うときだけ、電球色のランプに変えて楽しむでもいいでしょう。間接照明を楽しむときは、天井灯を消すとさらに効果的。

壁を照らすスタンドとベッドヘッド裏を照らす間接照明用スタンドで寝室をムーディに。24

右：クリップ式のスタンドで天井を照らすとともに、高い位置にあかりをプラス。／巻頭KI邸　左：サイドのスリットから壁を照らすタンブルスタンド。／[OT022170] 5

右：ディスプレイを照らしつつディスプレイにもなるスタイリッシュなペンダントで。22
左：植物をピンポイントで照らすと効果大。／巻頭KI邸

下向きの光が美しいシェード付きのスタンドで小物を照らす。／巻頭O邸

ウインドウトリートメントの基本テクニック

部屋の印象を大きく左右するインテリアの重要アイテム

日差しの調整や視線カットなどの役割に加えて、部屋の雰囲気づくりにも活躍。均質なイメージのマンションを魅力ある空間にするために、窓まわりの演出はとても大切です。

1 ウインドウトリートメントの基礎知識

カーテンやブラインド、ロールスクリーンなど、窓まわりの装飾全般のことをウインドウトリートメントといいます。自然光の量の調節、遮光、内・外部からの視線の調節、暑さ寒さを和らげる、防音といった機能的な役割と、インテリアの雰囲気づくりという大きく6つの役割があります。

ウインドウトリートメントは部屋の中で占める面積が大きいうえ、ちょうど人の目線の高さにあって目につきやすく、演出次第によって部屋の雰囲気はガラリと変わります。窓の大きさや用途、数、ウインドウトリートメントの機能やタイプ、色、柄、サイズなどイメージを考えて選びましょう。中でもマンションの窓は部屋に1つだけという構成が多く、それゆえに演出の仕方はとても重要。窓が少なければ凝った演出もできるので楽しんで。まずは、器具の取付けができるか、窓の開閉はどちらか、など窓まわりの条件をチェックしておきましょう。

ロールスクリーンやブラインドとカーテンというように、それぞれ異なるイメージのものを工夫して組み合わせると、上級者のコーディネートが楽しめるうえに、断熱や防音の効果も上がります。さらに、取り付けする範囲や小物使いでもイメージは変わります。小さな見本布ではできあがりのイメージがつかみにくいので、なるべくショールームに足を運んで実物大のものを見ておくのがおすすめ。

遮光・遮蔽	自然光の調節
映画の鑑賞や昼寝などの際、昼間でも完全に外から光が入らないようにして、室内を暗くできるカーテンなどのタイプもある。	カーテンやブラインドなどのウインドウトリートメントをあしらうことで、室内に採り入れる自然光の量を調節できる。まぶしい直射日光や、強すぎる日差しをカットできる。
インテリア性	**視線の調節**（プライバシーを守る）
ウインドウトリートメントの種類や、色・柄の選択によって、インテリアの雰囲気をガラリと変えることができる。均質で無機質なイメージになりやすいマンションでは、特に窓まわりの演出が大切。飾りの小物なども選んで楽しもう。	外から部屋の様子が見えないようにすることで、プライバシーの保護と防犯の効果がある。また、見たくない外の景色を隠して、インテリアをすっきりさせるのにも役立つ。
防音	**寒さ・暑さを防ぐ**（省エネ効果）
カーテンやブラインド、ロールスクリーンなど、窓と部屋との間に1枚挟むことで音を吸収し、防音効果を発揮する。	カーテンやブラインド、ロールスクリーンなど、窓と部屋との間に1枚挟むことで、寒さや暑さを和らげる効果があり、省エネにもつながる。

図1 ウインドウトリートメントの役割

Part4 ● 光のコントロール上手はインテリア上手

開閉方向	分類	特徴	名称	説明
左右に開閉		●間口にある程度の広さがある引き違い窓に。小窓や縦長窓には不向き ●人の出入りに便利なため、掃き出し窓やテラス窓に最適 ●間仕切りにも利用できる	カーテン	布地をレールに吊り下げる、最も普及しているスタイル。生地、色柄とも豊富でイメージに合ったものを探しやすい。家庭でも洗濯しやすく取扱いがラク。装飾、調光、遮蔽・遮光、断熱、防音、間仕切りとして役立つ等、さまざまな付加機能がある。生地やスタイルの選び方次第でどのテイストにも向く。
左右に開閉			縦型ブラインド	羽の角度を調節して、左右方向からの直射光や視線をカットしつつ、通気ができ、必要な明るさを採り入れられる。住まいには布がメイン。すっきりと機能的な雰囲気で、洗練されたムード、モダンなテイストに合う。掃き出し窓や間仕切りなどに使う場合、出入りする部分以外を閉めておけば目隠しに。
左右に開閉			パネルスクリーン	2〜7枚の縦長の生地をレールに吊り下げ、左右にスライド式に開閉するスクリーン。パネルを片方向に開閉する片開きと、中央から左右に開閉する両開きがある。棒(バトン)で開閉。ドレープができないので、カーテンよりもシャープですっきりとした印象に。片側に1枚分の壁のスペースがないと全開にできない。
上下に開閉	たたみ上げる	●上部に収められるタイプなら、開けたとき窓がスッキリ見える ●小窓や縦長窓にも向く ●人が頻繁に出入りする掃き出し窓には不向き ●間仕切りにも利用できる	横型ブラインド	羽の傾斜角度を調節して、上下方向からの直射光や視線をカットしつつ、通気ができ、必要な明るさを採り入れられる。シャープな印象のアルミ製が主流でモダンのテイスト向きだが、ぬくもり感のある木製ならトラディショナルなテイストにも。縦型に比べ色数や種類が豊富で、遮光や耐水などの付加機能も多い。
上下に開閉	たたみ上げる		ローマンシェード	1枚のカーテン地を上にたたみ上げて開くタイプ。ヒダの寄り方によってさまざまなスタイルがある。イメージに合わせて生地の色柄や形を選べば、絵画のような装飾的ムードやエレガントなムード、華やかなムードからシンプルなイメージまで演出できる。
上下に開閉	たたみ上げる		プリーツスクリーン	1枚の布や和紙製のスクリーンを水平方向のプリーツ状に加工し、上下に昇降させるタイプ。繊細なプリーツはシンプルにもデコにも、和風洋風問わずフィットする。
上下に開閉	巻き上げる	●上部に収めるタイプなら、開けたとき窓がスッキリ見える ●小窓や縦長窓にも向く ●人が頻繁に出入りする掃き出し窓には不向き ●収納スペースを隠したり、間仕切りに利用できるタイプが多い ●間仕切りにも利用できる	ロールスクリーン	1枚の布を巻き上げて開くタイプで、自由な高さで留められ、上部にコンパクトに収まる。プリーツやドレープがないので、シンプルですっきりとした印象に。生地の色柄の選択次第ではデコのテイストにも。
上下に開閉	巻き上げる		すだれ	和やアジアのイメージが強いが、現代風のインテリアに合わせても落ち着いた雰囲気やナチュラルな印象。遮光効果は高くないが、ある程度の目隠し効果があり、風通しがよく涼しげ。間仕切りや飾りとしても。
固定式		●外部からの視線を遮断する目隠しとしての役割を果たす ●インテリアを演出する装飾としての効果がある ●タペストリーは間仕切りとしても利用可能	カフェカーテン	窓の一部は空けておき、人間の視線が当たる位置を中心に布を掛けるタイプ。ポールなどで吊り、吊るす部分を好みのクリップで留めたりリボン結びにしてもかわいい。ギンガムチェックや花柄などの柄物もぴったりで、チャーミングな印象。
固定式			クロスオーバースタイル	2枚の布を左右に中央部分が重なるように垂らして上部は固定、両脇で留めることでたっぷりとしたドレープができる。装飾性が高く、布を下ろせば布地が重なる分、遮光性や防音、保温効果も高くなる。重厚な印象。
固定式			タペストリー	窓を1枚の布で覆うスタイル。開閉のできない窓や、隣の窓に接近しているなどで目隠しがほしい窓や、採光や通風の必要があまりない窓向き。1枚の絵や飾りのようで、装飾的な効果も高い。間仕切りにも。暖簾タイプは人の通り抜けができてキッチンなどに最適。

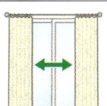

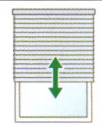

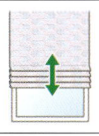

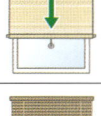

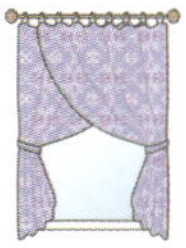

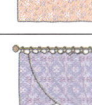

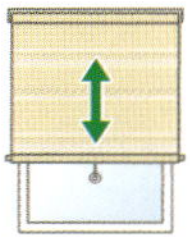

図2 開閉方向別ウインドウトリートメントの種類

2 ウインドウトリートメントの主な種類と特徴

1 カーテン

生地や色柄の種類が豊富で、クリーニングがしやすく、最もポピュラーなのがカーテンです。シンプル・トラディショナルからモダン・デコまで、どのテイストも演出できます。

特に、生地を選べば、ほかのスタイルに比べて断熱・保温や防音の効果が高いといえます。冬に窓まわりの冷気が気になるなら、天井から床までカーテンを吊り、壁とのすき間ができないように窓をすっぽりと覆うのがおすすめです。ただし、腰窓の下に家具を置くときは家具にかからない長さになるように注意します。目が詰んで凸凹した織りの厚手の生地なら高音域の、重量感のある生地なら低音域の防音に効果があります。

種類が多いので迷いますが、道路側ならしっかり遮蔽するタイプ

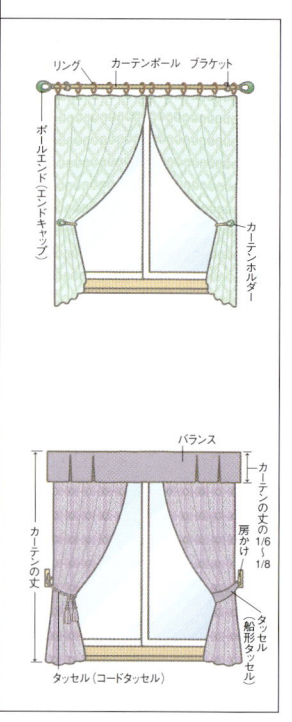

図4 カーテンの採寸方法

図3 カーテンの各部名称

152

光のコントロール上手はインテリア上手

●カーテンレール

カーテンレールには、機能レールと装飾レールがあります。前者は機能性重視でレールが目立たないように取り付けるタイプ、後者はデザイン性が高く、それ自体がインテリア装飾となるタイプで、それぞれ、伸縮するタイプもあります。機能レールは窓をシンプルに演出したいときにピッタリ。手で簡単に曲げられるタイプもあり、コーナーや出窓にも便利です。装飾レールは、木製や金属製など素材も形も種類が豊富。それ

だけに、インテリアの雰囲気や床の材質、家具に合わせて選ぶことが大切です。また、レール自体に重量があるので、しっかり支えられる場所に取り付けます。模様替えの場合は、壁の材質に合った専用の金具を付けること。

その他、吊り元をシンプルに隠すカーテンボックスや、ゴージャスに飾るバランス、カーテンの縁を飾るトリム、カーテンを留めるタッセルと房かけなど、小物を上手に使って演出しましょう。

カーテンレールの材質、家具に合わせて選ぶことが広さとのバランスを考えて。

一方、2重付けにするレースのカーテンは、クリーム色、ベージュ、こげ茶や淡いプリント入りなどを選ぶと、アンティークやエスニックの雰囲気が演出できます。白に比べ、汚れによる黒ずみが目立たないという利点も。

近頃は、形状安定、ウォッシャブル、遮光、不燃、耐光、消臭・抗菌、遮熱、防汚、UVカット、などの付加機能のある生地も豊富。

また、色や柄を選ぶにはカラーコーディネートが大切。部屋のメインカラーに合わせて選びます。カーテンをアクセントカラーにするときは、クッションにもカーテンの1色を使うと効果的。

そして、低い天井を高く見せるには天井から床まで鉛直方向を強調するように吊ると効果的。ただし、カーテンの色が暗いと重

を、寝室はくつろげるムードに、などインテリアのイメージと、付ける場所や目的を整理してから選びましょう。

て狭い印象に、色が鮮やかすぎると圧迫感が出ることもあるので、

●機能レール
レース　正面付け（Bタイプ）
カーテン　天井付け（Aタイプ）

●装飾レール
レース　天井付け（Aタイプ）
カーテン　正面付け（Bタイプ）

●バランスレール

レールの種類（写真提供：トーソー）

●Aタイプ　●Bタイプ　●アジャスタ・フック

●装飾レール
レース　正面付け（フックBタイプ）
カーテン　天井付け（フックAタイプ）

●機能レール
レース　天井付け（フックAタイプ）
カーテン　正面付け（フックBタイプ）

フックには、天井付け用のAタイプ、正面付け用のBタイプ、長さが調節できてどちらのタイプにも使えるアジャスタ・フックがある。カーテンレールを見せる場合はAタイプかアジャスタ・フック、隠す場合はBタイプかアジャスタ・フックを使用。

フックの種類と用途

ストレートフラット	プリーツバランス
スワッグバランス	ギャザーバランス
2つ山ヒダ	3つ山ヒダ
ギャザーヒダ	ゴブレットヒダ
ハト目スタイル	フラットスタイル

吊り元の種類（写真提供：サンゲツ）

2 ブラインド

並んだ羽（スラット）の角度を自由に調節することで、通気、調光、視線の調節（プライバシーの保護）、断熱・保温などができます。太陽の高さや方角に応じて羽を動かせば細かく調光ができるため、必要な明るさの光を採り入れつつ直射光や視線をさえぎるのが得意。さらに、閉鎖的になることも防げます。風の強いときには、閉め切って室内の照明の光を反射させる角度に羽を調節すれば、間接照明になります。ただし、横型ブラインドは掃除しにくいのが短所。

夜は、閉め切って室内の照明の光を反射させる角度に羽を調節すれば、間接照明になります。ただし、横型ブラインドは掃除しにくいのが短所。

開けると窓まわりがすっきりするのでシンプルなテイスト向き。また直線的なラインがシャープなイメージなので、モダンなテイストに合います。木製などの素材を選べば、トラディショナルなテイストにも。

● 横型ブラインド

羽の向きを上下に動かして開閉、上下方向からの視線と光を調

図5 ブラインドの特徴

	特徴	横型ブラインド	縦型ブラインド
調光・通風	羽の角度を調節することで、適切な調光・通風が得られる。夜間に室内のあかりが外にもれるのを防ぎ、冬は日差しを部屋の中に採り入れて明るく暖かく、夏は強い日光をさえぎりつつ風を採り入れて涼しくする。濃い色を選べば高い遮光効果があるが、昇降コードの穴や窓とのすき間からどうしても光はもれる。羽の角度調節で、横型は上下からの光、縦型は左右からの光をカットする。		
省エネ（遮熱・保温）	冬は室内の暖かい空気が外に逃げるのを抑えて暖房効率をアップ。夏は直射日光をさえぎって冷房効率をアップ。夏の冷房効果をより高めるには、熱吸収しにくい白や明るい色のブラインドがおすすめ。		
視線の調節（プライバシーの保護）	羽の角度調節で室内からは外が見えて、光は入っても、室外からは中が見えないようにできる。横型は、羽の角度調節で上下からの視線をカット。上からの視線に対しては凹面を室内側に、下からの視線に対しては凸面を室内側に向けるとよい。同様に、縦型は、左右からの視線をカットする。		

家具の茶色と合わせたウッドブラインドで落ち着いた雰囲気を。19

ソファと合わせた白いブラインドですっきり。20

整します。ベネシャン・ブラインドという別名通り、運河沿いの家並みで有名なイタリアのベネツィア生まれ。眼下の水面から照り返す光をさえぎり、船から室内が見えないように考えられました。
横型ブラインドは色や種類が豊富で、好みのテイストに合わせて選びやすいのが魅力。また、カーテンやロールスクリーンとの組合せが容易に楽しめます。
遮光性の高いタイプのほか、浴室用や天窓、変形窓に付けられるものなども。高窓には電動操作タイプが便利です。

● 縦型ブラインド

横型より幅広で細長い羽（スラットまたはルーバー）を垂直に立てて並べたものを、レールに吊り下げ、左右に開閉します。羽を左右に動かして、左右方向からの視線と光を調整。冬の太陽、朝日、西日など、低い日差しの調整が得意です。布製のものが登場して住宅にも使われるようになりました。
バーチカル・ブラインドとも呼ばれ、カーテンとブラインドの長所を兼ね備えています。両開きにも片開きにもできるので、出入りする窓や間仕切りにも便利。人の通る分だけ開けられるので、出入りする窓や間仕切りにも便利。
縦（鉛直方向）の方向性を強調する羽のラインが特徴で、上下方向に広がりが生まれます。横型よりもモダンでシャープな雰囲気。さらに縦長の窓や変形窓、高さと幅がある掃き出し窓に向いています。風でスラットが窓とぶつかりうるさいので、いつも開ける窓には不向き。

遮光性の高いブラインドで夜は密閉できる。19

3 ローマンシェード

1枚の生地でできていて、コードの操作で上下に開閉する。上にたくし上げるときにできるドレープが窓の表情を変化させ、重なるヒダが生地の質感と陰影を生み出すので、インテリアのイメージに合うものを。横方向に広く見せたい窓、出窓、横に並ぶ連窓などに向いています。

下ろしてもやさしい自然光が採り入れられる、透ける生地を部分的に使ったものや、遮光生地とレース生地の2枚重ねのものなどもあり、多様なイメージを演出できます。クリーニングした後、コードを通し直さなければならず、メンテナンスは大変。

透明感のあるモダンな柄でクールなイメージ。17

プレーンスタイル	シャープスタイル	フォールドスタイル	バルーンスタイル
小さな窓から大きな窓までサイズを選ばず、どんなインテリアにも合わせやすいシンプルさが特徴。掃き出し窓に付けることもある。	たたみ上げたときに水平のラインに沿ってヒダがきれいに収まり、横長の窓に使うと、部屋に広がりや奥行き感が生まれる。デコのテイストに合うが、生地の選択でシンプルにも。掃き出し窓にもOK。	波紋が重なるようにヒダができ、ボリューム感がありながらやわらかなイメージ。薄い生地ならしなやかに、厚い生地なら重厚な印象に。デコのテイストに合う。	たくし上がっていくにつれ、すそがふっくらとしたラインを描き、布のボリューム感が楽しめる。薄い生地ならギャザーが、中厚地ならプリーツが、張りのある生地ならボックスタイプが向く。ロマンチックな印象でデコのテイストの演出に。

ルーススタイル	オーストリアンスタイル	ムーススタイル	ピーコックスタイル
プレーンスタイルのシンプルさとバルーンスタイルのボリューム感を併せもつタイプ。デコのテイストに合う。フラットな面とプリーツの出る面があるので、それぞれのよさを楽しめる。	贅沢に生地を使い、全体にたっぷりとできる繊細なドレープがゴージャス。トラディショナル・デコのインテリア向き。横幅のある窓だとウェーブが映える。	布の中央に付いたコードを引くと、真ん中からすそがたくし上げられて、左右が開いていき、豊かなウェーブができる。細長の小窓向き。1つだけだとインテリアの雰囲気づくりに効果がない。デコのテイストに。	閉めたときはフラットでシンプル。開くときは扇形にたくし上げるスタイルで、名前通り、孔雀の羽がモチーフに。レースだとロマンチック、柄物ならユニークな柄の効果が楽しめる。縦長の小窓向き。デコのテイストに。

図6 ローマンシェードのスタイル・バリエーション

④ ロールスクリーン

上下にバーを取り付け、1枚の布を上に巻き上げて、上下に開閉します。好みの高さで留められ、巻き上げるとコンパクトな筒状に収まるのが魅力。窓辺がすっきりとする、フラットでシンプルなスタイルなので、無地ならシンプル・テイストに、色柄の選択次第でデコ・テイストにも合います。

また、レース調や和紙、竹など、素材を選べばエレガントにもアジアンにも演出でき、和室にも使えます。撥水加工した浴室用や、家庭で洗えるウォッシャブルタイプ、遮光効果の高い遮光生地のものなどもあります。

操作方法は、片手で操作できるスプリング式、コードを引くコード式、高い窓に便利な電動式などいろいろ。窓枠を覆い隠すサイズを取り付けることが、あかりもれを防ぐポイントです。

縦型ブラインドと同じ色でそろえて。22

●パネルスクリーン

縦長の生地を重なるようにレールに吊り、スライドさせて左右に開閉。両開きと片開きがあります。生地によって、移動するときに、しなやかな揺れやパネルのようにモダンな雰囲気が楽しめます。大きな窓や間仕切り向き。好きな生地や柄を組み合わせて選べますし、レースと2重に使う組合せもできます。

●その他

カフェカーテンは、必要な部分だけ目隠しできるのが特徴。繊細な印象のレースカーテン、自然の素材感が楽しめるすだれ、絵の感覚で飾れるタペストリーなど、さまざまなものがあります。

経木すだれでシンプル・トラディショナルな和室の演出。22

⑤ その他のウインドウトリートメントと小物

●プリーツスクリーン

プリーツ状に加工した1枚の布や和紙を、上下にたたみ込んだり伸ばしたりして開閉します。水平に通す薄手の素材が主流ですが、遮光タイプもあります。

陰影が美しく、和風のインテリアにもぴったり。和紙調や光を適度にコントロール上手はインテリア上手の繊細なプリーツラインにできる。

白いプリーツスクリーンはシンプル・モダンの空間にやわらかな光を。20

家具と色味を合わせた薄い柄がファッショナブルにモダン・デコを演出。22

●小物

ウインドウトリートメントの個性を引き立てるもののひとつが、タッセルなどの小物です。タッセルは、左右に開いたカーテンをまとめるもの。タッセルを引っ掛けておくのが房かけで、プラスチックや金属、木材などの素材で作られています。カフェカーテンを吊るときにキュートな印象をプラスしてくれるのが、カフェカーテン用のクリップです。

マンションで活躍する ウインドウトリートメントの選び方＆ ウインドウトリートメント・カタログ

光を自在にコントロールできるアイテムで、ワンランク上の部屋づくりを

窓の位置や大きさがあらかじめ決まっているマンションだからこそ、ウインドウトリートメントにはこだわって。部屋に最適な光を採り入れることのできるアイテムを、楽しみながら選びましょう。

1 アイテムを選ぶポイント

● デザインだけでなく採光性を重視して

マンションは戸建住宅よりも窓の数が少ない分、1つ1つの窓でウインドウトリートメントに凝ることができます。特に住宅密集地のマンションは部屋が暗くなりがちなので、外からの目隠しもできつつ、採光性のいいものを選びましょう。透ける素材と透けない素材のものを組み合わせたダブル使いもおすすめです。

［デコ・タブ］カーテン・アクセサリー／カーテンの吊元に彩りをプラスできるデコ・タブ。カラーによっていろいろなテイストのインテリアに対応 19

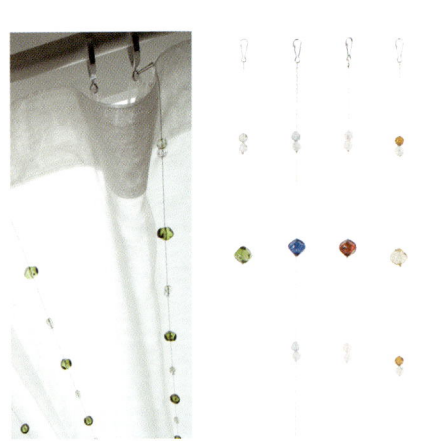

［ラインドロップA100］カーテン・アクセサリー／制約の多いマンションでウインドウトリートメントをより楽しむには、窓辺に小物もプラスして 19

⇩ウインドウトリートメント・カタログの見方

次ページ以降のカタログに掲載されている各製品写真の説明文には、次の内容が記載されています。

■■■■［製品名］／アイテムの品目／解説
99
（赤字の番号はメーカー名・問合せ先〈写真提供〉を示す。201〜202ページ参照）

文頭の■■■■はおすすめのインテリア・テイストを示します（31、45ページ参照）。
■…シンプル・トラディショナル（ST）
■…シンプル・モダン（SM）
■…トラディショナル・デコ（TD）
■…モダン・デコ（MD）

Part4 ● 光のコントロール上手はインテリア上手

カーテン＆小物

B
A

🅐■■■■ [KTB1011/KTB1007] レースカーテン＋ロールスクリーン／直射日光や視線をやわらげながら自然光を生かせるコーディネート。印象もスマート 18
🅑■ [ルーフィット] カーテン＋ローマンシェード／花柄のローマンシェードでインテリアが甘くなりすぎるようなら、カーテンとの2枚使いでシャープに見せて 19
🅒■■■ [フロントフックスタイルA80] タッセル／シンプルで高級感あるレザー素材。房かけと一体化したつくりで外れにくく、使い勝手がいい 19
🅓■■ [タッセルWC05／ウインドウチャーム1A] タッセル＋ウインドウチャーム／シンプルなタッセルにはさらにアクセサリーを組み合わせれば、より自由な窓辺の演出を楽しめる 19
🅔■■ [ワイヤータッセルP65] タッセル／パールカラーのフェミニンなタッセル。目立たない細めのワイヤーを使用しているので、レースカーテンにもぴったり 19
🅕■ [スタイルマグネットB] スタイルマグネット／両サイドの磁石によって、カーテンを束ねるだけでなく、たくし上げて留めることもできる 19
🅖■ [MS75] タッセル／クラシカルな房付きタッセル。左右の紐を調節し、房の位置を変えられる 19

■ タッセル

E
C
F
D
G

159 マンションで活躍するウインドウトリートメントの選び方＆ウインドウトリートメント・カタログ

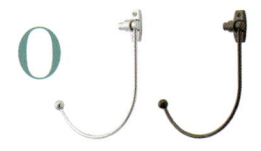

H ■ [グレイスフィーノ19] カーテンレール／外からの視線が気にならない高層階などでは、軽やかなカーテンで洗練された雰囲気を楽しめる。その場合、レールのデザインや素材感もこだわって、すっきりとした機能的なものを。レールの詳細はTを参照 19　**I** ■ [KTB1235/KTB1443] カーテン＋レースカーテン／クレープ調のテクスチャーがやわらかな空間を演出 18　**J** ■ ■ [RC-3410 ヘーゼル スタンダードスタイル／RC-3514 アスプル フラットスタイル] カーテン＋ローマンシェード／寝室の二重カーテンの窓側に、薄手のローマンシェードをチョイス。ベッドから眺める窓辺をすっきりとした印象に 22　**K** ■ ■ [Breezy CK-8082] カーテン／ポップな柄のカーテンには、同じ色・柄のクッションをチョイス。これらを部屋のメインカラーとして、小物の色を合わせるとよりセンスアップ 17　**L** ■ ■ [フィーノ] 房かけ／メタリックでシャープな房かけ。細めのタッセルと合わせて、窓まわりをすっきりと見せられる 19　**M** ■ [ジュア] 房かけ／3種類のオーク材を用いた、シンプルで暖かみのある房かけ。和室でロールスクリーンの紐を留めるのに使っても 19　**N** ■ ■ [クラスト] 房かけ／アンティーク調のアイアンの房かけ4色。ゴシック調の雰囲気を取り入れた、今風のモダン・デコの部屋にも 19　**O** ■ ■ [アームホルダーA] アームホルダー／カーテンをすっきり束ねられる。使用しないときは壁に沿ってたたんでおける可動式 19

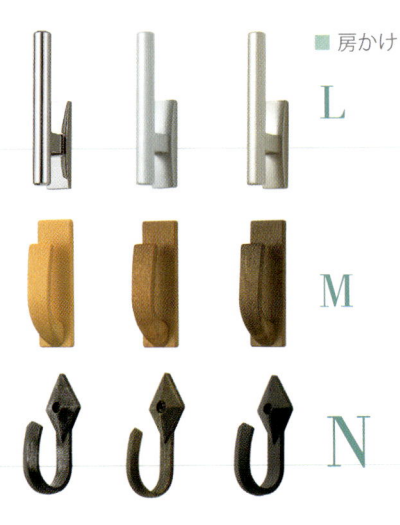

Part 4 ● 光のコントロール上手はインテリア上手

P　[CK8305/CK8662] カーテン＋シアーカーテン／シアーカーテンとは、とても目が細かく薄い生地を、編み上げずに用いたカーテンのこと。レースカーテンよりも軽いので、風に揺れる姿がより美しく、カーテンに透ける景色も独特の見え方。縫製にこだわった高級感あるカーテンと組み合わせて、部屋を気品あふれるムードに 17　Q　[KTB1051/KTB1187] カーテン＋レースカーテン／部屋側に薄手の柄物カーテンを用い、窓側に、フラット縫製の濃い色のカーテンを組み合わせた二重カーテン。部屋側では色・柄に合わせたムードあるインテリアを楽しめて、外へはカーテンの柄が見えづらい 18　R　[KTB1202/KTB1203] カーテン／同じ素材のカーテンを、色違いで2枚使うテクニック。落ち着きのあるブラウンベースの空間に、鮮やかな赤を組み合わせ華やかに演出 18　S　■■■[コルティナ] カーテンレール／シンプルで暖かみのある部屋に合う、天然木使用の装飾レール。写真のウォルナット（右3種類）、ナチュラルウッド（左3種類）のほか、より落ち着いたトーンのダークマホガニーもあり。サイドからの光もれを防ぎたい場合はAセット（上2点）やダブルMセット（下2点）、サイドをすっきりさせたい場合はBセット（中央2点）をチョイス 19　T　[（上）グレイスフィーノ19（下）ソワイユ19］ カーテンレール／シャープなリングライナーで、吊り元をすっきり見せられる機能レール（上）と、上品な光沢のある、フェミニンな細身の装飾レール（下）。好みのテイストで選ぼう 19　U　■■■[アート・スミスⅡ] カーテンレール／鍛冶による槌目も味わい深い、デコラティブなアイアンのレール3種類。リングランナーに新技術を採用し、従来品と違ってカーテンの開閉をスムーズに行える。アームホルダーや房かけも同デザインで選べるので、重厚なトーンのカーテンや家具とコーディネート 19

■ カーテンレール

ローマンシェード

A [KTB1157] ローマンシェード／白を基調とした、ポップなデザイン柄のプレーンなシェード。大柄なファブリックのデザインを楽しみたい場合に適したスタイル。適度な自然光を採り入れながら、モダンなインテリアを楽しめる 18
B [クリエティ シャープスタイル] ローマンシェード／生地裏側にシャープなバーが付いており、直線的なラインでシェードをたたみ上げることのできるタイプ。ローマンシェードでありながらシンプル・モダンのインテリアと相性がいい。ブラインドよりも軽やかでやわらかい印象で、シャープな窓辺を演出できる。製品は、部屋に合わせた生地やスタイルでオーダーできる 19 C [ローマンシェード すだれ] ローマンシェード／ロールスクリーンのすだれタイプ同様、和やアジア風のインテリアをすっきりと軽やかに見せられる。和のインテリアなら、寒い季節はシンプルなファブリック、夏はすだれと、季節や気候に合わせて窓辺を模様替えしてみては 19 D [CK8044] ローマンシェード／白色無地の直線的にたためるスタイルで、かつ折りたたみ用のバーが生地の裏側にあるタイプなら、部屋を広く見せられる。部屋に配した植物やビビッドカラーの家具とのコントラストで、明るくモダンなインテリアに 17

Part4 ● 光のコントロール上手はインテリア上手

E ■■■ ［クリエティ 両面タイプ］ローマンシェード／シェードが両面に付いたタイプ。裏側の縫製や部品類が見えないので、ファブリックの美しさを部屋の外側からも楽しめる。部屋の中で間仕切りとして使うにも適している 19　F ■■■ ［KTB1282/KTB1447］ローマンシェード／レースとドレープ（厚手の布地）のダブル使い。部屋側にはエレガントな柄のファブリックをチョイス。窓側には消臭機能のあるレースのシェードをプラス。昼と夜のコントラストを楽しみたい組合せ。アクセントとなるクッションカバーやラグとの調和も大切なポイント 18　G ■■■ ［クリエティ プレーンスタイル］ローマンシェード／生地の異なるシェードをダブル使い。昼間は、窓側に付けたレースシェードでやさしい自然光を採り入れ、夜は部屋側の遮光性のあるシェードを下ろす。時間帯に合わせて、部屋の光の色調をコントロールできる 19　H ■■■ ［クリエティ ライントップ フロントバースタイル（部屋側）プレーンスタイル（窓側）］ローマンシェード／ブラインドのように、シェード上部にバーをプラスしたライントップスタイル。部屋側の生地前面は、右ページのCと同様、直線的にシェードをためるフロントバーのスタイルを。よりモダンで引き締まった表情の窓辺をつくり、部屋も広く見せられる。窓側にはレースのプレーンなシェードをプラス。昼間は自然光を生かしつつ、外からの視線もさえぎることができる 19　I ■■■ ［クリエティ バルーンスタイル］ローマンシェード／シェードの裾部分に、風船のような丸みをもたせることのできるバルーンスタイルを選べば、窓辺に上品で華やかな雰囲気をつくり出す。部屋のメインのインテリア・エレメントとして、家具選びもトラディショナルなテイスト重視で。選ぶ生地やカラー次第では、現代的で大人っぽい空間を演出することもできる 19

ロールスクリーン

A ■■ [マイテックシーズ TYPE15×アルディ] ロールスクリーン／生地表面に立体感を演出する卵をモチーフにした柄のレーザーカット・ロールスクリーン[19] B ■■■ [プレスト N5029] ロールスクリーン／薄い素材で外光を通すシースルータイプ。レースカーテンのようにダブル使いの窓側に使ってもいいし、窓の外からの視線が気にならない環境なら1枚で使えば、写真のようにモダンでクールな雰囲気に[20] C ■■■ [マイテックフェイス・セラーレ TR-7253-7257] ロールスクリーン／ガラス素材をポリ塩化ビニールでラミネートした、遮光ロールスクリーン。色はホワイト、アイボリー、ベージュ等5色から選べるので、壁の色に合わせて、寝室の窓まわりをすっきりとまとめられる。外の環境によって開けられない窓があるならこれでシャットアウトして、窓のスペースをさまざまな用途に有効活用するという手も[19] D ■■ [トロール N5323] ロールスクリーン／木の葉の大きな柄が、部屋にアクセントを与えるタペストリーとしても◎。植物をふんだんに取り入れたナチュラルな雰囲気のインテリアを、より居心地よく演出してくれそう[20]

Part4 ● 光のコントロール上手はインテリア上手

■[(手前)ナチュール RS-4193 (奥)フラウ RS-4353] ロールスクリーン／素材感に暖かみがあるスクリーンと、シースルーの薄手のスクリーンとのダブル使い。木のぬくもりを生かしたインテリアや、エスニック風の雰囲気ともよく調和する[22]
■[ルーセント N5023] ロールスクリーン／Bと近いテイストの、薄めの素材のスクリーンだが、こちらのほうが生地が透けない。昼間やあかりをつけていないときは、室内の様子はほとんど見えない。夜間にあかりをつけた状態なら、室内の様子がぼんやり見える。外からの視線は気にならないが、直射日光がきつい高層階の部屋などにおすすめ[20] ■[マイテックワンタッチループ] ロールスクリーン／チェーンを軽く引くだけで自動的に巻き上がるタイプ。開閉に手間がかかる、高さのある掃き出し窓におすすめ。また写真のように広い部屋の間仕切りに使う場合も、開閉が簡単なので重宝する[19] ■■■■[マイテックシーズ TYPE12×ティラート] ロールスクリーン／やさしい風合いのスクリーンに、採光用のスリットとドットを入れたパターン。主張しすぎないのでどんなインテリアにも合うのはもちろん、間仕切りとして使うのにも最適。写真はメゾネットの上階で、下階との間仕切りに使った例。階下の来客に、階上の様子を見せたくないような場合に◎[19] ■■■■
■[シアター N5425] ロールスクリーン／ガラス繊維にPVCフィルムを両面ラミネート加工した、ホームシアターのプロジェクター投射用スクリーン。もちろん遮光性があるので、寝室を兼ねたくつろぎ空間の窓にも。つや消し加工で映像もクリアに再現される。上部のセットフレームは、写真のライトグレイのほかオフホワイト、ベージュ、アンバー（茶）の3色があるのでどんなインテリア・テイストでもOK[20]

横型ブラインド

A ■■■■［フォレティア50 FT-4036］横型ブラインド／落ち着いた深いブラウンのウッドブラインド。家具やテキスタイルのトーンを合わせ、シャープなデザインのスタンドやメタル家具でコーディネイトすれば、大人っぽくゴージャスな雰囲気に 22　B ■■■■［デザインブラインド35T ドラムタイプ］横型ブラインド（レザーテイスト）／天然木の美しさとやさしさが生かされた、ナチュラルで高級感あるレザー調ブラインド。書斎やワークスペース、静かな時間をゆっくりと楽しみたい部屋におすすめ 19　C ■■■■［アフタービート50R AB-7301］横型ブラインド／モダンでスタイリッシュなインテリアにぴったりな、シャープなデザインのブラインド。ラダーテープと上下の木材は好きな色を組み合わせられるので、家具のテイストや好みに応じてさまざまな楽しみ方ができる。部屋に間仕切りがほしい場合は、写真のテレビの上のようなシースルーのロールスクリーンを使えば、ソフトな雰囲気で空間をセパレートできる 22　D ■■■■［セレーノ25 標準タイプ C076D（バブル）］横型ブラインド／スラットに、細かい泡のような模様のメッシュをあしらったブラインド。閉めた状態でもやわらかな日差しが部屋の中に注ぐ。まだ体が目覚めきっていない朝のひとときや、適度な光で楽しみたいアフタヌーンティーの時間帯を、やさしい雰囲気に演出する。カーテンとのダブル使いで 20

Window Treatments Catalogue

166

Part4 ● 光のコントロール上手はインテリア上手

縦型ブラインド

E

F

H

G

E■■■［デュアル100・ゼファラス］縦型ブラインド／分繊糸によるシースルーの素材をベースに細いピンストライプをあしらった、しなやかな質感の縦型ブラインド。風に揺れる姿は美しく、スラットがぶつかる音がしないのもうれしい。高層階など外からの視線が気にならず、たっぷりの自然光をコントロールしながら楽しみたい人に。ソフトな間仕切りとしても19 F■■［デュアルシーズ TYPE03×クイート］縦型ブラインド＋ロールスクリーン／スラットの1列おきに小さなキューブホールがあしらわれた、お揃いの布地の縦型ブラインド（右）とロールスクリーン（左）。窓の大きさに合わせて使い分けて。ホールから差し込む太陽光が描く、床や壁の模様も美しい。大きな窓のある日当たりのいい部屋を、夜には別の表情に見せたい場合にぴったり。19 G■■［グランテ80・ケスレー］縦型ブラインド／吹き抜けのメゾネットの階段脇など、大きな窓には縦型のブラインドがベストマッチ。左右に動くスラットで光を調整し、朝日や夕方の西日など、強すぎる光を程よい明るさで部屋に採り入れられる 19 H■■■［SERENETTE］縦型ブラインド／スラットがぴったりと重なり合う特殊な設計で、外への光もれがほとんどなく、採光の調節も思いのままに。ファブリックには多彩な素材とカラーを選べるので、どんなインテリア・テイストにも対応できる 21

■ プリーツスクリーン

その他

■ カフェカーテン&アクセサリー

■ アコーディオンドア

A ■■ [ツインタイプ] プリーツスクリーン／和紙スクリーンと、シースルーの布スクリーンを組み合わせたタイプ。和の空間をすっきりとシンプルに、かつブラインドやロールスクリーンよりもやわらかい雰囲気で見せるのに最適 [19] B ■■■ [しおり25 ドラムツインスタイル・水紋] プリーツスクリーン／スクリーン下部には和紙風の厚みにムラのある生地を使用。生地の薄い部分から外の光が淡く差し込み、独特の表情が楽しめる。和の暖かみを取り入れたい、シンプル・モダンの部屋にぴったり [19] C ■■■■ [なごみⅡツインスタイル] プリーツスクリーン／シースルー生地と不透明生地を上下に配置したスタイル。シースルー部分と遮光部分の割合を自在に調節できる [20] D ■■ [やまなみ ウォッシュ] アコーディオンドア／モダン・デコの部屋にマッチする、シースルーのビニールレザー素材を用いたタイプ。リビングの一角を仕切って子どもの勉強スペースにしたり、アイディア次第でさまざまな使い方を楽しめる [20] E ■■■■ [テンション202] ポール＋カフェカーテン／必要な部分にだけ目隠しができ、また奥行きをとらないカフェカーテンは小窓にぴったり。伸縮自在なテンションポールは窓の寸法を選ばず使えて、吊り元もすっきり。出窓をディスプレイ・スペース等にフル活用できる [19] F ■■ [クリップランナーリングS (左から2点：シェルA／中央2点：リーフA／右1点：リーフB)] カーテン・アクセサリー／Eのようにポールに通して使う、カフェカーテン用のランナーリング。部屋のテイストに合わせて選び、小窓の素敵なアクセントに [19] G ■■ [クリップランナーフック式A] カーテン・アクセサリー／カーテンレールの付いた小窓でカフェカーテンを使うには、カーテンを吊るせるクリップを [19]

■ パネルスクリーン

I

J

H

■ すだれ

K

H ■■■■ [ルーフィットPANEL STYLE Ⅱ] パネルスクリーン／ファブリックの柄デザインをそのまま生かして楽しみたい場合は、カーテンよりもパネルスクリーンのほうがおすすめ。光を通す生地と通さない生地をダブルで使えばより機能的19 I ■■■■ [RS-4129/RS-4130/RS-4131] パネルスクリーン／さまざまなトーンのカラーシリーズからスクリーンを選べる。ベールスカイ、ライトサックス、ベイビッシュブルーの淡い3つの色を組み合わせたパネルスクリーンに仕立て、独特の光のグラデーションが楽しめる22 J ■■■■ [ユニティMG・クイート] パネルスクリーン／大きな掃き出し窓に、遮光性のある生地のパネルスクリーンを。障子やふすまのようにスクリーンを左右にスライドさせて開閉できるので、ロールスクリーンで対応できない大型窓にぴったり19 K ■■■■ [Fores FR-01] グレインシェード／日本古来の「すだれ」がもつ、木目の美しさと通気性・採光性を現代風にアレンジしたシェード。畳の和室はもちろん、モダンな雰囲気あるシンプルなインテリアと合わせることで、独特の「和モダン」を演出できる23

Part4 ● 光のコントロール上手はインテリア上手

ウインドウトリートメントのQ&A

Q 和室のウインドウトリートメントに適しているものは？

A すだれや和紙など来の素材を使って、日本古来のイメージをブラッシュアップ。モダンなデザインを選んで、新しい和のテイストをつくっていきます。

すだれは、草や竹など素材もいろいろ、カラーバリエーションも豊富です。現代風にアレンジされたすだれなら、さらにスタイリッシュになります。寝室で使う場合は、遮光性のあるロールスクリーンとダブル使いにするといいでしょう。

和紙は、光をやわらかく通し、保温性もあります。紙は色や種類が豊富で、それによって光の入り具合が異なります。外からうっすら見えるレース部分と、見えない和紙の2段使いの商品もあり、光の採り入れ方の幅も広がります。

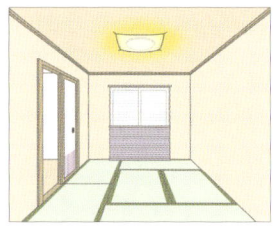

和紙のプリーツスクリーンを使って、光の透過と視線のコントロールを。やわらかい光が差し込み、ゆったりした雰囲気に。紙の種類や色を変えれば、モダンにもクラシックにも合う。

濃い色のすだれ風ロールスクリーンで渋めに演出。素材によって風合いや色、イメージも変わってくるので、ふすまや壁の色も考慮して。

ダブルのプリーツスクリーンとフロアスタンドで演出。[20]

Q 窓まわりを楽しく演出するテクニックを教えてください。

A 今まであブラインドを下げていた場所に、華やかな布使いのスクリーンを施したり、反対にドレープカーテンをパネルスクリーンに変化します。ウインドウトリートメントの種類を変えるだけで印象がグンと変わります。1種類だけでなくダブル使いで1ランク上の演出を。相反する素材やデザインを組み合わせたり、演出の仕方はいく通りも。

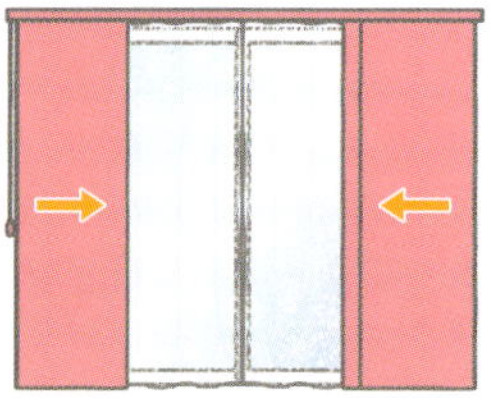

モダン・デコのインテリアに
窓側：ひだの少ないレースカーテン
室内側：色がはっきりとしたパネルスクリーン。遮光性のあるもの

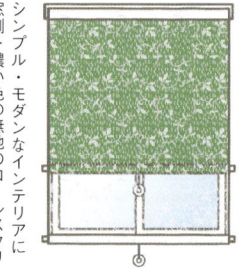

シンプル・モダンなインテリアに
窓側：濃い色の無地のロールスクリーン
室内側：レース素材の柄物のロールスクリーン

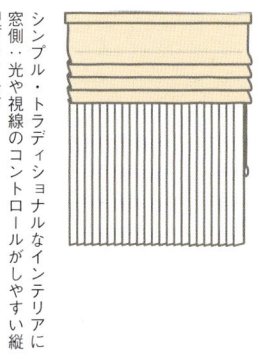

シンプル・トラディショナルなインテリアに
窓側：光や視線のコントロールがしやすい縦型ブラインド
室内側：やわらかい布のローマンシェード

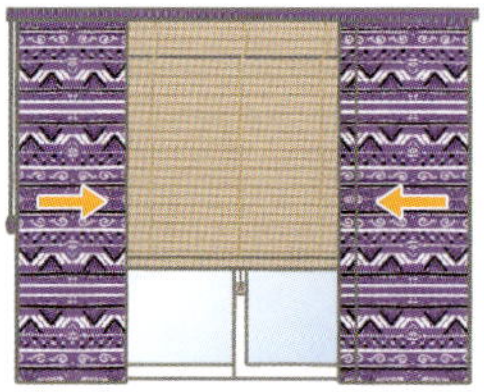

トラディショナル・デコなインテリアに
窓側：ロールスクリーンまたは草や竹、木などのすだれ
室内側：エスニックな柄のパネルスクリーン

カーテンとローマンシェードのダブル使いで、おしゃれに機能的に。[18]

Part 5

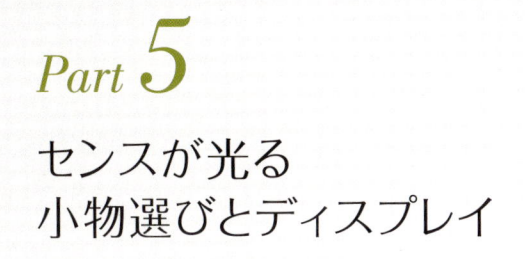

センスが光る
小物選びとディスプレイ

ディスプレイの基本となる7つのポイント

ワンランク上のインテリアをつくる、知らないと差が出るディスプレイの基本

好きなものに囲まれた暮らしは、それだけで心地よいもの。ですが、ただ散らかった部屋になる恐れもあります。まずはディスプレイの基本をマスターしましょう。

1 テーマを決めて飾る

- 飾るスペースにテーマやメインとなるアイテムを決めよう

思い出の写真やコレクションを飾るにしても、無味乾燥なスペースを小物で彩る場合にも、まず大切なのは、自分の飾りたいイメージを固めること。ここには写真を飾る、ここにはグリーンを飾る、というように、メインになるものを決めることが大事です。たとえば旅の写真だったら、同じ土地の工芸品やテキスタイルなど、1つ

のテーマに沿ってテイストをそろえて飾れば、きれいなディスプレイコーナーができあがります。また、四季折々の行事や風物をテーマにしたディスプレイもおすすめです。たとえばクリスマス時期ならキャンドルやリースなど。誰でも手軽に、統一感あるディスプレイを楽しめて、部屋にあふれる季節感が訪れる人をもてなします。

2 バランスをとる

- 飾る場所や背景とのバランスを考えて

背景となる壁や、まわりの家具も意識して飾ります。家具の上に小物などをディスプレイする場合、その家具の色や形とのバランスをとり、壁面全体が1枚の絵としてまとまるように心がけましょう。また複数のものを飾るときは、色や形に強弱をつけて。並べたあとで全体を見て美しく見えるようにバランスを調整します。

机の上にさまざまな小物を、配置や色・素材のバランスよくディスプレイ。ベースとなる机のナチュラルカラーと、黄色・金色・白のメインカラーを、アクセントカラーの赤と緑が引き立てる。絵を中心とした大きな三角形で安定感もあり、左右対称のシルエットで構図のバランスもよい。

3 三角形かシンメトリーに

• ディスプレイのビギナーはまず三角形の配置を心がけよう

ディスプレイを成功させる秘訣は、飾るアイテムを三角形かシンメトリー（左右対称）に配置することです。

三角形というのは、正面から見たときの形のこと。飾るアイテムの大きさや飾り方に高低差をつけることで、空間に三角形を形づくります。正三角形でも二等辺三角形でも、どんな三角形でも構いません。多少崩れても飾ったときのバランスがよく、失敗が少ないので、ビギナーはまず、三角形を意識して、ディスプレイ・コーナーをつくってみましょう。

シンメトリーに飾る場合には同じものが2つ必要となりますが、うまく使えば、引き締まった美しい空間が生まれます。広いスペースで行えばより効果的です。

部屋全体がシンメトリーのベッドルーム。ベースカラーの白とメインカラーの黒だけのシャープなベッドのデザインを生かし、壁に飾った絵をアクセントに。完全な左右対称ではなく、右側に自然素材を配したことで、空間に動きが生まれている。36

4 色は3色までに

• ベースカラー、メインカラーにアクセント1色

たくさんの色をうまくまとめたディスプレイをつくるには、色の選択や配置など、さまざまな要素を考えなければなりません。それには上級のセンスとテクニックが必要です。そこでビギナーはまず、ディスプレイに使う色を、部屋のベースカラーも含めた3色までに抑えることを心がけましょう。

カラーがすでに使われていますので、飾る小物の色は、そのどちらかとトーンを合わせます。そこにアクセントでもう1色加えれば、お互いの色が引き立ちます。濃い色や鮮やかな色を使うときは1点だけでなく、何点か同じ色のものをそろえるとうまくいきます。それぞれの色には、少々の濃淡があっても大丈夫です。

部屋では床・壁のベースカラーと、家具やカーテンなどのメイン

ベースカラーである壁の白とそろえたシンプルなシェルフの上に、2色の小物を配置。ベースカラーの床の黄色系と、反対色相の青〜紫が互いを引き立て合う。小物の色のトーンを少しずつずらしているので、コントラストが強すぎず、落ち着いた印象に。家具と小物、また小物の配置でつくられる大小2つの三角形と、シャープな家具と丸みをおびた置物のコントラストで、バランス感にすぐれたディスプレイに。45

5 素材感を合わせる

- ビギナーは飾るものの素材感を統一すればまとまりのあるディスプレイに

飾るものの色だけでなく、素材にも気を配りましょう。たとえば同じ茶色系でも、木と陶器、金属では、与える印象は全然違います。あるいは同じガラス素材でも、素朴で暖かみのあるものと、冷たく硬質な質感のものとがあります。さまざまな素材感が混在する場合、上手に並べないと、ディスプレイが雑然とした印象になってしまいます。逆に1つの素材でそろえれば、いろいろな形のものを置いても、まとまります。もちろんディスプレイする小物と、部屋のインテリア・テイストの素材感を合わせることも忘れずに。

アンティークな雰囲気のミラーと、ミラー貼りが美しいドレッサー上のディスプレイ。家具と鏡と同じ輝きを放つミラー小物は、時計やボックスなどさまざまな形や大きさが混在しているが、同じ素材なので雑然とした印象はない。小物の配置が形成する三角形、アクセントのピンクと、部屋のイメージにぴったりの猫モチーフもポイント（全て参考商品）。16

アイボリーホワイトがベースカラーの部屋にあしらった、モダンな印象のブラインドが映える窓際のディスプレイ。メインカラーはブラインドのボックスの濃い茶色で、テーブルや置物の色をそろえている。壁の絵とテーブルのフラワーベース、置物には一体感が生まれ、シンプルな白い部屋を素敵に彩っている。22

6 飾る心を大切に

- 飾るものが引き立つ、潤いある空間づくりを

完成度の高いディスプレイを実現するには、いつも「美しく見せる」という意識をもつことが大切です。そうすると自然に、飾るものが引き立って見えるよう、周囲に物が雑然と散らからないように気を配れるようになります。

また、インテリアに季節感を演出したり、ディスプレイを時々変えるなど、飾ることを楽しみましょう。そういう気持ちをもつことが、ディスプレイ上手への第一歩です。

7 光の演出でディスプレイをより効果的に

ディスプレイは光と組み合わせるのが鉄則

ディスプレイは、光を当てることでよりきれいに見せることができます。せっかくのディスプレイも暗いところでは、飾ったものの色や質感が生かされません。

そこで、まず実践してほしいのが、小物を飾る場合に、スポットライトや間接照明などを用いて、アイテムの形や素材に合った光を当てること。光を当てる方向を、飾るものの形や素材に応じて工夫すれば、ディスプレイをより効果的に見せることができます。下記にいくつか例を挙げたので参考にしてください。

縦に長い部屋では、奥の壁をライティングすることで空間を生き生きと、広く見せることができる。アーム式のスタンドでライティングしたグリーンは緑がきれいに映え、部屋のフォーカルポイントとしても機能している。／巻頭KI邸

ディスプレイを効果的に見せるライティング

光の位置と、オブジェの形や素材を考え合わせてライティングするとディスプレイが一段と素敵になります。(写真提供：大光電機) 24

上からの光の場合

○ 写真のように上からの光を受ける面があるものに適している。

× 上からの光を受ける面が小さいと、下の部分が大きく影になってしまう。

後方からの光の場合

○ 透過性のあるものには効果的な演出ができる。

× 透過性のないものだと前面がすべて影になってしまう。

前方からの光の場合

○ 飾ったものの表情をはっきりと見せられる。

気軽に
ディスプレイを楽しもう

ディスプレイがうまくいくポイントを、楽しく学べるテクニック集

ここでは、さまざまな美しいディスプレイ例をもとに、実際にあなたのマンションのインテリアに応用できる、実践テクニックとアイディアを紹介します。

1

ディスプレイの成功例と失敗例

- 2種類のディスプレイを比較して成功の秘訣を身につけよう

美しく見えるディスプレイには必ず、飾るときのセンスや工夫、成功の秘訣が隠されています。
一方、いまひとつまとまらないディスプレイでも、少しの修正で成功に導ける場合もあります。
ここでは、同じ部屋の同じコーナーを使ったディスプレイの成功例と失敗例をいくつか紹介します。それぞれを見比べながら、成功するためのディスプレイのテクニックと、気をつけるべきポイントを身につけましょう。
普段使っているものをディスプレイする場合、アイテムの質感をそろえて配色や形のバランスを見ながら、全体として美しく置くように気を配ることが、共通のポイントです。

1 三角形の配置

○ 背の高いグリーンを頂点とした三角形に飾った例。同じ形の小さなキャンドル・スタンドをリズミカルに置いた、軽快でバランスのいい構図に。硬質な小物の中で、やわらかいグリーンをうまくアクセントカラーにしているのもポイント。

× 高さの違う三角形の山が2つできてしまい、散漫とした印象に。同色の小物が分散しているため雑然としたイメージになる。同じ質感のものをそろえても、雑然と置くと美しく見えない、という例。

176

2 テイストをそろえる

トラディショナル・デコのテイストで、布、スタンド、木の皿などの小物を飾り、コーナーにアジア風のイメージを演出。グリーンと紫による反対色の組合せが効果的なアクセントになっている。グリーンをディスプレイするときは、植える鉢の質感を、他のアイテムとそろえること。

布、スタンド、木の皿とメインに使っているものは上の写真と同じでも、組み合わせるもののテイストがそろわないと、とたんに雑然としたイメージに。バリ風のスタンド＋日本の工芸品＋アメリカのキャラクターなど、それぞれが魅力あるものでも、置くアイテムのテイストがばらばらだと、楽しいが統一感のないディスプレイに。

3 テーマを決める

「親しみやすいカフェのような」というテーマを決めてコーナーにディスプレイした例。パステルカラーの配色に、赤のアクセントカラーが効いている。さまざまな種類の小物を並べているが、小物で使っている色をバックに飾ったレコードジャケットに使われている色にそろえ、ベースカラーを白でシンプルに抑え楽しいコーナーを演出。

アイテムの並べ方は成功例と似ているが、飾る小物のテーマがバラバラ。素朴な雰囲気のドライフラワーのリースと、サイバーなイメージのレコードジャケットが入ったことで、はっきりとしたテーマが見えず、雑然としたイメージに。1つ1つの小物がよくても、それぞれの関係がよくないとディスプレイが失敗してしまうという例。

Part5 ● センスが光る小物選びとディスプレイ

お手本にしたいディスプレイ

2 ディスプレイを成功させるアイディアとテクニック

ディスプレイが上手になる秘訣は、美しく飾ったディスプレイの成功例をたくさん目にすること。ショーウインドウやショップなども参考になります。ここではインテリアをランクアップさせる、お手本にしたいディスプレイ例を紹介します。飾り方のポイントを学んで、暮らしの中に素敵なディスプレイを実現しましょう。

アンティークな風合いのキャビネットに、メタルや黒の置物、オブジェ、スタンドなど、テイストの違うものをうまく組み合わせた、上級者向けのディスプレイの例。色味のあるアイテムを入れないことで大人っぽい雰囲気の演出にも成功している。65

戸棚に置かれた木の器、戸棚の木のドア、壁に掛けた絵の額縁の木のフレームと素材をそろえ、少ない色使いですっきりとしたコーナーをつくった例。ディスプレイの基本通り、全体で大きな三角形がつくられている。収納家具はフォーカルポイントになり、ディスプレイコーナーとしても活躍するので、めざすインテリアによっては、このようにドアの色を替えられるタイプを選ぶといい。45

Part5 ● センスが光る小物選びとディスプレイ

壁一面の収納家具を、1枚の大きな絵画を飾るようにしつらえたもの。アイテムの色をそろえ、また置き方のバランスをうまく調整しているのがポイント。壁面収納の圧迫感をなくすには、物をたくさん置かず、後ろの壁を見せるように配置するといい。65

リラックス感のあるベッドを入れた寝室に、窓際のグリーン、赤紫のカウチ、ベッドカバーと同系のテキスタイルを用いた、配色が美しいコーナーをプラス。ローチェストの上には素材感を合わせた置物を配置。さりげなく見えるが、ルール通りに飾ったディスプレイ・コーナー。ベッドルームをいっそうつろげる空間に。56

屋外には置きたくない愛用のロードバイクを、収納を兼ねて部屋の壁に飾った例。日常的に趣味のものとともに暮らせる、省スペース＆個性的なディスプレイのアイディア。サーフボード、スノーボードと、さまざまなアウトドア派が応用できそう。マンションならではの白い壁が美術館の展示壁の役割を果たす。ロードバイクはスポットライトで効果的にライティング。／高崎市O邸

壁面の素朴なデザインのシェルフをディスプレイのスペースに使い、小物の色やテクスチャーをそろえることで、くつろぎのリビングをさらに楽しい空間に。光の高さや方向を変えられるスタンドの光がさまざまな影をつくり出し、好みのディスプレイ・アイテムに光を当てると同時に、空間に立体感を生み出している。30

壁の飾り皿と白のフラワーベース、クリーム色のアートフラワーによる、色を抑えた美しい飾り方。／巻頭O邸／フラワーアレンジメント：B+augment Co.,Ltd.

家具をナチュラルなカラーでそろえたダイニングの一角に、ディスプレイのコーナーを上手につくった例。背の高いチェストの上に三角形に配置したフォトフレームや小物が、部屋のフォーカルポイントとなっている。52

淡いブルーのカーテンの間にグリーンを飾り、窓辺を素敵にディスプレイ。白を基調としたさわやかな空間に調和し、かわいらしさの中にも少しエレガントな印象を与える。18

Part5 ● センスが光る小物選びとディスプレイ

リビング奥のサイドボードと絵が三角形の構図を描き、絵の前に置かれた小物も、まるで絵の一部のよう。家具の美しい白木の色と、落ち着いたこげ茶のファブリックで統一したリビングをさらに引き締める、フォーカルポイント。36

クラシカルなフォルムが美しいコンソールテーブルに、部屋のフォーカルポイントとしてグリーンとフォトスタンドを飾った例。フォトフレームに飾った写真の控えめな黄色でアクセント。36

壁面に置いたアンティークな雰囲気の収納家具を中心に、小物のレイアウト・バランスをあえて崩した、ハイレベルな飾り方。左右非対称な構図の中で、飾るものの大きさや色、質感、配置に気をつけながらうまくバランスをとっている。たくさんの小物を使っているが、素材の色や形を合わせているので雑然とは見えず、逆に動きがあって楽しい雰囲気。65

機能と装飾を兼ねた小物使いで生活空間に潤いを

小物を上手に使いこなして、いつものインテリアをレベルアップ

家具に比べて小物は軽くて手にとりやすいので、手軽に飾って楽しめます。それぞれの素材がもつ特性を生かして、お気に入りのアイテムを魅力的に輝かせましょう。

1 インテリアを変える主なアイテムの種類と特徴

- アイテムの特性に合わせたディスプレイでいちだんと魅力的なインテリアに

心がなごむ観葉植物、食卓を飾る味わいのある焼物、旅先で見つけた思い出の置物……と、インテリアの中で楽しみたい小物の種類はさまざまです。そういったアイテムをいつも眺められる場所に飾っていれば楽しい気持ちで過ごせますが、小物の魅力を引き出すディスプレイをすれば、部屋にさらなる輝きが生まれます。

まずは、ディスプレイで活躍する主な小物について、木、金属など、各素材がもつ性質や、飾ったときの効果、ディスプレイするうえでの注意点などを一覧表（183ページ）に挙げましたのでチェックしましょう。それぞれのアイテムの特性を生かせるディスプレイのテクニックは、184ページ以降で詳しく解説します。

例1 アートフラワー
玄関ホールの白い壁に、上品なアートフラワーでおしゃれなフォーカルポイントをつくった例。黒や、黒に近い濃い色で空間全体を引き締め、大人っぽい雰囲気に。花台の細い脚も洗練されたイメージを演出する。壁に飾った額は、細いフレームが花台の雰囲気と調和しているだけでなく、コレクションの飾り方もポイント。雑多になりやすい小さなものは、このように額の中にきれいに並べて飾れば見た目にも楽しく、コレクションの魅力も生きる。／巻頭O邸

Part5 ● センスが光る小物選びとディスプレイ

ディスプレイアイテムの種類	代表的なもの	効果・特徴・活用法	注意点
花、グリーン	切花・鉢花、観葉植物、テラリウム、ハイドロカルチャー、ディッシュガーデン	●リラックス効果がある ●飾るだけでなく、育てる楽しみも得られる ●フォーカルポイント（95ページ）として、インテリアのアクセントに使える	●充分な手入れが必要 ●太陽光や照明の光と組み合わせて飾る（光と組み合わせないと、葉の緑が沈んだ色に見える）
テキスタイル	テーブルクロス、ランチョンマット、ラグ、クッション、ベッドカバー、ソファカバー、カーテン、のれん、タペストリー	●軽いので、広げたりたたんだり、扱いが自由 ●広げて使えば、広範囲に色を添えられる ●空気の動きで揺れることでインテリアに動きが加わる（カーテン・のれん）	●ビギナーは柄物のカーテン、ラグ、ベッドカバーをうまく使うのは難しい
陶磁器	食器（皿・カップ・酒器など）、花器、鉢、坪、茶具	●ガラスや金属の器よりも質感がやわらかい ●飾るだけでなく、日用品としても役に立つ ●照明器具として使うことができる	●色・テイストの調和が大切 ●高価な品を用意しても、部屋のテイストに合わないとインテリアを崩す
漆器	食器（お椀・お盆・お重など）、漆家具	●日本古来の工芸品。民芸調の部屋（TD）と調和 ●木の触感がやさしい ●長持ちする	●モダン・テイストの部屋や家具とは合わせにくい
木の小物	食器、トレイ、額縁、フレーム、楽器、オブジェ、各種置物	●やわらかく身近な素材感。個性が強くないので、家具や床と合わせやすい ●塗料を塗りやすい	●インテリアと合った材質・色選びを
カゴ		●自然素材なのでやさしい印象を得られる ●物入れとして使いながら、ディスプレイに応用できる ●鉢植えのプラントに使える。花・グリーンとの相性がいい ●照明器具のカバーにも	●部屋が素朴な印象になりやすい ●複数使う場合は、カゴの素材をそろえること
ドライフラワー	リース、ポプリ、ドライフラワー	●生花と違い、生育の手間をかけずに、自然の風合いを楽しめる ●ディスプレイしながら香りも楽しめるポプリのようなものも	●変色・破損が出たら取り替える（数年に一度）
アートフラワー（造花）	置花、リース	●樹脂や布による本物以上に写実的な造形 ●色や形の自由な表現を楽しめる	●変色・破損が出たら取り替える（数年に一度）
プリザーブドフラワー	グラス入り置花	●造花と違い、生きている花（花の水分を食用保存料と入れ替えたもの）。生花と同様の潤いが得られる ●水の取替えや手入れをかけず、花の美しさを長期間楽しめる	●浴室・トイレなど、湿度の高い場所には適さない ●生花に比べると、やや人工的な質感 ●変色・破損が出たら取り替える（数年に一度）
メタル小物	燭台、トレイ、灰皿、フォトフレーム、オブジェ、トロフィー	●機能性・装飾性をもちながら、空間に緊張感を ●装飾性の高いアイテムなら、空間に重厚感を ●シャープなアイテムなら、空間をクールに演出	●家具や照明器具のメタル部分と材質をそろえることで、より効果が得られる ●材質によって演出効果がやや異なる
ガラス小物	グラス、水差し、ボトル、フラワーベース、オブジェ、各種置物	●清潔感があり、さまざまな材質・色のものとなじみやすい。硬質だがメタルほどシャープではない ●クリスタルガラスのように光を放つものと、そうでないものがある ●光を通し、中のものをきれいに見せる効果が。内側にキャンドルや花などを入れて飾るといい	●透明ガラスのほうが、個性が強くないので使いやすい。色付きガラスは配色を考えて ●傷付きやすく、汚れも目立ちやすい
樹脂プラスティック小物	トレイ、モビール、各種置物	●鮮やかな色彩を楽しめる ●割れにくく耐久性がある（経年劣化はある） ●テレビやオーディオなどの人工的な素材や小物に合わせるといい	●以前は他素材の模倣品としてよく使われていたが、ポップでカラフルな小物で、素材の持ち味を生かすほうが効果的
ミラー		●大きい鏡は、空間を広げて、部屋を広く見せる効果がある ●鏡に映る像を利用し、鏡の前に置いたものを2倍に見せられる。特に植物を使うと効果的	●シャープな印象を和らげたい場合は、フレームの素材や形を工夫して ●割れやすい（金属製のミラーも市販されている）
キャンドル、お香、アロマ		●飾って美しいだけでなく、リラックス効果も得られる ●キャンドルは照明器具とは違い、揺れる光を楽しめる ●光や香で、場の雰囲気を一変させる ●持ち運びが簡単で、部屋間を移動して使える	●火を扱うので、必ず耐熱性のキャンドル・スタンドや香立てを使う ●キャンドル・スタンド、香立て、アロマポットは、部屋と調和するものを選ぶ

表1 主なディスプレイ・アイテムの種類と特徴

アイテム別・センスを見せるディスプレイのテクニック

ワンランク上の飾り方と、ディスプレイのアイディアがきっと見つかる

飾ることで部屋を美しく引き立ててくれる、さまざまな種類の小物たち。ここからはアイテムの種類ごとに、上手に飾る工夫やテクニックをより詳しく紹介します。

1 花・グリーン

1 特徴とインテリアでの効果

マンションは部屋のつくりがシンプルで、無機質な雰囲気のインテリアになりがちです。だからこそ花やグリーンを飾ることでインテリアが格段に変わります。部屋の中で小さな自然を楽しみましょう。自然の色と形は見る人をリラックスさせ、部屋を潤いのある空間に変えてくれます。1輪の花、1株のグリーンでも大きな効果があります。

明るい窓の近くに、大きなグリーンを飾った例。自然の形と色で、ナチュラル感のある空間を演出できる。18

2 おすすめの観葉植物

ここではマンション・インテリアで活躍しそうな、室内で育てやすく、手に入りやすい主な観葉植物を10種類紹介します。ただし水やりは必須です。それぞれの特徴を知って、大切に育てましょう。

ドラセナ・コンシンネ
- リュウゼツラン科
- 原産地：マダガスカル

- 植替え：5〜8月
- 越冬環境：8℃以上／半日陰で
- 置き場所：年間を通し、直射日光を避けた明るい室内。夏は戸外では50％の遮光で
- 水やり：5〜10月は鉢土が乾いたら。11〜4月は3〜4日待ってから

赤く細い葉と幹の曲線がおもしろく、インテリアにぴったりの植物。

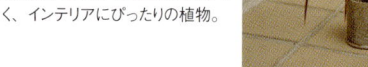

サンセベリア
- リュウゼツラン科
- 原産地：アフリカ、インド

- 植替え：5〜9月
- 越冬環境：10℃以上／日なたで
- 置き場所：カーテン越しの光が当たる窓際。夏の直射日光では葉焼けするので、戸外では半日陰に
- 水やり：5〜10月は鉢土が乾いたら。11〜4月は葉に霧吹きで水をかける程度

丈夫で暑さと乾燥に強いが、寒さには弱いので冬場は暖かい場所で。ボリューム感ある緑を楽しめる。

表1 インテリアに適した主な観葉植物

アジアンタム
- ワラビ科
- 原産地：熱帯アメリカ

- ●植替え：5〜10月
- ●越冬環境：7℃以上／半日陰で
- ●置き場所：年間を通し、室内でレースカーテン越しに日の当たる場所が最適
- ●水やり：年間通し、鉢土が乾いたらたっぷりと。冬季は葉に霧吹きで水をかけて保湿する

みずみずしい小さな葉がかわいらしい植物でディッシュガーデンに適する。乾燥が苦手なので水やり、冬季の保湿は欠かさずに。

ポトス
- サトイモ科
- 原産地：ソロモン諸島

- ●植替え：5〜8月
- ●越冬環境：8℃以上／半日陰で
- ●置き場所：年間を通して明るい室内で。日光が大好きだが日陰にも強い
- ●水やり：5〜10月は鉢土が乾いたら。11〜4月は3〜4日待ってから

挿し木が簡単で、つるをコップに挿すだけでも育つ。ハイドロカルチャーなど水栽培に適している。乾燥に強い。

モンステラ
- サトイモ科
- 原産地：熱帯アメリカ

- ●植替え：5〜8月
- ●越冬環境：8℃以上／半日陰で
- ●置き場所：高温多湿と半日陰を好むので明るい室内に
- ●水やり：5〜10月は鉢土が乾いたら。11〜4月は3〜4日待ってから。冬季は葉に霧吹きで水をかけて保湿する

葉が大きく形も印象的で、熱帯雨林をイメージさせる植物。

テーブルヤシ
- ヤシ科
- 原産地：熱帯〜亜熱帯〜温帯

- ●植替え：5〜9月
- ●越冬環境：5℃以上／半日陰で
- ●置き場所：日光を好むが、年間を通して室内でもOK
- ●水やり：5〜10月は鉢土が乾いたら。11〜4月は3〜4日待ってから

ヤシ類の中では寒さに強く、丈夫で育てやすい。葉にボリュームが出て横に広がった場合は、台座で高くしたり、大きめの鉢カバーでバランスをとって飾る。

アイビー
- ウコギ科
- 原産地：ヨーロッパ

- ●植替え：5〜10月
- ●越冬環境：5℃以上／半日陰で
- ●置き場所：日陰でも日なたでも大丈夫
- ●水やり：年間通し、鉢土が乾いたらたっぷりと。さらに時々、霧吹きで水をかけて保湿

冬の寒さにも強く、関東以南以西では戸外で越冬可。乾燥するとハダニがつきやすいので保湿は欠かさずに。高さのある鉢に植えると垂れ下がる茎葉の動きを楽しめる。

オリヅルラン
- アンテリクム科
- 原産地：南アフリカ

- ●植替え：5〜9月
- ●越冬環境：5℃以上／半日陰で
- ●置き場所：日陰でも日なたでも◎。室内では風通しのよい、レースカーテン越しに日が当たる場所が最適
- ●水やり：5〜10月は鉢土が乾いたら。11〜4月は2〜3日待ってから

比較的低温にも耐えられる、育てやすい常緑多年草。吊鉢やスタンドで高さを出して飾ると、まさに折鶴のような美しい形が楽しめる。

パキラ
- パンヤ科
- 原産地：熱帯アメリカ

- ●植替え：5〜10月
- ●越冬環境：8℃以上／半日陰で
- ●置き場所：明るい室内で。耐陰性もあるが、日照不足だと枝が弱り、葉の色が悪くなる
- ●水やり：5〜10月は鉢土が乾いたら。11〜4月は2〜3日待ってから

手に入りやすく、モダンですっきりした形の植物。大鉢のものを部屋のコーナーに飾ると、森の中にいるような安らぎ感が生まれる。

シンゴニウム
- サトイモ科
- 原産地：熱帯アメリカ

- ●植替え：5〜9月
- ●越冬環境：8℃以上／半日陰で
- ●置き場所：年間を通して室内にガラス越しの日光が届く場所。冬は明るく暖かな部屋の、直射日光の当たらない場所
- ●水やり：5〜9月は鉢土が乾いたら。10〜4月は1〜2日待ってから。冬季は葉に霧吹きで水をかけて保湿する

耐寒性・耐陰性があり、少しの光でも育つので置く場所を選ばない。

③ 上手なディスプレイのテクニック

グリーンを飾るときに必要なのは光です。できれば、自然光がいろいろな方向からグリーンを照らしてくれる、明るい窓際に飾るのがベストです。

自然光の当たらない場所では、照明のあかりと組み合わせます。スタンドや間接照明による後ろからの光は、葉の緑をあざやかに見せ、葉や茎のシルエットがきれいに浮かび上がります。一方、ダウンライトやスタンドによる上からの光は、グリーンを自然なイメージで、生き生きと見せる効果があります。また、グリーンと一緒に飾るものの大きさや高さに気を配り、空間全体でバランスがとれるように飾りましょう。

観葉植物を寄せ植えしたディッシュガーデン（写真上）。バリ風の小物と一緒に、夏の季節のディスプレイ。ガラス容器の中の小さな箱庭のようなテラリウム（写真下）。お気に入りの小物と一緒に飾ってリビングのワンポイントに。／東京都Y邸

部屋のコーナーに飾ったグリーンを、背後からおだやかな間接照明の光で照らした例。グリーンは、まわりの家具とバランスのとれた高さで飾れるよう、適切な高さの鉢を選び、空間全体のバランスにも気を配ること。鉢を部屋のテイストにそろえるのも忘れずに。[7]

Part5 ● センスが光る小物選びとディスプレイ

高さの違うグリーンを、鉢のテクスチャーとテイストをそろえ、シンプル・モダンのテイストの部屋に配置した例。ベッドの足元のグリーンは動線をさえぎらないように飾る。 64

窓際のグリーンがアジア風インテリアのリラックス感を高め、リゾート感覚のくつろぎ空間に演出。昼は外光、夜はフロアスタンドが、それぞれ緑を鮮やかに照らす。 30

天井の梁まで届く背の高いグリーンがダウンライトに照らされて、まるで半屋外にいるようなイメージに。グリーンはシンプル・モダンなテイストの部屋のアクセントカラーとしても◎。大きなグリーンは森の中にいるような安らぎの雰囲気を生み出し、都会生活の中でも人間らしさを取り戻してくれる一方、水やりや肥料、虫の手入れなど、こまめなケアが必要。 8

インテリアに潤いを与える小さなガーデニング

❶ ハイドロカルチャー

1つの器の中に植物を寄植えして楽しむミニチュアガーデン。ここでは、マンションにおすすめの3種類を紹介します。専用の清潔な用土でおしゃれに楽しめるハイドロカルチャー、ガラスの中で小さな箱庭を楽しめるテラリウム、お気に入りの皿の上に広がるディッシュガーデン。いずれも鉢植のグリーンに比べて水やりなどの手間が少なく、小さいため、その時々でいろいろな部屋で楽しめます。何より、好きな器と植物で、部屋の中に自分だけのガーデンを手軽に作れるのが魅力です。

部屋に土を持ち込むのが苦手な人には、水で育てるハイドロカルチャーがおすすめ。ハイドロカルチャーに適した、水栽培用の苗も市販されている。色付きのゼオライトや炭素ボールで楽しい雰囲気を演出。

❷ 仕上がりをイメージする

↑植え込むグリーンの種類や配置、寄せるバランスをあらかじめ決める。器を汚さないよう、中にまだ植物を入れないこと。

❸ 用土を敷く

↑用意した紙を筒状にし、器に用土を深さ3cmぐらいまで流し入れる。グリーンを植え込む位置をそれぞれ、スプーンで軽く穴を掘って決める。

❶ 用意するもの

◎材料
- 用土（室内観葉植物用）
- グリーン
  - オリヅルラン
  - プテリス
  - シンゴニウム
  - プミラ
- 小石（仕上げに使う。大きさや質感の異なるものを数種類）

◎道具
- 広口のガラス容器
- 菜ばし（片方の先端には容器の清掃用に化粧用のコットンを巻き、テープで留めておく）
- 料理用の柄の長いスプーン（先端がスプーン状の細長い棒なら他でも代用可）
- 水差し
- 霧吹き
- A4〜B4サイズ程度の紙

●テラリウムの作り方

上の❷のテラリウムの作り方を紹介します。あまり成長しない植物を選び、性質（特に必要な水分量）が似ているものを組み合わせるのがポイントです。葉の色や形、伸び方などのバランスを考えて選びましょう。今回は育てやすい観葉植物を4種類選びました。選び方がわからない場合はガーデンショップ等に相談を。

Part5 ● センスが光る小物選びとディスプレイ

3 ディッシュガーデン

バリ島をイメージしたディッシュガーデン。皿の上に観葉植物を寄植えしたものに白い貝をあしらい、坪庭の楽しみをマンションのインテリアに。

2 テラリウム

透明な容器の中に土を入れ、グリーンを寄植えしたテラリウム。容器の中の植物は光によって光合成を行い、葉や土から蒸発した水分が容器の中で霧をつくり、水滴となって土に戻る。容器の中で自然界と同じサイクルが営まれている。本来は瓶の中で作るが、今回は植え込みや手入れのしやすさを考えて金魚鉢を使用。フタをしても構わない。

作ったテラリウムの生育方法

◎ 置き場所
室内の明るいところに置くときれいに見えます。ただし直射日光が当たらないように。

◎ 肥料・水やり
大きく育てる必要がないので肥料はいりません。用土全体が乾燥してきたら、水を少しずつ与えます。

◎ 手入れ
伸びすぎたり枯れた葉はカットするなど手入れをし、美しく楽しみましょう。

5 用土でカバーする

↑植え付けができたら、もう一度紙筒を使って周囲に用土を入れる。充分に土を盛ったら表土をスプーンで整える。

6 水やり後、容器をキレイに

4 グリーンを植える

↑鉢土を半分ぐらいに落としたグリーンを、大きなものから順に植えていく。葉ばしで株の根元を固定しながら、スプーンで根が隠れるように用土をかける。バランスを整えながら、他の小さなグリーンも植えていく。

←水差しや霧吹きで葉の汚れを洗い落としながら、水を用土全体にしみるまで、少しずつ与える。容器の内側の汚れをコットンできれいに落とし、仕上げに小石を飾れば完成。

2 テキスタイル

1 特徴とインテリアでの効果

空間に彩りを添え、部屋の印象を大胆に、しかも手軽に変えられるアイテムがテキスタイルです。マンションはシンプルなつくりなので部屋のいろいろな場所で使う白い壁の部屋が多いので、テキスタイルの色や素材を上手に組み合わせて、部屋のメインカラーやアクセントカラーを変えて楽しみましょう。テキスタイルは軽い素材なので部屋のいろいろな場所で使え、季節や日々の気分に合わせて取替えが簡単にできるのが魅力。

異なる2種類のテキスタイルで、同じダイニングテーブルをコーディネートした例。テーブルクロスとランチョンマットを変えるだけでもテーブルの印象が大きく変わり、シチュエーションに応じた雰囲気で食事を楽しめる。／巻頭O邸

インテリアのテイストと合った布を飾ると同時に、あまり部屋の中に出てきてほしくないテレビや家電などを、さりげなく隠すテクニック。／巻頭SY邸

厚手のカーテンとソファのクッションに、同じ布を用いた例。テキスタイルのシックな柄を統一することで洗練された雰囲気に。絵、グリーン、燭台によるディスプレイ・コーナーとテイストを合わせたのもポイント。[17]

2 上手なディスプレイのテクニック

●クッション

誰にもなじみ深いアイテムで、部屋のアクセントカラーになったり、他のアイテムと色をそろえば、メインカラーとなってインテリアを整えます。カバーを取り替えられるので大活躍。ソファを飾るアイテムとして、また床のワンポイントカラーとしても役立ちます。

●椅子のカバー

使い慣れた椅子に、好みの色や柄のきれいな布でカバーを掛ければ、家具を変えずにインテリアのイメージを一変できます。部屋のテイストと合わなくなった古い椅子も活用できるアイデアです。全部を覆うカバーと一部を覆うカバーがあり、いずれもすっきり見せることがポイントです。

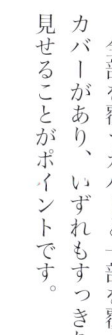

家具やラグをベースカラーの白でそろえ、ピンク〜紫系のクッションをアクセントカラーとした例。フェミニンな家具のチョイスをより生かす布使い。36

二重使いのカーテンに壁紙の色と柄をそろえた部屋。さらに同柄・色違いのテキスタイルで椅子をカバーリングし、エレガントな雰囲気をいっそう高めている（写真のカバー付きチェアは参考商品）。16

ロールスクリーンとクッション・カバーの色をそろえた例。色数をコントロールすることで、ナチュラルカラーで統一し、洗練されたシンプル・トラディショナルに。22

●テーブルクロス

部屋のテイストに合ったテキスタイルでテーブルを飾れば、毎日の食事やティータイムを、いっそう楽しく演出できます。テーブル全体を覆うテーブルクロス、テーブルの中央にかけるセンタークロス、テーブルを囲む人それぞれに用意するランチョンマットなどのさまざまなアイテムを、その日のメニューや時間帯、集まるメンバーによって使い分けて。季節ごとに料理や食器などの色や素材と合わせるのがポイントです。

テーブルの中央に敷かれたセンタークロスは、和装の帯をリサイクルしたもの。トレイの中に敷いているのは布巾だが、帯と似た色調の和柄なので、うまく調和がとれている。アイディアとセンスが光る、テーブルコーディネートの例。／巻頭SY邸

床の色に合わせて、ぬくもりあるナチュラルカラーで家具を統一した、やさしい雰囲気のリビング。テーブルの紫のセンタークロスをソファの色のトーンにそろえて落ち着いた雰囲気を演出している。64

●ベッドカバー

ワンルームなど、ベッドが来訪者の目に触れるような部屋では、ベッドをテキスタイルでドレスアップすることも大切です。ベッド自体をキャンバスに見立てて、さまざまな色、質感、柄の布で、季節ごとに平面構成をデザインする感覚で楽しみましょう。クッションや枕カバーに、アクセントになる色を使うときれいに見えます。

●ラグマット

ラグは一番手軽にインテリアのベースカラー（床）のボリュームを変えられるアイテムです。カーテンやソファ、クッションなど、他のテキスタイルの色や素材と組み合わせることで、インテリアにさまざまなイメージをもたらすことができます。床の色や、ソファなどの大きい家具や、壁の色とのバランスをとることが大切です。

ベッドのカバーとヘッド、クッションの緑がメインカラー。ラグと枕元の絵の黄緑色がよく合い、緑のアンサンブルが生まれている。アクセントで反対色の紫のクッションをプラスすればバランスがとれ、ベッドルームがとても楽しい雰囲気に。部屋全体のカラーをうまく調整したのがポイント。45

3 漆器・木

1 特徴と効果・上手なディスプレイのテクニック

日本古来の漆器や、さまざまな木の部分と組み合わせたときのテイストやバランスを考えること。漆器は数を絞り、ポイントとして飾るときれいに見えます。他の木の部分と組み合わせたときのテイストやバランスを考えた木を用いた小物は親しみやすく、天然素材がもつやわらかさが、居心地のいいインテリアを演出します。

アンティークな風合いの収納家具に、色のトーンを合わせた漆器と木の小物を飾った例。落ち着いた渋い質感のミラーフレームや、それと似た素材感のメタル小物などもミックス。全体が安定感ある三角形の構図を描き、重厚感あるディスプレイ・コーナーをつくり出している。65

4 カゴ

1 特徴と効果・上手なディスプレイのテクニック

カゴは和風、カントリー調やエスニック風になりやすいので、飾り物として見せる場合は、カゴの色や目、形など、他のものとのバランスを考えてインテリアのテイストに合わせること。またカゴに入れるもののバランスも考えて。

[（手前）重なるラタン長方形バスケット・中（奥）重なるラタン長方形ボックス・フタ付]（手前）約W260×D360×H160（奥）約W180×D260×H160／サイズが小さく、さまざまな形状のものがある文房具や生活雑貨などはそのまま置いておくと、部屋が雑然としたイメージに。そうした雑貨類をすっきりさせるには、部屋のテイストに合ったカゴにまとめて入れると便利。収納しながら美しく飾るのがおすすめ。86

5 陶磁器

❶ 特徴とインテリアでの効果

陶磁器は、皿や食器、フラワーベースに壺など、普段から使えるものをそのまま飾ることができ、ディスプレイに大活躍するアイテムです。人形、置物や照明器具などディスプレイに大活躍するアイテムです。

身近な品を活用できるのがうれしいところ。ガラスやメタルよりも質感がやわらかく、つややかな雰囲気をインテリアに取り入れられるのも魅力です。

つるっとした質感の陶器を組み合わせたディスプレイ。ライティングによって、飾った陶器と花をつややかに見せる工夫をしたい。ディスプレイ・アイテムのバランスとコントラストを上手につくり出している、飾り台のシャープなテーブルの美しさも大きなポイント。まるで1枚の絵のように美しいディスプレイの例。33

扉に描かれた紋様が美しいアンティーク調のサイドボードの上に、いろいろな形の陶磁器を飾ったもの。色をそろえて雑然としたイメージを感じさせない。絵の飾り方、ドライフラワーのフォルムの雰囲気に共通した美しさがある、ハイレベルなディスプレイ。光をサイドから当て小物の影も含めたディスプレイになっている。65

2 上手なディスプレイのテクニック

陶磁器は飾るとインテリアに高級感を演出できるアイテムで、部屋のフォーカルポイントの演出にも適しています。身近な品でいろいろな種類や質感があるので、イグをエ夫しながら決めていくのインテリア・テイストと調和するように気をつけましょう。アートとして価値のある陶芸品は美しく飾ると部屋を格調高い雰囲気に彩りますが、どんなに価値のある品でも、部屋のテイストに合わないと逆効果になるので注意。陶磁器の質感や表情をきれいに見せるには、前方や上からのライティングが効果的。置物の形によって光を当てるべき方向は違うので、最も美しく見えるライティングを工夫しながら決めていくのも、楽しみのひとつです。また陶磁器は、その大きさに応じて、余白の空間がゆったりとれるような置き方をすることがポイント。大きなものなら、より広い空間の余白が必要となります。フラワーベース（花器）として飾るときは、花の量や色とのバランスを考えて。

高級感あるサイドボードを利用して、リビングにフォーカルポイントを。2枚の絵を中心にシンメトリーの構図を描いたディスプレイで、家具や置物はすべてモノトーンに統一。陶磁器の鉢に入れたグリーンの葉の形がディスプレイに動きをつけるアクセントとなっている。36

味わいのある古い茶だんすと合わせて、アジア各国への旅行で集めた茶器などをさりげなくディスプレイ。手前のグリーンがアクセントカラーに。／巻頭SY邸

6 ドライフラワー、プリザーブドフラワー、アートフラワー

1 特徴とインテリアでの効果

ドライフラワーやプリザーブドフラワー（自然の植物の加工品）は美しい自然の造形や風合いがあり、水やりなどの手間をかけずに、グリーンと通ずる、やわらかく潤いのある雰囲気をインテリアに演出できるアイテムです。華やかな草花の美しさを自由に楽しめるアートフラワー（造花・工芸品）の、最近の技術は本物と見間違うほど。インテリアに取り入れたいアイテムです。

アイアンの小物、ワインラック、キャンドル・スタンドを、アートフラワーと組み合わせてディスプレイ。フラワーに合わせたリボンも色が美しく映え、また色味を抑え目のカラーコーディネートで自然の雰囲気を演出。／巻頭O邸／フラワーアレンジメント：B+augment Co.,Ltd.

2 上手なディスプレイのテクニック

ドライフラワーは自然の枯れた風合いが魅力。インテリア・テイストと合う色のものを飾るのがポイントです。アートフラワーは色と形を自由に選べるので、好みのインテリア・テイストに合わせて。プリザーブドフラワーは湿度の少ないところに。いずれも生花やグリーンを同じコーナーに飾らないこと。異なる質感がぶつかり合い、互いのよさが生かされません。

上：スタンドに飾ったドライフラワーのリースの手前に小物を配した楽しいコーナー。色と素材をそろえて飾る。思い出の写真や好きなものを集めて飾る場合は、色と素材のバランスを調整することが大切。
左：思い出のグラスとシャンパン・ボトルを、さわやかな色のプリザーブドフラワーと一緒にディスプレイ。夏のイメージを感じさせるコーナーづくりの例。キャンドルの光で花の色がよりきれいに見える。／東京都Y邸（写真2点とも）

7 メタル小物

1 特徴とインテリアでの効果

普段使う品をそのまま飾れるので、ディスプレイに使いやすいアイテムです。飾ることでインテリアに程よい緊張感が生まれるのが魅力。

ただしひと口にメタルといっても、黒味がかったアイアン、しっとりとしたシルバー、輝きを放つステンレスなど、材質によって質感はさまざま。したがってそれぞれのアイテムが与える印象や、インテリアにもたらす効果は、素材や形によって異なります。一般に、装飾性の高いものは空間に重厚感を与え、一方、シャープな形や素材感のものは、空間をクールに演出してくれます。

また素材の性質上、錆びないような手入れが必要です。

トラディショナルな雰囲気のダイニング。テーブルにセンタークロスをあしらい、アイアンの燭台をプラス。チェストの上のディスプレイも重みのあるメタルのスタンドとフォトフレームをシンメトリーに飾って、雰囲気をそろえる。ワンランク上のインテリアに。64

2 上手なディスプレイのテクニック

さまざまな種類があるメタル小物を飾るときには、アイアンならアイアン、シルバーならシルバーと、素材の種類を統一すること。素材感をそろえれば、いろいろな形のアイテムを並べてもきれいに見えます。ディスプレイ・スペースの家具や照明器具にメタルが使われている場合は、その材質とも合わせることを忘れずに。

落ち着いたダークトーンの収納戸棚は、上手なディスプレイでいっそう魅力的に。渋めのシルバーで統一したフォトフレームを三角形をつくるように飾って。大きさや並べ方のバランス感覚がポイント。45

シンプルな白のソファの背面にしつらえた飾り棚を、数種類のメタルアートでディスプレイ。大きなもの、小さなもの、平たいものをうまく配置したためバックの白が余白として生きる。落ち着いた色調でまとめたことでインテリア全体の雰囲気を引き締め、優雅で格調の高いくつろぎ空間に。美術館の展示のようなディスプレイ。56

8 ガラス小物

1 特徴とインテリアでの効果

ガラスは光を通したり反射したり、光との相乗効果が大変魅力的な素材です。カットされたガラスは、キャンドルや照明のわずかな光も反射して輝き、部屋の中の暗くなりがちなコーナーに置いても輝きます。どんなテイストにも合い、インテリアにもたらす清潔感ときらめき感が魅力です。

ストラスビーズ社のストラスビーズが美しいシャンデリア。カットされたガラスは、光を浴びるときらきらと輝くのが特徴。シャンデリア近くの飾り棚にガラス小物をディスプレイすれば、ガラス同士の重なる相乗効果で、より美しいきらめきを楽しめるゴージャスなディスプレイに。／[OP034372] 5

2 上手なディスプレイのテクニック

ガラスは一般的にシャープな印象を与えますが、色や質感によって、アンティークややわらかい印象などにも。質感はメタルほど冷たくなくて清潔感もあり、他のいろいろな材質ともなじみやすく、飾りやすいアイテムです。素材の向こうが透けて見える特性を利用し、花やグリーンを生けて、きれいに見せるという使い方もあります。

カフェカーテン越しに光が差し込む窓辺には、色付きガラスの小物をディスプレイ。光を通すとステンドグラスと同じ効果を得られ、素材と光の美しさが引き立つ。 19

透明感のあるガラス・スタンドと小物を、明るい窓際に飾る。無色のガラスは、インテリアに清楚なイメージと広がりを演出してくれる（全て参考商品）。 16

9 ミラー

1 特徴とインテリアでの効果

景色を映すミラーには窓と同じ効果があり、部屋を広く見せることができます。映り込むものを2倍にして見せるので、特にグリーンをミラーの前に置くと、部屋に占める緑の量が増えて見えるので、部屋に潤いを与えるのに効果的。空間を広くとれないマンションでは、積極的に活用するとよいでしょう。

壁際の姿見の活用例。手前にグリーンを置いて緑を2倍に見せ、さらに部屋の反対側の景色を映し、奥行感をアップ。／東京都Y邸

2 上手なディスプレイのテクニック

大きいミラーはそれ自体を飾るというよりも、空間の広がりや明るさを演出するために使うと効果的。部屋の反対側の景色や照明の光、グリーンがうまく映り込むような角度で置きます。ドレッサー、テーブル、サイドボードなどの上に小さいミラーを置く場合は、まわりに配置する小物を、鏡面やフレームのテイストとそろえることを忘れずに。

上：高い位置に飾ったミラーは照明を映し込み、空間を広く見せるとともに、部屋を明るい雰囲気に演出。鏡の前のドライフラワーが部屋に奥行きを感じさせる。／巻頭O邸　左：床に座る生活ではミラーもちょうど目線の高さで広がりを。寿司桶に酒器などの小物をまとめ、すっきりと涼しげな和の演出を。／東京都Y邸

ディスプレイのQ&A

Q 観葉植物が好きで、気に入ったものを買い集めているうちに、部屋には高さの違う鉢植えがたくさん。グリーンをいろいろな場所に置いて楽しんでいますが、どうもインテリアが散漫に見えるような気がします。高さの違うグリーンを、うまく飾る方法はありますか？

A 高さの異なるグリーンは、1カ所にまとめて飾ったほうが効果的です。

左上の写真の場合では、ブロックを使って鉢の高さを調節していきます。その際には、背の高いグリーンと低いグリーンの、タテの空間のつながりを考えて並べてみることがおすすめです。つまり上から下へと、緑のラインがつながっていくようなイメージで鉢を配置していくといいでしょう。

具体的には、いちばん背の高いグリーンを後ろに、いちばん背の低いグリーンを前に置きます。それらの中間の高さに、1つ以上のグリーンを置いて、緑のつながりをつくります。適当な高さの鉢がない場合は、花台や箱などを使い、高さを調節してください。

このようにたくさんの緑を飾るときは、鉢のテイストや色をそろえるとうまく飾れます。また植物の葉の色合いのバランスにも気をつけてください。

中間の高さに置いた鉢から上に伸びるアスパラガスと、下に垂れるアイビーのつるが、高さの違う緑をつないでいます。

ブロックを使って鉢の高さを調節し、高さの違う緑をつないだ例。鉢の色は白で統一。／東京都Y邸

Q 飾りたい小物はたくさんあるのですが、うまく飾れる場所がなくて困っています。

A 住まいが分譲マンションならば、リフォームの際に、間仕切り壁や壁をくりぬいた飾り棚（ニッチ）を作ってみるのはいかがでしょうか。

右下の写真は、以前ドアのあったところを壁にしてニッチを作った例です。あくまで壁の厚さを利用した飾り棚なので小さなものしか飾れませんが、部屋のフォーカルポイントとして充分に楽しむことができます。

ニッチには家具用の小さなダウンライトや、LEDのスタンドを置いて間接照明を加えれば、より魅力的なディスプレイ・スペースとなります。

ニッチに限らず、ディスプレイ専用のスペースには好きなものを全部並べるのではなく、そのスペースに最もマッチしたものを選んで、数を少なめに飾ることが大切です。

壁と色・質感をそろえた小物を等間隔にバランスよく配置。小物の色がインテリアのアクセントカラー。テーマを絞ってすっきりと美しくニッチを活用。／巻頭KI邸

● 掲載写真に関する問合せ先（写真提供）一覧 ●

掲載写真および、写真中の製品等に関するお問合せは、写真解説の文末に赤字で示した番号を確認し、対応する各社へお願いします。
電話番号の記載がない場合はホームページ等でご確認下さい。

[1] ヤマギワ
ヤマギワリビナ本館
東京都千代田区外神田1-5-10
☎ 03-3253-5111 （代表）
http://www.yamagiwa.co.jp

[2] MERIDIANI
http://www.meridianisas.it

[3] GRANGE
http://www.grange.fr

[4] 長谷萬インテリアギャラリー
東京都江東区富岡2-1-6 長谷萬ビル1F
☎ 03-5245-1495
http://www.haseman.co.jp

[5] オーデリック
東京都杉並区宮前1-17-5
☎ 03-3332-1123
http://www.odelic.co.jp

[6] コイズミ照明
お客様相談室 ☎ 0570-05-5123
http://www.koizumi-lt.co.jp

[7] 山田照明
東京ショールーム ☎ 03-3253-5161
http://www.yamada-shomei.co.jp

[8] パナソニック電工
お客様ご相談センター ☎ 0120-878-365
http://panasonic-denko.co.jp

[9] LUMINABELLA
ルミナベッラ
東京都港区北青山1-2-3 青山ビルヂング
☎ 03-3470-8606
http://www.luminabella.co.jp

[10] タルジェッティ ポールセン ジャパン
（louis poulsen）
東京都港区六本木5-17-1 アクシスビル3F
☎ 03-3586-5341
http://www.louispoulsen.com

[11] MOLZA
住所：岐阜県関市武芸川町八幡983
☎ 0575-46-1481
http://www.molza.co.jp/interior/index.htm

[12] LE KLINT
http://www.leklint.com/pre/frontsite.aspx

[13] SCANDEX
☎ 03-3543-3453 （代表）
http://www.scandex.co.jp

[14] CIBONE
CIBONE AOYAMA
東京都港区北青山2-14-6 青山ベルコモンズB1
☎ 03-3475-8017
http://www.cibone.com

[15] TIME & STYLE
TIME & STYLE MIDTOWN 六本木店
東京都港区赤坂9-7-4 東京ミッドタウン
ガレリア3F
☎ 03-5413-3501 （FAX：03-5413-3502）
http://www.timeandstyle.com

[16] Laura Ashley
ローラアシュレイ表参道店
東京都渋谷区神宮前1-13-14 原宿クエスト2F
☎ 03-5772-6905 （営業時間 11:00 ～ 20:00）
http://www.laura-ashley.co.jp

[17] サンゲツ
http://www.sangetsu.co.jp

[18] 東リ
http://www.toli.co.jp

[19] トーソー
トーソーショールーム
東京都新宿区新川1-4-9
☎ 03-3552-1255
http://www.toso.co.jp

[20] ニチベイ
http://www.nichi-bei.co.jp

[21] Hunter Douglas
http://wf.hunterdouglas.asia/jp/jp

[22] タチカワブラインド
☎ 03-5484-6100 （大代表）
http://www.blind.co.jp

[23] 井上スダレ
http://www.sudare.co.jp

[24] 大光電機
http://www.lighting-daiko.co.jp/

[25] オークヴィレッジ
岐阜県高山市清見町846
☎ 0120-009-359
http://www.oakv.co.jp

[26] Fritz Hansen
http://www.fritzhansen.com/jp

[27] Zanotta
http://www.zanotta.it/Site/SiteHome_It.asp

[28] driade
http://www.driade.co.jp

[29] artek
http://www.artek.fi

[30] クラスティーナインターファニチャー
http://www.crastina.co.jp

[31] Cassina ixc.
カッシーナ・イクスシー青山本店
東京都港区南青山2-12-14
ユニマット青山ビル1、2、3F
☎ 03-5474-9001 （代表）
http://www.cassina-ixc.com

[32] Alias
http://www.aliasdesign.it

[33] アクタス
株式会社アクタス
東京都新宿区新宿2-19-1 BYGSビル12F
☎ 03-5269-3207
http://www.actus-interior.com

[34] ノルディックフォルム
東京都新宿区西新宿3-7-1 新宿パークタワー
リビングデザインセンター OZONE
☎ 03-5322-6565
http://www.ozone.co.jp/nordicform

[35] Carl Hansen & Son Japan
http://www.carlhansen.jp

[36] IDC 大塚家具
東京都江東区有明3-6-11 TFTビル3 ～ 6F
（※2009年11月1日より上記の住居表示と
なります）
☎ 03-5530-5555
http://www.idc-otsuka.co.jp

[37] MEDEA
http://www.medea.it

[38] 秋田木工
http://www.akitamokko.jp

[39] 天童木工
株式会社 天童木工　東京支店
☎ 0120-24-0401
http://www.tendo-mokko.co.jp

[40] モービレ モービリ
東京都新宿区西新宿3-7-1 新宿パークタワー
リビングデザインセンター OZONE 5F
☎ 03-5322-6571
http://www.ozone.co.jp/mm

[41] hhstyle.com
hhstyle.com 原宿本店
東京都渋谷区神宮前6-14-2
☎ 03-3400-3434
http://www.hhstyle.com

[42] クワイエットアワーズ
http://www.quiet-hours.co.jp

[43] Cappellini
http://www.cappellini.it

[44] MAGNUS OLESEN
http://www.magnus-olesen.dk

[45] Arflex
アルフレックス ジャパン カスタマーサービス
☎ 0120-33-1951
http://www.arflexjapan.co.jp

[46] THE CONRAN SHOP
ザ・コンランショップ 新宿本店
東京都新宿区西新宿3-7-1 新宿パークタワー
リビングデザインセンター OZONE 3・4F
☎ 03-5322-6600
http://www.conran.ne.jp

[47] Kartell
カルテルショップ 青山
東京都港区南青山6-1-3 コレッツィオーネ2F
☎ 03-5468-2328
営業時間：11:00 ～ 19:30
定休日：水曜（祝日は営業）
http://www.kartell-shop.jp

[48] Vitra
http://www.vitra.com

49 Compasso Studio
東京都新宿区西新宿 3-7-1 新宿パークタワー
リビングデザインセンター OZONE 4F
☎03-5909-5221
http://www.compasso-s.jp/index.html

50 Ozzio
http://www.ozzio.com

51 Dellarobbia Japan
株式会社デラロビアジャパン
東京都港区麻布台 2-4-2
☎03-6229-1368
http://www.dellarobbia.jp

52 日本フクラ
http://www.hukla.co.jp

53 pour annick
プールアニック目黒店
☎03-6303-4511（FAX：03-3719-4333）
営業時間 11:00 ～ 20:00
定休日：年末年始
http://www.pourannick.com/

54 ダニエル東京
東京都新宿区西新宿 3-7-1 新宿パークタワー
リビングデザインセンター OZONE 4F
☎03-5322-6535
http://www.daniel.co.jp

55 MOROSO
http://www.moroso.it

56 フランスベッド
お客様相談室（平日 10:00 ～ 17:00）
0120-39-2824
http://www.francebed.co.jp

57 桜製作所
http://www.sakurashop.co.jp

58 にっぽんフォルム
東京都新宿区西新宿 3-7-1 新宿パークタワー
リビングデザインセンター OZONE 4F
☎03-5322-6620
http://www.ozone.co.jp/nipponform

59 RONALD SCHMITT
http://www.ronald-schmitt.de

60 WITTMANN
http://www.wittmann.at

61 bruhl
http://www.bruehl.com

62 Ceccotti Collezioni
http://www.ceccotticollezioni.it

63 コンテンポラリー・ジャパン
http://www.contemporary.co.jp

64 カリモク家具
0562-83-1111（代表）
（土・日・祝日を除く 9:00 ～ 17:00）
http://www.karimoku.co.jp

65 ABITARE
東京都目黒区三田 2-4-4
☎03-5724-6780
http://www.abitare.co.jp

66 MARCHETTI
http://www.acquacottabymarchetti.com

67 日進木工
http://www.nissin-mokkou.co.jp

68 Herman Miller
ハーマンミラージャパン株式会社
☎03-3444-7551
http://www.hermanmiller.co.jp

69 sumainu（スマイヌ）
株式会社グローブテイルズ
☎03-6410-4442
※注文は HP から
http://www.sumainu.jp

70 BISLEY COMBO
東京都港区北青山 3-10-12
☎03-3797-6766
http://www.bisley.co.jp

71 Francfranc
0120-500-924
（土・日・祝日を除く 9:00 ～ 18:00）
http://www.francfranc.com

72 Campeggi
http://www.campeggisrl.it

73 日本ベッド
日本ベッド製造株式会社
0120-964-776
（土・日・祝日を除く 10:00 ～ 17:00）
http://www.nihonbed.com

74 シモンズ
0120-316-066
（土・日・祝日、年末年始を除く 10:00 ～ 17:00）
http://www.simmons.co.jp

75 ClassiCon
http://www.classicon.com

76 STOKKE
http://www.stokke.com

77 STOKKE JAPAN
株式会社 ストッケ ジャパン
東京都中央区明石町 2-20
☎03-5148-2013

78 FLOS
http://www.flosjapan.com

79 Artemide
http://www.artemide.com

80 Rotaliana
http://www.rotaliana.it

81 Catellani&Smith
http://www.catellanismith.com

82 INGO MAURER
http://www.ingo-maurer.com

83 LIMBURG
http://www.glashuette-limburg.de

84 オゼキ
http://www.ozeki-lantern.co.jp

85 FLAVOR.
東京都目黒区駒場 4-6-6
ライオンズマンション駒場 101
☎03-3465-3555
http://www.flavor-design.com

86 無印良品
無印良品 有楽町
東京都千代田区丸の内 3-8-3
インフォス有楽町 2F・3F
☎03-5208-8241
http://www.muji.net

87 formenti
http://www.formentidivani.com

88 we
ショールーム
埼玉県入間市東町 1-3-5
☎04-2966-7552
http://we-original.com　※通販あり

89 FOSCARINI
http://www.foscarini.it

90 LUMINA
http://www.lumina.it

91 AURELIANO TOSO
http://www.aurelianotoso1938.com

92 ltre
http://www.itresrl.com

93 deMajo
http://www.demajoilluminazione.com

94 metalarte
http://www.metalarte.com

95 Royal Haeger
http://www.haegerpotteries.com

96 PEPPY
0120-838-780
（月～土 9：00 ～ 19：00、
　日・祝 9：00 ～ 17：00）
※注文は HP もしくはカタログから。
http://www.peppynet.com

Part **6**

マンションと
インテリアの用語集

インテリアに関する基礎知識

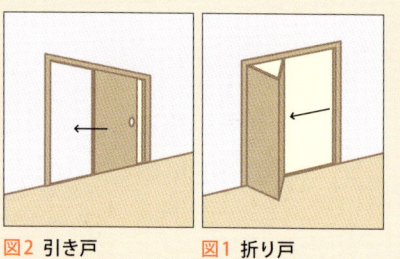

オープンキッチン キッチンエリアとダイニングやリビングなどとを壁などで区切らず、ダイニングやリビングと一体化した間取り。部屋は広く見えるが、キッチンの様子がまるみえになる。

折り戸 戸と戸が蝶番で連結されていて、開いたときに折りたためるようになっている戸。開閉に必要なスペースが小さくてすむので、クローゼットなどに使われる。（図1参照）

クローゼット 衣類を収納するスペース。通常は奥行き60cm程度と押入れより浅い。人が中に入り、衣類を選べるタイプはウォークインクローゼット。

図2 引き戸　　図1 折り戸

クロス 壁装材のこと。紙、ビニール、布からケナフや月桃などの自然素材までさまざまな種類がある。

珪藻土（けいそうど） 太古の植物プランクトンが海や湖の底に堆積して化石化した土。主成分は二酸化珪素で、超多孔質な構造から耐火・断熱・保温性のほかにも遮音性・吸放湿性が高く、消臭効果もある。主に壁装材などに用いられる。シックハウス症候群の心配がない自然素材として注目されている。

コルク ブナ科の常緑樹コルクガシの樹皮を原料として作られる。樹皮の細胞の中には無数の気泡が詰まっているので、コルク製品は軽量で弾力性があり、摩擦にも強く、断熱性や吸音・遮音性にもすぐれている。床・壁・天井材などに利用される。

システムキッチン キッチン作業に必要なシンク、調理台、レンジ、調理道具の収納部を自由に組み合わせ、スペースに合わせて一体成型されたワークトップ（天板）を載せたキッチン設備。

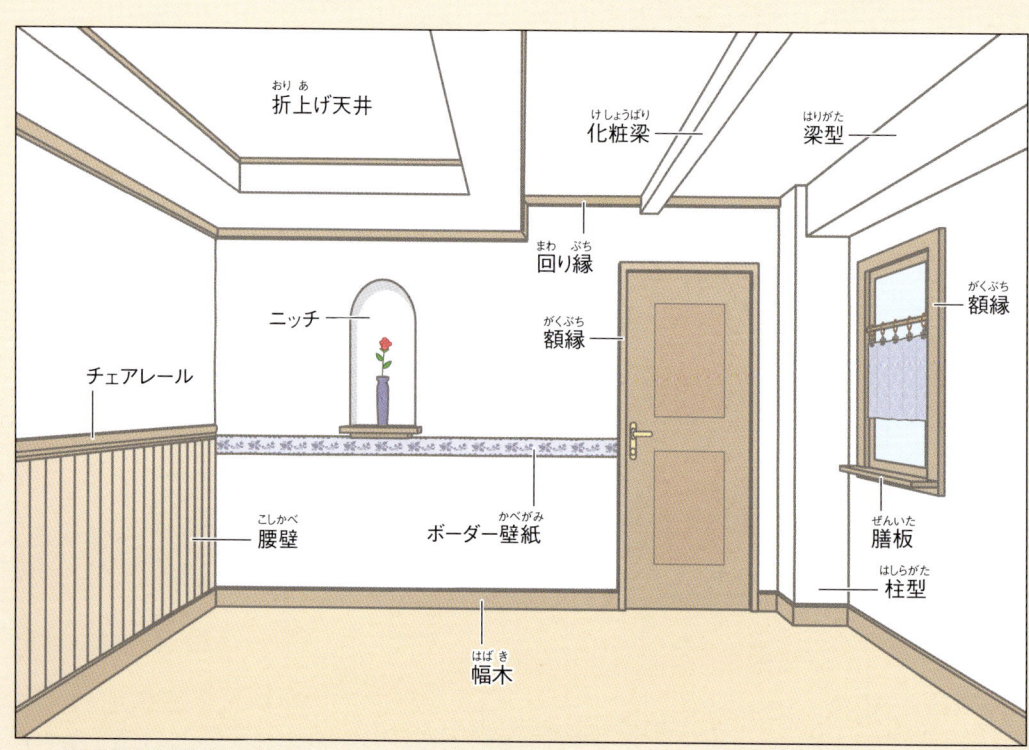

図3 洋室を構成する主なエレメント

（折上げ天井、化粧梁（けしょうばり）、梁型（はりがた）、回り縁（まわりぶち）、ニッチ、額縁（がくぶち）、チェアレール、腰壁（こしかべ）、ボーダー壁紙（かべがみ）、幅木（はばき）、膳板（ぜんいた）、柱型（はしらがた））

しっくい 石灰石を原料とする消石灰に砂や麻スサ（マニラ麻などの繊維をほぐしたもの）や紙スサ、糊などを混ぜて水で練り上げた左官仕上げ材。土壁より硬く、耐水性が高い。きめ細かな表情と磨きの艶も美しく、素朴な風合いが特徴。

引き違い戸 押入れの戸のように、左右2枚の戸をスライドして開閉する戸。左右どちら側からも開くことができる。3枚や4枚の戸で構成する場合もある。

引き戸 溝やレールに沿って左右方向にスライドさせて開閉する戸の総称。ドアのように、戸の前後に開閉用のスペースは必要ないが、引き込むための場所が必要。（204ページ図2参照）

フォーカルポイント インテリア空間の中で、人の視線が集中する場所。フォーカルポイントをつくり出すことでアクセントが生まれ、空間が広く見える効果がある。

フローリング 木や木質系の材料から作られた床材のこと。主にLDKや洋室に使われる。掃除はしやすいが、下階に音がひびきやすい。

水まわり キッチンやトイレ、洗面所や浴室など水を使う場所の総称。

ユーティリティ 家事作業用の設備を置いたスペースのこと。洗濯やアイロンがけなどの家事ができる。キッチンや浴室に接して設けることが多い。

はめごろし窓 採光や眺望を目的としてガラスを窓枠にはめ込んだ開閉できない窓のこと。デザインや大きさは自由で、飾り窓的な要素もある。

掃き出し窓 床面まで開口部のある窓。出入りできるため庭やテラスに面して設ける。掃除の際にほうきで埃を掃き出すところからこう呼ばれる。

動線（どうせん） 家の中や都市の空間において、人や物の動きを示した線のこと。

造作家具（ぞうさくかぐ） 造り付け家具。建築段階から建物に組み込まれた家具を指す。

シンメトリー ある軸に対して左右の形、色、大きさなどが相対応していること。左右対称。左右対称でないことをアシンメトリーという。

パントリー 食品や食器をストックする収納。本来はそのための部屋。

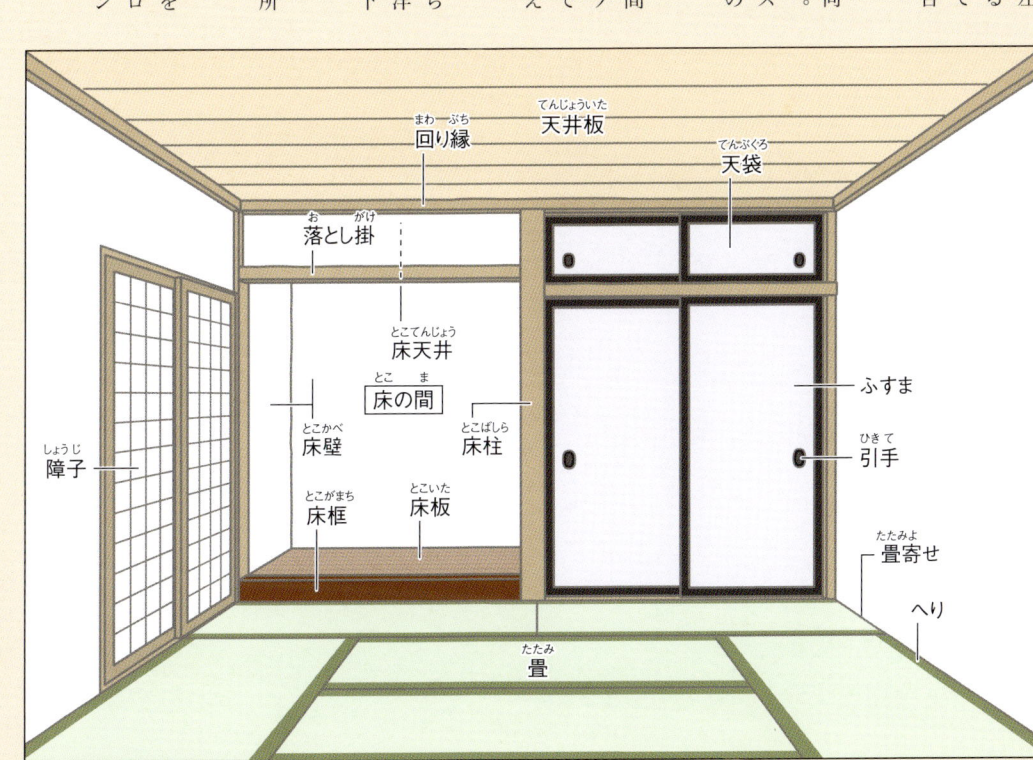

Part6 ● マンションとインテリアの用語集

図4 和室を構成する主なエレメント

205 インテリアに関する基礎知識

インテリアエレメントに関する用語

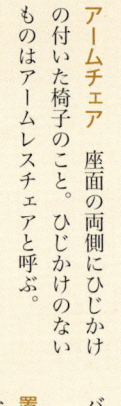

アームチェア 座面の両側にひじかけの付いた椅子のこと。ひじかけのないものはアームレスチェアと呼ぶ。

アンティーク 骨董品や古美術品の意。本来は古代ギリシャ・ローマから5世紀までの美術絵画・彫刻を指すが、現代では古い美術・工芸品や伝統様式の家具をいう場合が多い。

イージーチェア 座面を低く、奥行を深く、ひじかけを付け、背もたれの角度を大きくするなどした、ゆったり座れる休息用の椅子。安楽椅子ともいう。

インテリアエレメント インテリアを構成する要素のこと。天井や壁、床材など部屋の一部となっているものから、家具やカーテンまでを含む。

ウォールキャビネット 壁面に設置した収納家具や戸棚。

エクステンションテーブル 必要に応じて天板の長さを調節できる伸長式テーブル。折りたたみ式の補助板が付き、水平に伸ばすとテーブルが広く使える。

カップボード イギリスで生まれた高価な皿を飾る棚。一般的には台所で使う食器棚。

カバーリング 椅子やソファに着脱可能なカバーをかぶせて、ファスナーやテープで固定すること。汚れたら簡単に交換でき、家具の傷みを防げる。

カブリオールレッグ ロココ様式の椅子や机などの脚の形状。ゆるやかに湾曲し、床に着く部分が丸く反っているのが特徴で、「猫足」とも呼ばれる。（図6参照）

キャビネット 戸棚やタンスなど箱型の収納家具の総称。

オットマン イージーチェアやパーソナルチェアとセットになった足を載せるための低いスツール。

カウチ 片側に低い背当てとひじかけが付いたソファ状の寝椅子。（図5参照）

図5 カウチ

化粧板 合板の表面にさまざまな仕上げ加工を施した板。合成樹脂を含ませた化粧紙を貼り付けたプリント化粧板、薄くスライスした木を貼った天然木化粧板などがある。

合板 薄くスライスした単板を繊維方向が交差するように接着剤で何枚も貼り合わせたもの。ベニヤ合板、プライウッドとも呼ばれる。

コンソールテーブル 壁沿いに置く小型の装飾テーブル。花瓶や美術品などを置く。（図7参照）

サイドチェア ひじかけのない小さめの椅子。

サイドテーブル ソファやテーブルの脇に置く小さな補助テーブル。

サイドボード 背が低く横長で、飾り棚を兼ねた食器などの収納家具。ローボードとも呼ばれる。リビングルームに置き、AV機器などを収納するタイプはリビングボードと呼ばれる。

システム家具 空間に合わせて部材を組み合わせられる収納家具。

スタッキングチェア 収納や運搬に便利なようにデザインされたもので、積み重ねができる椅子の総称。

スツール 化粧用などに用いる背もたれとひじかけの付いていない椅子。

背板 椅子の背もたれの部分や収納家具の裏板をいう。

図6 カブリオールレッグ

図7 コンソールテーブル

置き畳 フローリングやタイルなど異なる床材の上に必要な分だけ敷いて使用する畳。色が付けられたものもあり、コンテンポラリーなインテリアにも利用できる。

206

●収納家具の部位の名称

背板 背面に用いる板のこと。
天板 タンスや棚などの最上部の板。
側板 側面に用いる板のこと。
蝶番 ちょうばん。開き戸が開閉できるように取り付ける金具。
ダボ 部材を接合させるとき双方に穴を開けておき、その中に挿入する木製の丸棒のこと。また、棚の高さを調整するための棚受けのこともダボという。
棚板 棚に物を並べる横板。本体に固定されたものと取りはずしや高さを調整できるものがある。
底板 箱や引出しの下側、底になる板。
引手 引出しや扉の開閉の際に手をかける金物など。

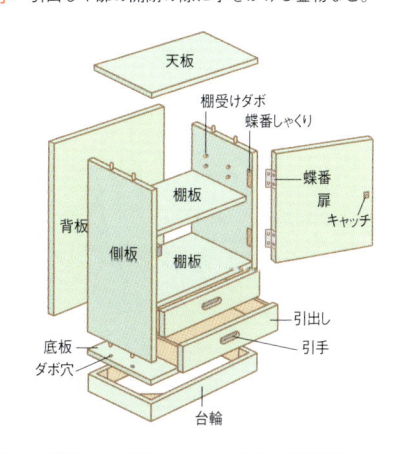

図8

チェスト 衣類や小物を収納するフタ付きの長方形の箱。または高さが胸ぐらいまでの小型の整理ダンスのこと。

天板 タンスや棚などの箱物家具の最上部の板。テーブルの甲板もいう。

ネストテーブル 同じデザインでサイズの異なるテーブルが3〜4卓組み合わされ、入れ子式に収納できるもの。必要に応じて引き出して使う補助テーブル。（写真1参照）

ビューロー 引出し付きの机。フタの部分を開くと机の天板になるタイプを上部の板。

パーティション 空間を区切るためのライティングビューローという。

1 ネストテーブルの例。アルヴァ・アールト「[88]テーブル」[1]

ラグ 床に敷く敷物。

ムク（無垢）板 天然木の一枚板。重厚で高級感があるが、合板に比べ、ヒビが入ったり反りが生じたりしやすい。

ブラス 真鍮のこと。銅と亜鉛の合金。加工しやすく錆びないので、ドアのハンドル、家具のパーツに用いられる。

レトロ 復古調、懐古趣味。

レプリカ 有名なアンティーク家具などの復刻版や複製品。

ワードローブ ハンガーに掛けた衣類を収納する家具。洋服ダンス。

ラック 物を載せたり掛けたりする棚や台の総称。

インテリアのスタイルとデザイナー

●インテリアのスタイル

アール・デコ アール・ヌーボーの後、1920〜30年代にフランスで起こった芸術様式。1925年のパリ博覧会の略称に由来。アール・ヌーボーに見られる装飾的な曲線を排し、ジグザグ模様や渦巻き、幾何学模様による、直線的でシンプルなデザインが特徴。スチール、ガラスなどの新素材を使った家具や日用品が多く生み出された。

アール・ヌーボー 19世紀末から20世紀初頭にかけてヨーロッパで始まった芸術運動で、過去の伝統芸術を否定し、新しい芸術をめざした。植物の蔓や茎などのうねるような曲線で豊かに装飾されたデザインが特徴。家具、工芸、ポスターや挿絵などその影響は多岐にわたり、現代の手工芸技術の基礎を築いた。代表的な作家にミュシャやエミール・ガレ、オルタなどがいる。

ヴィクトリアン イギリスのヴィクトリア女王が在位した1837〜1901年に流行した様式。バロック様式などの様々な様式を取り入れミックスした、重厚で豪華な雰囲気が特徴。過去のさまざまな様式を取り入れミックスした、重厚で豪華な雰囲気が特徴。アンティーク家具の中でも根強い人気を誇るスタイルの1つ。

ミッドセンチュリー 20世紀半ば、1940年代から60年代にかけての新しい家具デザインのムーブメント。プラスチックを使った自由な成形と、カラフルな発色の斬新で未来的なデザインの特徴をもつ家具、またはこのようなデザイン風の家具を指すことが多い。ミッドセンチュリー家具とは、この時代にデザインされた前述の特徴をもつ家具、またはこのようなデザイン風の家具を指すことが多い。

モダニズム 20世紀初めに生まれたデザイン様式で、国際建築様式とも呼ばれる。それまでの建築や家具に見られる不要な装飾を排し、合理性や機能性を重視したデザインが特徴。代表的な作家にル・コルビュジエがいる。ドイツの造形芸術学校、バウハウスも家具デザインなど広い分野で中心的な役割を果たした。

ロココ 1730年頃から、1770年頃までヨーロッパで流行した繊細な美術・建築様式。貴族社会で生まれたロココでは、白やピンク、クリームなど淡い色を多く使い、流れるような曲線で構成された優美な装飾美が特徴。

● **インテリアに関わるデザイナー**

アルネ・ヤコブセン（1902～1971）
デンマークの建築家・家具デザイナー。家具では硬質発泡ウレタンや成形合板を使用した椅子、照明ではAJランプなどが知られている。代表的な椅子に「アント・チェア」など。

アルヴァ・アールト（1898～1976）
フィンランドのモダニズム建築家・デザイナー。シンプルな北欧デザインの家具で知られ、曲げ木加工による「パイミオ・チェア」が有名。

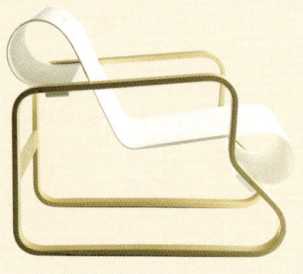

2 アルヴァ・アールト「パイミオ・チェア」1

エミール・ガレ（1846～1904）
フランスのアール・ヌーボーの工芸家。ガラス工芸、陶器、家具などで数多くの作品を生み出している。

チャールズ・イームズ（1907～1978）
アメリカの建築家・家具デザイナー。FRP、成形合板、スチールワイヤーなどの新素材を使った椅子を手がけ、世界の椅子のデザインに大きな影響を与えた。代表作に「ワイヤー・チェア」や「ラウンジ・チェア」などがある。

ハンス・J・ウェグナー（1914～2007）
デンマークの家具デザイナー。代表作品にムク材を利用した名作の椅子「Yチェア」をはじめ、「ザ・チェア」や「バチェアーズ・チェア」などがある。

イサム・ノグチ（1904～1988）
日本で生まれ、アメリカで活躍した彫刻家・造園家。岐阜提灯を現代的にデザインした和紙の照明シリーズ「アカリ」はシンプルな美しさで世界的に知られた作品。

ポール・ヘニングセン（1894～1967）
デンマークの建築家。北欧のモダンデザインを代表する1人。ルイス・ポールセン社と共同で発表した照明器具「PHランプ」シリーズは世界的に知られる。

ウィリアム・モリス（1834～1896）
イギリスの詩人・工芸デザイナー。自然をモチーフにしたファブリックや壁紙を数多く生み出した。「アーツ・アンド・クラフツ運動」の指導者として、手加工・手工業による良質の製品生産をめざした。

ミース・ファン・デル・ローエ（1886～1969）ドイツで生まれ、バウハウスで教鞭をとり、後にアメリカで活躍した建築家・家具デザイナー。1940年の万博で発表された「バルセロナ・チェア」が代表作。

ル・コルビュジエ（1887～1965）
フランスの建築家。近代建築の巨匠。ピロティのある家「サヴォア邸」は代表的な建築物。家具デザインも手がけており、クロームとレザーを組み合わせ、シンプルな直線で構成された「スリング・チェア」が有名。

3 ミース・ファン・デル・ローエ「バルセロナ・チェア」30

208

マンションに関する基礎知識

共有部分 マンション住戸のオーナーが共同で所有する部分。日常的には共用部分と同様の意味で使われることが多い。

共用部分 共同住宅などの建物で、複数の人が共同で使用する部分。法的共用部分と規定共用部分がある。エントランス、廊下、階段、エレベータ、ごみ置き場、管理人室など。公共部分ともいう。

コーポラティブ 共同組合方式で建設される住宅。共同生活を希望する住民が組合をつくり、土地の入手をはじめ、建設に必要な諸問題を組合で解決していく。間取りや仕上げ、設備などは各住戸ごとに好きなようにすることができ、経済的で、共同住宅のよさと独立住宅のよさの両方を得られる。コープ住宅、協同組合住宅ともいう。

コンバージョン 既存の建物を違う用途に使うこと。工場や倉庫を集合住宅にしたり、オフィスビルを都心型高級住宅にしたりする。

スケルトン・インフィル 建物を構造部分と内部の内装・設備に分かれるように設計する考え方、またはその建築方式のこと。その方式に基づき、あとからでも各住戸の間取りや仕様を簡単に変更できる構成になっている集合住宅のことをスケルトン・インフィル住宅、あるいはスケルトン・インフィル住宅と呼ぶ。

団地 主に公共や地方自治体による一定の大規模な都市計画のもとに一団の住宅地を造成・集団的に住宅を建築し、定住させたもの。集団住宅地の略。

タウンハウス 建物の側壁を共有している連棟式の集合住宅のこと。テラスハウスと違って庭がない。土地を広く使えない市街地に多い。

テラスハウス 隣の家と共通の壁でつながっており、各戸が専用の庭をもつ集合住宅。2、3階建て以下のことが多い。(図9参照)

図9 テラスハウス

専有部分 マンション各住戸の所有者が個人で所有する部分。専用に利用できる。構造体の内側の室内空間と室内にあるキッチンや浴室などの設備、壁紙、天井、床などの内装仕上げ部分、電気や通信の配線など。

専用部分 共有部分の中でも、その住戸の住人が専用で使用する部分。バルコニーや専用庭など。

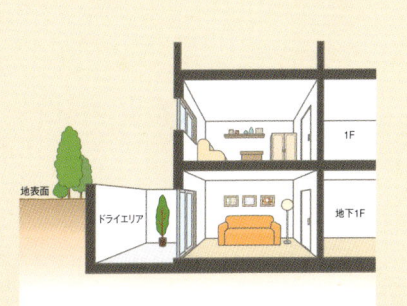

図10 ドライエリア

ペントハウス 高級マンションの最上階あるいは屋根部分につくられる特別仕様の住戸のこと。メゾネットタイプのものもある。

メゾネット 2つの階にまたがって部屋がある住戸のこと。上下階は内階段でつながっており、一戸建て感覚を味わうことができる。

ルーフバルコニー 階下の住戸の屋根部分を利用したバルコニーのこと。一般のバルコニーに比べて広く、パーティスペースやガーデニングスペースとしても活用できる。ルーフテラスとも呼ぶ。

梁型(はりがた) マンションの構造上必要な梁が、室内の天井から壁に沿って梁状に張り出した部分。

柱型 マンションの構造上必要な柱が、室内の壁面から柱状に突き出たもの。

ドライエリア 採光、換気、防湿、出入りなどのために、地下のドアや窓に対して掘り込まれた部分。(図10参照)

インテリアに使われる主な木の材質

木の種類	特　徴	主な用途
ウォルナット クルミ科の広葉樹	明るいチョコレート色から紫がかった茶色で美しく、仕上がりの色の落ち着きと光沢のよさ、重厚さや高級感がある。	・高級家具 ・床材
オーク ブナ科の広葉樹	ナラ、カシ、カシワなどの広葉樹を指す。ナラは黄色、その他は明るい茶色で、重く硬くて強く、耐久性が高い。	・家具 ・床材 ・内部装飾材
キリ ノウゼンカズラ科の広葉樹	白に近い明るい色で、年月がたつと灰色になる。軽くやわらかいので加工しやすい。耐水性と耐湿性にすぐれている。	・和家具 ・クローゼットの内装
ケヤキ ニレ科の広葉樹	赤みがかった明るい茶色で、木理（もくり＝板の製材によって現れる年輪などの模様）は密で艶があり、木目はくっきりと美しい。耐久性、耐水性にすぐれ、強度もある。	・高級家具(特に和家具) ・上がり框(がまち) ・大黒柱 ・寺院
チーク クマツヅラ科の広葉樹	アジアに分布する世界的な高級銘木。伐採直後は黄色で、のち暗褐色。耐久性と強さがあり、硬いわりに加工性がよい。	・家具 ・床材
スギ／米スギ ヒノキ科の針葉樹	やわらかくて加工しやすく丈夫。耐水性もある。日本のスギは、心材が赤く周辺は白くて明るい色。まっすぐな木目が美しい。米スギのうち、レッドシダーは、赤黒っぽい色で、耐水性にすぐれ、独特な匂いには防虫作用もある。	・家具 ・天井材 ・床材 ・壁材
チェリー(サクラ) バラ科の広葉樹	薄いピンク系か薄い褐色。耐久性があり、木肌が美しい。	・家具 ・床材
バーチ カバノキ科の広葉樹	心材は薄茶色で、辺材は白い。肌目は緻密で木理は明瞭だが、それほど特徴はない。耐久性は低いが、加工しやすい。	・家具 ・床材 ・内部装飾材
パイン／マツ マツ科の針葉樹	パイン材は白か明るい色。種類が多く、目の詰まり方、やわらかさ、木肌などが異なるが、全般的には、良質の樹脂成分を多く含み、使い込むほど味わいある飴色に変化する。	・家具 ・床材 ・壁材 ・天井材
ヒノキ ヒノキ科の針葉樹	肌目は精細で光沢があり、木目はやさしく優美。材質は肌合で、耐久性に富み、耐水性にすぐれている。加工性もよく、表面仕上げも美しい。精油成分には独特の強い芳香がある。	・高級家具 ・寺院床材 ・障子の桟 ・和室・床材
ブナ(ビーチ) ブナ科の広葉樹	全体に白か淡黄色で、年輪や辺材と心材の区別もはっきりしない。硬くて粘りがあり、弾力性に富み、曲げやすい。	・曲げ木 ・家具 ・床材
マホガニー センダン科の広葉樹	赤みを帯びた褐色で深い光沢をもつ。耐久性、加工性にすぐれている。	・高級家具 ・内部装飾材 ・床材
メイプル カエデ科の広葉樹	淡いベージュで硬く衝撃に強い。塗装性や着色性がよい。	・高級家具 ・壁面などの内装材・床材
ローズウッド マメ科の広葉樹	バラの香りがする美しい木材を総称してローズウッドと呼ぶ。赤、赤紫、紫色などで、美しい縞模様が見られる。重厚でくるいが生じにくく、材面も美しい。	・高級家具 ・内部装飾材 ・床材

インテリアを構成する素材の特徴と上手な組合せ方

素材	特徴と上手な組合せ方
木	丈夫で加工しやすく、暖かみのある風合いでインテリアに欠かせない自然素材。断熱性が高く、周囲の湿度に合わせて吸放湿する性質をもつ。まっすぐ目が通った針葉樹と木目が美しくて硬い広葉樹がある。あらゆる素材と組合せ自在。
土	断熱性と調湿作用にすぐれ、壁材などに使われる。中でも最近注目されているのが珪藻土（けいそうど。204ページ参照）。吸放湿性や空気清浄など多くの利点があり、ナチュラルな印象を演出する。
草	自然素材の1つで、畳の材料であるイグサや葦、竹、ラタン（藤）など、植物素材にはさまざまな種類がある。通気性や保温性がよく、加工しやすい。ラグやソファ、床材など幅広い用途に使われる。木や紙と相性がよく、和やアジアのイメージを演出できる。
紙	壁紙や障子、ふすまのほか、照明などにも多く使われている。特に最近は和紙を使った照明器具やロールスクリーンなどが人気。光が紙を通すことで、やわらかい印象を演出できる。ダンボールの家具も登場。
金属	窓のサッシやブラインド、家具などに使われる。鉄や真鍮（しんちゅう）、銅など装飾的でアンティークなイメージになるタイプと、ステンレス、アルミ、チタンなどのシャープでモダンなイメージになるタイプに大きく分けられる。ガラスや木とは相性がよいが、土や草、紙などやわらかい素材とは合わせにくいので注意。
石	床材や家具の天板などに使われる。大理石や御影石など種類によって素材感はさまざまで、ヨーロッパ風や和風など多彩なイメージをつくれる。自然ならではの風合いによる重厚感やゴージャス感が魅力。硬質感が共通する金属と相性がよい。
タイル・焼物	発色がよく、清潔感も演出できるタイルは、床材、壁材、カウンター材などに使われる。焼物は大きく磁器と陶器に分けられ、陶器は比較的、暖かみがある。やわらかい風合いのものは金属だけでなく木とも相性がよい。
ビニールほか樹脂素材	ビニールは水に強く粘性があるので、壁紙、床材、家具などに使われる。ポリエステルやメラミンは水に強いため、カウンターなどの天板や家具の扉材に。アクリルなどは光を通すので紙と同様に照明器具や間仕切り材に使われる。また、家具や糸状にしてカーペットにも。いずれも発色がよく、多様な素材感を演出できるので、さまざまな素材に合わせやすい。
プラスチック	軽くて手入れがしやすい素材で家具やキッチン用品などに使われる。発色がよく、インテリアのアクセントとして能力を発揮する。ステンレスやアルミなどの金属素材と相性がよく、ポップな印象に。草や木などの自然素材と組み合わせると互いのよさを相殺してしまうので注意。
ガラス	主に窓やテーブルなどに使われており、インテリアに透明感を演出する。シャンデリアなど照明器具に使うと、光の透過と反射が独特の美しさをつくり出す。金属、無彩色のアイテムと合わせるとモダンで洗練されたイメージに。ほとんどの素材と合わせやすいが、一見素材感が似ているプラスチックとは意外と相性がよくない。
布	カーテンやソファ、ラグなどに使われ、軽くて丈夫、交換しやすく一番身近な素材といえる。ほかのどんな素材とも違和感なく組み合わせることができる。
皮革	ソファやクッションなどに多く使われ、布に比べて重厚感のある豪華な雰囲気を演出できる。また、野性味のあるイメージの演出にも。金属とも木とも相性がよい。

参考文献
『インテリア学辞典』、『建築大辞典　第2版』、『実用インテリア辞典』、『インテリアスタイリング事典』、『建築用語辞典』ほか。

●監修者紹介
大倉 祥子（おおくら しょうこ）
1級建築士　インテリアプランナー。
1952年大分県生まれ。1975年工学院大学工学部建築学科卒業。伊藤鄭爾教授に師事。
1982年、神奈川県大磯町でパートナー、山口明宏と共にアスデザインアソシエイツを設立。
森の中のアトリエを活動拠点に、住宅の設計やインテリアデザインをはじめ、キッチンデザイン、商品企画、まちづくりコンサルタント、環境学習等、生活に関わるデザイン全般を手がける。近年は新しいものをつくり出すデザインだけでなく、古い建物の再利用や歴史的建造物の保存・再生・活用にも活動の範囲を広げている。
また最近は、暮らしとグリーンとの関わりを研究。まちなみや景観、ガーデンデザイン、インテリアのグリーンの飾り方を教えている。

ライフスタイルを生かす
マンション・インテリアの基本

監修者	大倉 祥子
発行者	富永 靖弘
印刷所	慶昌堂印刷株式会社

発行所　東京都台東区　株式会社　新星出版社
　　　　台東4丁目7
〒110-0016　☎03(3831)0743　振替00140-1-72233
URL http://www.shin-sei.co.jp/

© SHINSEI Publishing Co., Ltd.　　　Printed in Japan

ISBN978-4-405-09187-0